比较政治学研究（学术辑刊）

主　　编：李路曲
执行编辑：陈　媛　李　辛　吕同舟

学术委员会
（中方学术委员以姓氏笔画为序）

宁　骚（北京大学）　　　　　张小劲（清华大学）

李路曲（上海师范大学）　　　杨光斌（中国人民大学）

杨雪冬（中共中央编译局）　　陈　峰（香港浸会大学）

周淑真（中国人民大学）　　　徐湘林（北京大学）

曹沛霖（复旦大学）　　　　　常士訚（天津师范大学）

景跃进（清华大学）　　　　　谭君久（武汉大学）

〔英〕克特·理查德·路德 Kurt Richard Luther（英国基尔大学）

● 本辑刊由上海市教委重点学科J50406资助

Comparative
Politics Studies No.10

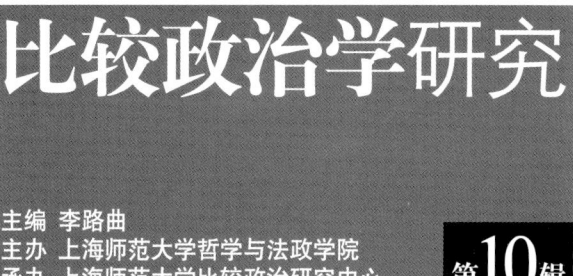

比较政治学研究

主编 李路曲
主办 上海师范大学哲学与法政学院
承办 上海师范大学比较政治研究中心

第10辑

中央编译出版社
CCTP Central Compilation & Translation Press

目　录

Contents

| **New Issues** |

The Historical Roots of Our Ecologic Crisis

A Study of Internet Media Influence on Public Policy Agenda Setting

| **Chinese Politics in Comparative Perspective** |

Restructuring Chinese Civil Service for Good Governance

| **Summary** |

The Review of Democratization, Political Development and

The Review of the Fifth Comparative Politics Forum and "Comparative

卷首语

　　一个学科的命运总是与时代的发展紧密相连，比较政治学也概莫能外。在方法论的层面，研究方法的争论是随着时代的发展不断修正、变迁的。在研究主题方面，除民主化和治理等重要议题之外，环境和网络也成为时代的新主题。同时，在比较的视野下探讨中国政治，分析中国与其他国家之间的异同，发现世界政治演进过程中的中国政治的世界位置也是学界关注的热点问题。正是在这样的时代背景和现实诉求下，《比较政治学研究》第10辑与学界同仁见面了。

　　本辑开设了"本刊特稿"、"方法研究"、"民主化研究"、"新议题研究"、"比较视野下的中国政治"和"综述"六个专栏。其中，"本刊特稿"是政治学界元老曹沛霖在第五届比较政治学论坛上的发言。他指出比较政治学、民主化和政治秩序的研究仍有很大空间，特别强调了民主化研究中存在的问题和改进的方法。

　　正所谓，"辩则明，思则清"。比较政治学研究方法的论争一直是我们关注的问题。为了深入探讨研究方法论的适用性，本辑的"方法研究"专栏刊登了陈峰、康怡的《比较政治学如何研究？——范例和启示》。作者认为如何在实际研究中运用比较政治的逻辑和策略需要深入分析。研读海外同行比较政治的具体成果，比抽象地讨论方法和概念，更有助于掌握这个学科的要领。为此，该文择取比较政治研究中若干优秀著作为范例，演示其研究问题和设计，分别说明这些研究如何达致发现因果机制、发现相同模式、解释相似历史和政治过程的不同结果这三个比较政治的主要目标。他们认为比较政治学已不再一味追求建构笼统抽象的理论范式，而成为一种开放性的、可以和各种理论视角兼容的研究设计。"比较"这一词语的本身就是一种研究方法，比较政治学研究是一种以研究方法定义名称的学科。而在比较政治学这门学科之下，又出现定量研究、定性研究等各种方法。定性比较分析作为一种结合定性定量优势的多重因果分析的研究方法在近几十年间得到了长足的进展，但传统的定性比较分析法在分析某些有关时间的因果关系时受到很大限制。释启鹏的《时间中的定性比较分析：TQCA 与 TSQCA 的发展》介绍了时序定性比较分析（temporal qualitative comparative analysis）和时间定序比较分析（time-series qualitative comparative analysis）的逻辑原理与实践应用，展示了时间要素在定性比较分析中的最新发展。

"民主化研究"专栏刊发了三篇文章，集中讨论了民主转型问题。库尔特·韦兰的《欧洲民主化的扩散波——组织发展的影响》通过比较1848 年和 1917 年的革命浪潮，解释了欧洲民主化的政权改革在历史上进展虽缓慢但成功率较高的原因，指出组织发展影响了欧洲的民主化。认为在群众政治组织出现之前，普通民众决定是否仿效国外案例以挑战本国专制君主。由于信息缺乏，市民们严重依赖推理方式，并且行动武断，因此往往导致失败。但群众组织出现之后，组织领导者受到有限理性影响发生变化导致了西欧民主虽扩散速度减缓但成功率提升。史提芬·列维茨基和卢坎·怀的《民主衰退的迷思》认为，"民主衰败"是一种误解，实际上民主的格局仍保持着稳定态势。对后冷战初期民主转型所持的过度乐观态度和唯意志论导致了对民主发展的预期过高，这是民主衰败错误认知的根源。民主衰败只是一种假象，过去十年所发生的真实故事并非民主的崩溃，相反，民主制度在面对黯淡的地缘政治局面时展现了其惊人的适应力。民主扩散和民主衰退这两篇译作从不同角度反思了当今国家民主发展的现状，对近来学界提出的"民主停滞"、"民主崩溃"是一个强有力的理论回应。刘伟和苗岭的《比较政治视野下的拉美经济改革——基于现有研究文献的反思》则评介分析了近年来拉美经济改革的国内外文献。他们认为宏观形势的解释有助于揭示这一现象发生的背景，但无助于理解区域内部的差异；以政治精英为研究对象的"新民粹主义"路径有着忽视政治制度的缺陷；而从一国政治制度切入的个案研究在方法论上有着无法确定因果关系的缺陷。据此，发展比较政治研究，需要政治主体、政治制度等不同路径，个案研究和跨国比较等不同研究方法更紧密的结合。

在"新议题研究"栏目中，本辑刊登两篇文章。林恩·怀特的《我们生态危机的历史根源》从宗教的角度解释了生态危机的根源。他认为生态危机主要在于西方传统的科学和技术的发展，而科学和技术的传统可以追溯到基督教文化，正是基督教教义中显示出人类对自然支配和控制的合理性，才是目前生态危机的历史根源；并提出溯本清源，从宗教方面入手生态危机的宗教根源。陈中润、周幼平的《网络媒体对政策议程设置的作用模式研究》分析了网络媒体与政策议程设置的相关性。认为媒体在政策议程设置中扮演的角色，既作为政治沟通的通道，使特定的政治信息能够输入政治系统并施加影响，成为政策议程设置的起点，又作为特定意见的倡导者，通过"自反馈"的作用，使带有倾向性的"公意"经过放大后呈现在公众和政府面前，影响和引导其态度和偏好。现实中，媒体容易受到商业或政治力量的影响，成为其表达政策诉求、影响公众意见和引导政策议程设置的工具。网络媒体由于具有的去中心化、互动、开放、即时特征，对政策议程设置呈现出不同的作用模式，主要体现在议题选择权的转移、网络精英和利益团体的形成、民意的放大以及政策议程的建构等四个方面。

从比较的角度分析中国政治，加深中国对自身的认知，借鉴国外有益经验是比较政治学的任务之一。毛桂荣的《科学执政与中国公务员制度的改革》在比较视野下探讨了中国的科学执政和国家治理现代化问题。以发达国家的政党执政的实践，特别是通过政治家职务、政治任命职务、常任公务员职务的人事任命探讨政党执政的科学之道。毛桂荣教授是长期在日本执教的学者，他从日本学界的视角和比较的经验出发，具体探讨了中国共产党执政与公务员制度建设的关系，并建议改革"党管干部"为"党管高级干部"，以期科学执政。

最后，本刊还刊登了两篇综述文章，一是李路曲、李晓辉的《民主化、政治发展、比较历史分析研究评述》。该文对 2013—2015 年中国学界在民主转型、政治发展、比较历史分析领域的研究进行了追踪和评述。二是李辛的《第五届比较政治学论坛暨"比较政治学、民主化与政治秩序"学术研讨会综述》介绍了 2015 年 10 月比较政治研究中心承办的"第五届比较政治学论坛"的会议情况。

《比较政治学研究》编辑部

2016 年 5 月

本刊特稿

Comparative Politics Studies

民主化研究的问题[*]

曹沛霖^{**}

【内容摘要】 本文根据政治学界前辈学者曹沛霖教授在第五届比较政治学论坛的发言整理而成。曹教授指出,"比较政治学、民主化、政治秩序"仍有很大的研究空间。特别强调,关于民主化研究,学界热衷于第三波民主化的讨论,忽视了第一波和第二波民主制度理论和民主运行问题。尽管民主理论与制度设计虽存在问题,但不能否认其价值和意义。

【关键词】 民主化;比较政治学;比较政治学论坛

首先,感谢上海师范大学的领导,邀请我参加这个会议,非常感谢。作为一个主题发言,我做了一些考虑。因为作为这个专业的爱好者,我比较喜爱比较政治学这个专业。我认为现在应该是比较政治学最好的发展时机。最近党中央政治局第 27 次学习会议上专门讨论了全球治理问题。习近平讲到要加强能力建设和战略投入,加强对全球治理的理论研究,高度重视全球治理方面的人才培养。就这方面,比较政治学应该做出贡献,而且能够做出贡献。要进行全球治理,比较政治学或者

---

    * 本稿由曹沛霖教授在第五届比较政治学论坛上的发言整理而成。
    ** 曹沛霖:复旦大学国际关系与公共事务学院教授。

比较政治理论是全球治理的直接知识。如果对各国的情况没有了解，怎么参与到全球治理？如果没有进行全球的比较怎么可能进行战略的选择？所以现在是比较政治学发展的最好机遇，要掌握这个机遇，要进行研究。对很多问题，仍然存在认识不足、理论不足、资料不足，特别是基础资料不足的问题，所以我们也不得不承认比较政治学专业是很落后的。

第二点，从今天的主题来看，这三个问题在当前存在争论，而且争论很大。不管是比较政治，还是民主化、政治秩序，都存在很多争论。现在出现的很多问题，最近也出了很多书，比如民主问题，最欣慰的是出版了《好民主，坏民主》，这本书是上海社会科学院出版社出版的。这些书，都对这些问题阐述了西方的一些观点，我们中国学界并没有表达出自己的观点。很多问题并不是要批评我们现在怎么样，而是我们应该提出我们自己的观点。我深深地感觉，我们有很大的责任去研究这个问题。现在我们讲国际话语权，没有语境哪来的话语权？虽然我们和国际关系同属于一个专业，但我们的观点是，你说你不同意，那你拿出你的观点来。这是第二点供大家思考的问题。

我想就今天的主题民主化，讲讲亨廷顿关于民主化三个浪潮的问题。今天论坛提交的论文有几篇文章就是这个主题。对亨廷顿提出的民主化的三次浪潮，目前为止学界好像一直跟着他走。他现在叫我们去研究转型，我们大部分时间都花在转型。那么我们为什么不研究第一次民主浪潮呢？为什么不能研究第二次民主浪潮呢？我看到有人讲很大的话，他要挑战亨廷顿，他是从中国历史的角度，他不是从国际民主现状的角度。我个人是对他的观点有一些看法的，就是我们不能仅限于研究民主转型问题，我们要研究按照民主理论设计的民主制度及其实际运行的问题。现在我们批判的理论从政治秩序的角度来讲，不管是好民主还是坏民主，都是从秩序上来讲的。从理论上来讲，民主产生的理论本身从一出生就遭到批判，柏拉图批判过，亨廷顿等一些人也批判过，当然民主理论肯定值得批判，并不是完善的。但民主设计的制度运转到底怎么样呢？你不得不承认，密尔也讲过，代议民主不一定是最好的，但在找不到最好的制度下，它是最好的。它是有缺陷的，而且密尔的那本书里讲的代议制民主有好多缺点。《好民主，坏民主》里面也从秩序的角度讲到民主的缺点。所以，我认为我们应该去理解它。而且对于第三波的转型，西方有一本书叫《权威统治的转型》，它总结了几大洲的所有民主转型。我们看东西要去理解它，而不是要骂它。我有一个老的观点，认为实际上民主制按照民主设计的民主制度从亨廷顿的第一部分讲起来它实际上就是议会民主。西方学者认为 19 世纪是议会世纪，但是议会世纪好景并不长，因为 19 世纪是英国议会成熟，并向欧洲、向西方世界扩散、发展的时期，很多国家采取了议会民主制。我认为议会世纪的好景不长，而且到现在英国政治学家看到议会民主制的伤痛已经出现了阴影。我曾经在香港出版的那本书里面解释过这个问题。议会制出现问题不可避免，它必然要碰到很多问题，必然要出现阴影。从议会民主制的发展来看，到第一次世界大战期间，实际上议会民主制已经变形了，当然最坏的就是法西斯上台。议会制的良好发展就像美国在第一次世界大战到第二次世界大战期间罗斯福施行的强化行政概念，实际上就是把议会的权力又转移到行政权力上。所以当时我就把它概括为行政基准民主制，它保留着议会制的外套，实际上是行政集权。另外一种道路指的是德国的道路，也就是议会民主制走向法西斯制。这个观点也是最近的这本《好民主，坏民主》里面讲的民主制很可能走向专制统治。当时我也提出来了，认为民主制与法西斯制只有一步之遥，就看是走行政集权为主，还是走独裁专制。而且在议会民主制上又出现了苏维埃式民主，而且在很多国家兴起了。到第二次世界大战也就是亨廷顿讲的第二波，实际上是引进很多民主国家的概念，这些国家的制度基本上融合了议会制与苏维埃民主制。我在其他书里面也讲到它很大程度上是折中的。本来亨廷顿对民主制已经失望了，可很多人看到苏联的解体，看到这些国家一转型，他们认为民主的好时代又来了。到现在来看，他们高兴得太早了。对此，乔治·凯南早就看到了，即便苏联变成一个正常的大国，美国也别高兴得太早，苏联必然也是含有本国的传统，它还是要按照民主制的方向发展。这本《权威统治的转型》论证了第三波的转型并不成功。当然现在看来，民主制它到底怎么样？它的问题确实很多，包括苏东很多国家向民主制发展之后，共产主义政体解体后转型到民主制后，不是好模式。当然第一波的情况，从一些文学作品里就可以看得出，他们认为斯大林体制又回来了，而且很多现象都已表明斯大林体制的回归。当然美国人也不得不承认，最近美国总统访问一位美国作家，他认为世界是恐惧的。民主是细节的制度，这一点要认真地研究。我们现在不得不承认，制度的稳定保证了美国世界制度的形成。民主制度不是最好的制度，反过来你也不得不研究它的成就。正如马克思在写《共产党宣言》时研究资本主义，你得承认它。马克思也讲到资本主义存在很多不可克服的矛盾，但资本主义毕竟促进了生产力的发展，它把整个世界都打通了。民主理论与制度设计问题矛盾重重，但不能不承认研究其成功经验的价值。这些都是值得研究的问题。

我的主题发言就到这里，谢谢大家！ CPS

Questions of Democratization Studies

Cao Peilin

Abstract：This article reviews the keynote speech by professor Cao Peilin on the 5th Comparative Politics Forum. He argues that "comparative politics, democratization and political order" still have scope for further research. On the research of democratization, he emphatics we put a high value on Huntington's Third Wave of Democracy, but overlook the First and Second Democracy and democratic operation. Although there are many problems in democracy and democratic theory, we can't deny its values and meanings.

Keywords：Democratization；Comparative Politics；Comparative Politics Forum

方法研究

Comparative Politics Studies

比较政治学如何研究？

——范例和启示

陈　峰　康　怡[*]

【内容摘要】近年来比较政治学越来越引发学界的兴趣，大量论文介绍了这一学科的方法和概念，但对如何在实际研究中运用比较政治的逻辑和策略的关注并不够。本文认为，研读海外同行比较政治的具体成果，也许比抽象地讨论方法和概念，更有助于掌握这门学科的要领。为此，本文择取比较政治研究中若干优秀著作为范例，演示其研究问题和设计，分别说明这些研究如何达致（1）发现因果机制、（2）发现相同模式、（3）解释相似历史和政治过程的不同结果这三个比较政治主要目标的，希冀为读者了解比较政治学的研究逻辑提供一些直观的启示。本文同时指出，经过几十年的发展，比较政治学已摆脱了理论范式的束缚和追求理论范式的困挠，成为一种开放性的、可以和各种理论视角兼容的研究设计。中国经验可以引入新的问题和变量，验证、补充和挑战比较政治学中的各种理论视角，从而为学科做出重要贡献。

【关键词】比较政治；研究设计；范式；中国经验

---

　　* 陈峰：香港浸会大学政治及国际关系学系教授；康怡：香港浸会大学政治及国际关系学系助理教授。

　　早在古希腊时代，亚里士多德就用比较的方法观察政治，对政治体制进行分类。后来的政治学者也经常使用类似的视角审视国家制度问题。但比较政治学作为政治学的一个重要分支，是"二战"以后在美国兴起的。战后的美国居于世界政治的主导地位，无论是政界还是学界都亟需了解美国以外的世界，特别是欠发达国家的政治与经济。从"比较政治委员会"的建立到比较政治学成为大学政治学系的主要科目，反映了该学科的形成和地位。中国政治学界大体上是从 20 世纪 80 年代开始接触比较政治学的，美国著名比较政治学家阿尔蒙德、亨廷顿、白鲁恂等人的作品对中国学者了解比较政治学起到了重要的启蒙作用。但由于种种原因，直到最近几年，比较政治学才开始受到国内政治学者的关注，越来越多的政治学者意识到这一学科的重要价值，相关学术期刊和研究中心纷纷出现。不过，目前国内的比较政治学似乎仍然处在学科介绍和推广阶段，大量论文是在谈论比较政治学的概念和方法，而真正意义上的比较政治实证研究作品在国内尚属少见。并且，即使在那些介绍性的文章里，学者们对比较政治学究竟研究什么和如何研究也各有说法。

　　早有学者指出，作为政治学的分支，比较政治学本身并无特定的研究对象和重点，它主要关乎于方法（Lijphart，1971），换言之，其目标是通过比较方法产生新的知识和进行理论建构。当然，这个目标的内涵并非是一成不变的。事实上，在过去几十年中，这一内涵已发生了重大的变化，早期的比较政治学旨在通过跨国比较建立理论范式，热衷于宏大问题和叙事，诸多假设深受西方中心论的影响。但时至今日，比较政治学已趋于"务实"，已成为一种解释政治现象和验证理论的具体手段，或达致这类目标的研究设计。同早期的学者一样，今天的比较政治学家依然关注"政治秩序、政权、社会力量、民主和国家体制、经济过程和跨国过程"等政治学的基本问题（Munck & Snyder，2007），区别在于，学者不再雄心勃勃地试图构建任何宏大理论，而是在具体的比较研究中，分析各种变量的影响和结果，探讨个案中的因果机制。当然，这并不意味着比较政治已放弃理论建构——比较政治学者依然力图在跨国比较研究中，就相关变量的影响和结果进行一般化的提升和理论概括，但是，那种建立宏观和系统理论范式的努力已不多见。

那么，今天的政治学者究竟是如何进行比较研究的？国内对比较政治学的推广目前比较注重学科和方法的概念性介绍，对如何具体运用比较方法的逻辑和策略，关注还不够。我们认为，阅读海外同行比较政治研究的具体成果，也许比抽象地讨论方法和概念，更有助于深刻地理解这个学科的要领。因此，本文择取当代比较政治研究中若干优秀作品作为范例，演示其研究问题、设计、方法运用和理论贡献，希冀对读者深入了解比较政治学提供更直观的启示。在此基础上，本文也将讨论比较政治方法在中国政治研究中的适用问题。有三点必须说明，第一，毫无疑问，比较政治学的优秀作品不胜其数，但囿于作者阅读的限制，本文所择取的范例，只是来自作者较为熟悉的文献范围，局限在所难免。这些例子是否有足够的代表性，见仁见智。第二，文中范例的内容均来自已经注明的相关著作或论文，对其论点的归纳和简述不再一一注解出处。第三，本文不是文献综述，而只是举例说明比较方法的逻辑和运用，因此不会对范例作品的具体内容和观点展开评论，亦不会对其方法论的优劣进行全面评估。本文的目的仅是对国内大量介绍比较政治学方法的论文提供一个直观和具操作性的注解。

一、从理论范式到研究设计

比较政治学的前身是 19 世纪末到"二战"前的比较政府和比较宪法研究，从地理上而言，这些比较主要限于西方国家。战后初期的比较政治将法西斯主义和共产主义体制及意识形态纳入了研究范围。不过早期的"比较"研究和当代的比较政治的涵义和目标完全不同。那个时代的"比较"是一种简单的操作，更接近于国家体制的罗列和对比，囿于单纯描述，其目的是为了展示不同政府结构的差别和共性，"比较"并非解释的工具。战后比较政治的崛起有两个重要背景。首先，是政治学的行为主义革命。白鲁恂认为行为主义对政治学的影响包括四个层面：强调量化方法，关注政治文化和政治心理，重视行为者的政治选择，以及无所拘束地吸纳社会学、经济学、人类学和心理学的理论和概念（Pye，2006）。现在回溯，最后一点对比较政治学当时的研究取向产生了重要影响。第二，战后大量新兴国家的出现，极大丰富了学者所能观察的政治世界（Political World），如何将新兴国家的发展问题纳入政治学的研究范围是对政治学者的重大挑战。可以说，美国急切希望认识西方以外的世界，是战后比较政治学兴起的直接动因。

行为主义时代的政治学家面对纷繁复杂的世界，试图建立概括性理论和普遍性法则。这一取向深受经济学和社会学中的结构主义和系统分析传统的影响，如马克思、韦伯、涂尔干、帕森斯等，他们都是从宏观的结构角度解释社会的变化，得出关于社会形态的一般性原理。比较政治学者在研究新兴国家时因循了同一思路，即力图对历史、文化、政治、经济、宗教千差万别的第三世界国家做出概括性的解释，建立理论范式，这就导致了曾经一度主导比较政治学研究的现代化理论的出现（政治现代化理论、政治发展理论等都包含于其中）。现代化理论以新古典经济学和政治多元主义为视角，混合了帕森斯的社会体系理论、拉斯韦尔的政治心理学和阿尔蒙德的结构功能主义（Pye，2006），试图揭示第三世界国家欠发达（Underdevelopment）的根本原因，解释为何其政治和社会发展不同于西方民主社会。这一理论的基本假设是，第三世界与西方社会的区别在于社会发展阶段的不同，随着经济现代化，最终会走上和西方同样的发展道路，建立民主制度。从政治多元主义的逻辑出发，现代化理论认为第三世界国家内部的社会利益会在博弈和竞争中逐渐形成西方式的政党政治。基于新古典经济学的原理，这一理论主张欠发达国家发展市场经济，参与国际贸易，接受发达国家经济援助，从而实现经济现代化。比较政治的主流研究基本囿于这个理论框架，研究者基本上是以西方国家的经验为参照框架，比照其他地区的发展现状进行演绎性的分析。到 20 世纪 70 年代，现代化理论与第三世界政治现实的脱节日益明显，学者们开始发起挑战，对其基本假设提出严重质疑。不过推倒现代化理论的是另一个宏大叙事的理论范式——依附理论。依附理论彻底颠覆现代化理论，指出其理论中有关经济与政治发展的假设完全来自西方经验，无法有效解释欠发达国家的状况。依附理论的假设是欠发达国家因被西方列强强行纳入世界资本主义体系，自身的发展进程被中断，形成了独特社会结构和发展逻辑，不可能再复制西方的道路，"欠发达"是个结构性现象，是由这些国家在世界资本主义体系中的边陲地位决定的，它们的政治现状也必须从这种结构地位得到解释。虽然依附学派曾于 80 年代比较政治研究中风靡一时，但最终和它的对手一样，因无法解释欠发达国家发展的多样性和复杂性而式微。理论范式衰退的主要原因在于它们的目标过于宏大，力图系统地解释复杂多变的现象，方法上也支繁就简地选择性运用资料。而且，不可否认的是，理论范式都受到了那个时代的意识形态的严重影响。

范式主导衰落后，比较政治学逐步走向务实，不再热衷于放之四海的宏大理论，研究对象趋于具体、中观和微观，旨在发现政治世界中新的现象和形态、发掘一定范围内研究对象的因果关系和机制。当然，抛弃了范式追求和主导并不意味着比较政治研究从此没有理论导向，事实上，研究者在对政治现象做比较分析时，不可能没有任何理论视角。和过去的差别在于，现在这个领域更加开放、更加兼容并蓄，各种理论视角都各有空间。20 世纪 80 年代以来，比较政治学领域活跃着多种理论视角，比如理性选择、制度分析、历史制度主义、国家中心论、政治经济学，等等。这些理论相互竞争，针对不同的研究问题各有优势，没有哪个可以独领风骚，也没有哪个具有主导地位。理论视角与范式不同。范式是一套逻辑一致的宏观理论和假设，试图解释事物的各个方面，给出系统完整的结论，并且在相当长的时间里，主导学科领域。而理论视角则是基于对政治现象某些特定层面、关系和因素的观察而形成的概念框架和分析路径（Geddes，2006）。例如，为许多做定性比较研究学者青睐的历史制度主义就只是一种理论路径而非范式，因为它只是从某个方面（即制度和制度变迁）切入和分析研究对象的途径。理性选择也是一种理论路径。它以个人行动者为中心，假设人们在特定政治和制度框架内理性地追求其目标，通过演绎逻辑来确定个体的行为（同上）。同样，80年代中期兴起的"国家中心论"（State Centric or Bring the State back in）虽然在国家和社会关系的研究中得到广泛运用，但仍然只是一种强调国家对社会发展形塑作用的理论路径。

因此，虽然理论建构仍然是比较政治研究的主要目标，但学者已不再孜孜追求创建宏大的理论体系，而是力求在具体经验之上，建立适用于一定范围的"中观理论"。具体来说，就是研究者通过比较不同的个案，对政治现象及其差异性（Variation）积累起丰富的想象，从而创造、厘清概念，更准确地描述和测量各个变量，在此基础上再对变量之间的关系（尤其是因果关系）提出新的假设，之后用更多不同的案例对假设加以检验、确定理论的适用范围。这种理论建构方式注重经验事实的"个案"与理论的"普遍性"之间的互动，比如普遍的政治概念如"民主"、"公民社会"等如何放在具体情境下运用；从个案比较分析中得出的因果机制（Causal Mechanism）在多大范围内普遍适用（Generalizability）等等。也就是说，比较政治学中所说的理论建构并非象牙塔内的逻辑思辨，而是从问题、概念到解释都扎根于经验事实之中，从具体的研究对象中提炼理论，但这些理论的适用性必定是局部的和有限的，只能用于解释政治世界中的某一层面、某种关系、某种类型或某些行为。

二、比较政治：研究设计和方法

在比较政治中，"比较"是实现特定研究目标的手段，单纯描述两个或以上国家的异同，严格来说，并非比较研究。那么，当比较政治学者进行跨国比较时，究竟是为了达到什么目标呢？这个问题学者们或许各有看法。本文采纳斯考切波和索默尔斯的见解（Skocpol & Somers, 1980），认为"比较"作为一种研究设计和方法，可以达致三个不同但又相关的目标：第一，通过个案比较达到变量控制，确定解释变量，分析因果机制；第二，通过多案比较发现共同适用的模式或概念；第三，通过数案比较建立框架，解释相同过程如何在不同的社会中发生。应当指出的是，这三种不同目标的研究，只是表明学者关注的问题类型不同，并不意味着他们比较研究的逻辑各自独立，或互相排斥。事实上，无论哪个目标或哪种类型的比较研究，归根结底都是为了探究政治现象的因果关系，其研究设计的基本逻辑是一致的。但因问题类型不同，使用的方法也有所异：第一个和第二个目标导致了定性和定量研究的差别，而第三个目标则更多具有诠释的性质。以下我们分别举例说明比较政治学者的研究如何达致这些目标。

解释因果关系和机制

因果解释是所有科学研究的根本目标。在政治学中，虽然数量研究越来越成为探究因果关系的重要途径，但设计严谨的质性小样本比较仍然是许多比较政治学者心仪的寻找因果解释的方法。事实上，根据2007年的一项研究显示，在比较政治的主要学术期刊中，质性方法仍居主导地位（Munck & Snyder, 2007）。比较政治学中许多具有影响力的作品是基于小样本比较。

最相似个案比较

在这一类型研究设计中，所比较的个案除一个自变量外，其余自变项大体相仿；这个唯一不同的自变量可用以解释不同个案因变量（结果）的差异。我们经常遇到这种现象，一些国家基本情况大体相似，但某些政治结果却迥然不同，按最相似个案比较法，就可以发现引起种种差异的因素。拉丁美洲国家之所以历来是比较政治研究的热门之地，就在于该地区的地理、历史、宗教和语言的相似性为比较研究提供了天然的变量控制，较容易适用"最相似案例"的比较方式。美国的比较政治学家中有不少是拉美问题专家，比较政治中一些重要理论和概念都建立在拉美政治的经验事实上，如奥唐奈的官僚威权主义（O'Donnell, 1973）、施密特的国家法团主义（Schmitter, 1971）、斯特潘的军人政治研究（Stepan, 2001）、露丝-科利尔和戴维-科利尔的国家和政党工运吸纳说（Collier &

Collier, 2008)，等等。同理，欧洲以及前苏东国家和后共产主义苏东也经常成为"最相似案例"比较的理想场所。

本文采纳的第一个"最相似案例"范例是哈特姆对英美两国工人运动不同策略的解释。英美两国同种同文，并拥有相同社会文化、宗教信仰和法律体系，适合于"最相似案例"方法。哈特姆在其《劳工视野和国家权力》（Hattam, 1993）一书试图回答的问题是：为何在经济、文化和法律背景基本相同的英国和美国，前者的工人阶级有强烈的阶级意识，而后者没有？前者主张通过立法进行社会、政治改革，而后者则推行以行业和企业集体谈判为主的"商业工会主义"？流行的见解是，美国社会的移民性质、联邦制度、较早实现的普选制等等，消解了工人的阶级意识，使得工人运动走向追求狭隘经济利益的改良主义，呈现了与欧洲争取社会变革的激进工人运动完全不同的局面。但这种"美国例外论"的观点后来遭到挑战。有些学者指出，美国工人运动并非一开始就是狭隘的、非政治的和无阶级诉求的，曾和英国工人运动一样，表现出强烈的阶级意识和明确的社会改革目标。但"劳联"最终改变了美国工人运动的方向，使之走上了改良主义和经济主义的道路。所以关键问题是，是什么因素导致了美国工运策略的转变？

哈特姆的研究是通过英美两国的比较来寻找答案。在 19 世纪中期，英美两国劳工管治的司法体系极为相似，两国都曾按照普通法中的刑事共谋原则对工人活动进行限制。所谓共谋原则，就是把许多类型的集体行动视为对公共政策和个人自由的威胁，所以工会活动和工人罢工，经常受到法院的刑事检控。经过了工人运动的持续斗争，英国于 1875 年议会废除了《共谋法》。法院服从议会的权威，尊重诸项劳动立法赋予工人的各种豁免权，在司法争议中，对有关立法作相对有利于工人的司法解释。议会立法的权威性和有效性使得英国工人运动更倾向于把斗争焦点放在影响议会立法层面，通过全国性立法来争取和巩固工人阶级的权利和利益。但是在美国，立法和司法机构在劳工管治权上一直角斗不断。虽然《共谋法》也遭废止，但法律仍强调工人行动不能对私有财产和个人自由造成"威胁"。虽然工会进行了积极的抗争，但在现实中，法院总能从法律上阻碍工人罢工权的实施。正是这样一种特殊的司法环境，迫使工人不再相信立法和政治是保护工人利益、制约资本的有效手段，劳联开始转变斗争方式，提出了"商业工会主义"和"自愿主义"的策略，其核心是工会不再强调针对国家表达诉求，而是把力量和资源集中于行业和工厂层次的斗争，争取改善工人的实际利益。

哈特姆的结论是，英、美两国司法机构的不同角色，使得工人阶级通过政治运动所能得到的回报差别巨大。英国法院的权力有限，很少挑战立法机构，工人阶级可以通过政治途径争取保护性的劳工立法，也就是说，英国工人阶级可以通过影响政治来获得正面回报。而在美国，相同的立法胜利无法有效改善工人的权利，因为这些法律条文的解释权掌握在极端保守又高度独立的法院手中，其判决和司法解释存在严重的阶级偏袒，置工人于极端不利地位。政治和立法领域斗争的低回报迫使工人运动选择了以行业和工厂层面集体谈判为主的"商业工会主义"。概言之，英、美两国司法体制的差别形塑两国工人运动不同的发展道路。

斯雷特（Slater, 2010）数年前发表的力作《排序权力：东南亚的抗争政治以及威权主义的利维坦》也是运用最相似案例比较的范例。与以往社会运动和抗争政治研究强调国家形塑社会冲突的作用不同，斯雷特此书的核心观点是社会冲突亦可形塑国家体制。他选择比较东南亚地区主要国家（马来西亚，新加坡，菲律宾，南越，泰国，缅甸和印尼）的政治发展来验证其观点。东南亚国家都遭受过殖民统治，都有过反抗日本侵略的经历，多数国家内部都出现过反政府武装运动和形形色色的社会冲突，在冷战期间都清一色的亲美反共，所以东南亚国家适合于最相似案例比较的设计。基于这种大体相同的历史和国际背景，斯雷特试图用不同冲突模式这一变量来解释导致这些国家政治发展差异的原因，他认为这些国家内部不同的冲突模式引发精英的不同反应并形成不同的联盟，形塑了各自的政治体制。具体来说，他认为七个东南亚国家内不同形态冲突导致了三种不同的政治发展路径，直接影响国家体制的建构。第一，"支配"路径。在冲突具有本土性、难以处理并严重影响城市中心和社群的社会里，如战后的马来西亚和新加坡的种族冲突和建国冲突，政治和经济精英对国家秩序崩溃的恐惧促使他们克服集体行动障碍，形成了斯雷特称之为"保护契约"（Protection Pact）的稳定政治联盟，为强大、持久的威权政治体制奠定了基础。第二，"碎片化"路径（Fragmentation）。有些国家的社会冲突对高层精英和政治经济权力中心的城市无直接影响，比如以农村为基地的共产主义游击队运动或者非政治化的局部族裔和宗教骚乱。虽然这种冲突有时很暴力，对精英的财产、特权和人身造成危害，但不会危及国家体制和政治秩序。这种冲突被认为是"可应对"的，不会促成精英共同行动和服膺于集权的政治权威，政治和经济精英只会对威权政府或军人统治提供暂时和并非热情的支持。脆弱的精英联盟导致了脆弱的体制，因而统治往往是"碎片化"的。菲律宾，泰国和南越属于这种类型。第三，"军事化"路径（Militarization）。在后殖民时代的印尼和缅甸，社会冲突表现为地区性的叛乱和对中央政府的反抗。但是，地区性叛乱对以城市为中心的经济精英、社群精英和中产阶级不构成直接威胁，不会刺激他们形成政治共同体。但这种边陲地区的暴力冲突会促成军人的集体行动，因为平息叛乱是军队的职责所在。所以，地方叛乱的制度性结果就是促成高度统一和高度凝聚的军事化国家，而这种体制与社会精英无密切联系。斯雷特的结论是，不同的抗争政治类型导致不同的联盟，从而形塑了不同的政党、军队、国家和政权的发展路径。

最相似个案比较的基本缺陷是，许多潜在的解释变量是难以控制的，所以无法有效排除其他解释，因而在确定因果关系时，可能陷入"过分决定"（即过分强调某变量）的陷阱（Przeworski & Teune，1970）。

最差异个案比较

在这个方法中，所比较的个案结果相同，但除某个特定自变量外，其他变量均不同，那个相同的自变量可能成为解释相同结果的关键变量。说明这个方法的一个常用和明了的例子是教育和政治参与的关系。一些研究表明，在不同的社会里，不管世界哪个地区，不管什么政体或文化背景，不管社会经济差别有多大，教育程度高的群体政治参与的热情往往比较高，教育程度低的对政治参与比较冷漠，这种相关性足以让学者相信教育程度是解释任何社会政治参与程度的关键变量。卓沃尔斯基（Przeworski）等人曾指出最差异比较设计是最能有效排除其他解释（Rival Explanation）的方法。不过在比较政治研究中，严格运用"除一个变量相同外，其余变量均不同"这一设计的并不多见，可能是在现实世界中，这种个案不那么普遍。所以一些学者在运用该设计时，关注了最差异个案中的若干个（而不是一个）相同变量，用以解释这些个案的相同结果。

本文选择的一个例子是已为大家熟知的斯考切波的《国家与社会革命》。在该书中，斯考切波试图通过比较法国革命、俄国革命和中国革命来揭示三大革命的共同原因和结果。这是个很具挑战性的问题——这三场革命发生在三个历史背景、社会结构、政治形态和文化传统完全不同的国家，是什么原因致使差别巨大的三个国家产生了类似的、影响世界历史的社会革命？

斯考切波先是回顾了既有文献对革命起因的三种理论：首先是马克思主义的结构性理论，认为革命是由生产力和生产关系的尖锐矛盾所致；其次是古尔的集体心理说。古尔认为要理解革命的原因就必须理解人们的集体心理。在他看来，革命的发生是因为人们普遍产生了相对剥夺感，并且认为用政治暴力改变现状具有正当性；第三种是以悌利为代表的社会冲突论。这一理论认为社会冲突是政府和社会中有组织群体之间争夺权力的斗争，当反抗的社会群体联合，拥有共同领袖和共同目标时，革命就会发生。虽然这三种理论都有助于理解革命的根本原因，但它们涉及的因素基本属于"常数"，在许多社会都普遍存在，但未见得会引起革命，所以难以解释革命发生的具体原因。

斯考切波的研究是从三个不同革命个案中寻找共同原因。她认为有两个变量对解释这三场革命至关重要：国家危机和外部压力；这两者有着密切关系，国家危机通常在外部压力作用下爆发（如法国革命前的英法战争、俄国参与的第一次世界大战以及中日甲午战争，是触发三个国家危机的主要因素）。斯考切波的论点是：当相对弱势的国家面临国际政治经济体系中强国的经济和军事挑战时，就会陷入旧体制难以应对的财政危机。为了摆脱危机，国家会尝试改革举措，比如废止上层阶级的税收优惠，直接控制农业剩余等。国家改革能否成功，取决于两个结构性因素。首先是地主阶级对政府的影响。如果这个影响过于强大，国家改革举措就难以推行，国家与上层阶级的冲突就可能使得政府行政机构举步维艰，难以作为。如果上层阶级不热衷于政治或被国家吸纳，改革就能实施。其次，农业生产关系是否有利于生产力。农业生产力越高，国家就越有能力渡过危机。概括起来说，如果国际压力温和，如果地主上层阶级政治上软弱，如果农业生产力稳定，国家就有机会实行改革，克服危机（如19 世纪初的普鲁士和 19 世纪 60 年代的日本），避免革命。反之，如果外部危机严重（如俄国和中国），如果地主阶级政治影响力强大（如法国和中国），如果农业生产关系严重阻碍生产力（如法国、俄国和中国），国家就无法克服危机。因此，在三个政治、经济、社会、文化各方面差异巨大的国家：法国、俄国和中国，相似的严重外部危机、上层阶级的阻挠和落后农业生产力导致国家失灵，为下层暴力革命创造了契机。

塞德曼的《制造战斗性：巴西和南非工人运动比较 1970—1985》(Seidma, 1994) 同样运用了最具差异个案比较法。南非和巴西是两个差别极大的国家，除地理、历史和文化不同外，工业关系也存在很大区别。但为何在 20 世纪 70 年代以来出现了形态极为相似的、激进的"社会运动工会主义"，即以争取全体工人公民权利和经济利益为目标的工人运动？塞德曼试图从宏观和微观两个层面来确定可以解释两国工人运动共同特征的变量。在宏观层面，她认为两国的国家—资本的关系发生了有利于工人运动的变化。在 60 年代的经济增长时期，国家和资本在保持投资环境、加速资本积累和压制劳工等方面有着高度共识，得以维持稳定的联盟关系。但 70 年代以来，外部环境的变化导致经济衰退，引发国家和资本之间的矛盾。在巴西，国家扩大投资的政策使得曾经依赖国家的私人资本深感威胁，不得不与国家争夺市场和银行贷款。在南非，国际社会对种族隔离政策的制裁使得国内资本发展面临重重困难。两国的工商界都对被排斥在经济决策之外日益不满。国家—资本之间的分歧动摇了它们的联盟，削弱了对劳工的压制，从而为工运提供了机会，工会组织从秘密走向公开。资本与国家渐行渐远，对工人组织的威胁不再过于敏感，甚至认为谈判和代表可以防止工人破坏生产过程。这种变化为激进工运的崛起提供了政治机会。在微观层面，她的研究发现两国的工人运动都不约而同地和社区运动对接。城市化造就了大批工人阶级社区，面临贫困、住房、教育、服务设施不足等等严重的社会问题，由此引发了各种争取权利的社会运动。工人群体和贫困社区居民具有高度重合性，因此反对资本剥削和争取平等社会权利使得工运和社区社会运动融为一体，争取广泛权利的社会运动的动员方式，对工人运动的激进化起到了推进作用。

最差异比较设计是解释不同社会中的某些共同结果的主要方法，但它有其局限性：如果今后又出现一个具有相同结果的个案，但其原因（即独立变量）与先前个案比较发现的独立变量无关，那么，先前发现的独立变量就不能视为同类结果的必要或充要条件了（George & Bennett, 2005）。

最相似和最大差异个案设计的结合运用

在比较政治研究中，有些学者会对某一地区内的一组国家进行比较，针对复杂多样的情况，他们会选择同时运用最相似和最差异研究设计。露丝－科利尔和戴维－科利尔的《形塑政治领域：拉丁美洲的关键时刻、工人运动和政权动力》（Collier & Collier, 2002）是比较政治的经典巨著（全书共 877 页）。该书对拉美国家不同的政治发展道路进行了比较历史分析。学界对拉美政治的研究传统上比较注重国际经济政治环境和国内的社会经济因素，但两位作者认为，政治经济学的解释虽然重要，但并不足够；政治精英在历史关键时刻的选择也足以影响政治发展的形态。所以他们的研究问题是拉美国家对工人运动的吸纳方式（独立变量）如何形塑政治发展。

随着资本主义工业化的发展和劳资冲突的加剧，拉美国家都面临如何应对组织化的工人运动的挑战。20 世纪中叶，许多国家开始尝试让工人运动合法化和制度化，建立新的制度化渠道解决劳资冲突，放弃早期经常使用的镇压手段，力图建立新的阶级谈判制度。各国采用了不同的控制和动员方式，但从主导吸纳过程的角色来看，基本可分为国家吸纳和政党吸纳两大类型。国家吸纳由国家的官僚和法律机构实施，其主要目的是对工人运动进行控制，使之非政治化。政党吸纳，顾名思义，由政党实施，其目的是动员工人阶级支持。

为了更有效地进行多国比较，他们采用了最相似和最差异方法相结合的研究设计。首先，他们选择八个拉美国家进行比较，分别是：巴西、智利、墨西哥、委内瑞拉、乌拉圭、哥伦比亚、阿根廷和秘鲁。这一选择是基于最相似案例逻辑，因为这八个国家大体上相匹配——文化和地缘背景相同，都经历较长时间的城市化，工商业相对发达，政治体制有很多类似之处。在这个相似背景的基础上，作者确定了国家吸纳和政党吸纳两种方式，政党吸纳又细分为传统政党选举动员方式、劳工民粹主义方式和激进民粹主义方式，然后观察这些吸纳方式的不同结果。与此同时，作者又采用了最差异设计来比较相同吸纳方式的结果。他们将八国分成四对进行比较：巴西和智利（国家吸纳），乌拉圭和哥伦比亚（选举动员吸纳），阿根廷和秘鲁（劳工民粹主义），委内瑞拉和墨西哥（激进民粹主义）。每一对中，排在前面的国家社会同质性较高，人均收入和现代化程度也达致一定水平，后者则相反。作者认为，如果这些吸纳方式在社会经济差异较大的国家有相同的结果，那就可以确定这些方式对政治发展的因果作用。

通过比较研究，科利尔和科利尔的研究发现是，巴西和智利的政治精英采取了国家吸纳，这一方式导致了寡头国家和工人运动之间的"和解联盟"，强化了国家对劳工的控制，使得工人运动非政治化，工会和政党的联结被阻断。而采取政党吸纳的国家通常增强了劳工的政治权力，政党选举动员的需要使工人运动处在与政党谈判的有利地位。工运中的民粹主义则使得与劳工有密切关系的中间政党在选举中获得优势，从而将劳工吸纳进执政联盟造就了长久的政治稳定。这本巨著的结论是，政治精英如何吸纳工人运动，对形塑政治联盟、政党制度、冲突和稳定的形态、政权构造和变迁,乃至国家政治发展的路径都有着直接的影响。

实验方法

实验方法的逻辑十分简单明了:确定两个完全相同的组别,对其中一组施加刺激(treatment)后再进行比较研究,它们之间发生的任何差异都可视为是所施加的刺激引起。在比较政治研究中,实验方法是运用实验逻辑的一种"准实验",其做法就是在可观察的"自然场景"中发现类似于实验室中的"干预"因素,用以解释结果。比较政治中的实验方法的逻辑与最相似个案法一致(应该说,是后者体现了实验方法的逻辑),但实验方法比最相似个案更为严谨,可以有效改善小样本比较的效果。但是,虽然实验方法更加科学、可信度高,要在社会场域中找到天然的"实验条件"并非易事,而且这种情景也难以真正达到实验室的效果,因此到目前为止比较政治学中运用实验方法的研究并不多见。

近年非常出色的成果之一是珀斯纳(Posner,2004)运用实验设计对非洲国家族群关系差异的研究。珀斯纳挑选了切瓦(Chewa)和通布卡(Tumbuka)这两个生活在赞比亚和马拉维边界的族群为比较对象。这两个不同的族群被边界线较为均等地一分为二分别归属两个不同的国家。珀斯纳认为这种边界划分的效果创造出近似实验的条件,可以比较同一种文化隔阂(Cultural Cleavage)在不同环境里的呈现,他称之为"自然实验法"(A Natural Experiment)。珀斯纳观察到在边界两侧的切瓦和通布卡族群关系非常不同:在赞比亚,两族和平相处;在马拉维,两族则时常兵戎相见。珀斯纳指出,国境线两边的切瓦族和通布卡族在文化、语言、生活习惯以及地理、农业和社会经济环境等方面都基本相似,两组族群的关键不同之处在于(珀斯纳视这个不同为实验中的"Treatment"),在赞比亚,切瓦和通布卡两个族群都占全国人口的极少数(分别为7%和4%),在政治上无足轻重因而得不到什么资源,所以两族和谐甚至结盟;而在马拉维,由于两个族群都占全国人口的相当比例(切瓦占28%,通布卡占12%),因此成为政治动员的对象,两者的差异也被政治操弄,导致两个族群间经常产生矛盾对立。这项比较研究利用了地理环境创造的实验条件——边界将同一族群均等地归入两国，创造出两个在很多方面都相同的组别（文化、环境、经济等变量都得到控制）——便于研究者聚焦两组之间的差异：族群人数占全国人口的比例（Treatment）所引起的不同效果。

发现普遍化模式

在世界上纷繁多样的国家体制和政治现象中，研究者提出一些描述、解释，在多大范围内普遍适用？这是比较政治学者最感兴趣的问题之一，统计方法很适合处理这一类问题。统计方法（定量方法）是近似实验方法的一种方法，研究者用抽象的模型来描述现象和寻找解释。模型中除了待解释的现象和待检验的假设解释变量（自变量）外，还包括一些控制变量。控制变量的概念来自于实验中对某些条件的控制：实验中，"控制某些条件"的做法是让它们保持不变，既然不变，就不能解释结果的变化，这样便可以排除这些条件可能对待解释现象造成的影响，从而更精确地观察自变量和因变量之间的关系。

统计方法由于程序科学、透明度高、相对易于检验，在比较政治学研究中被广泛应用于寻求在一定范围内具有普遍性的解释。比如有关民主和经济发展之间的关系，一直以来都是定量研究的热门话题。李普塞特最早指出了经济发展和民主之间的相关性，认为"越是经济发达的国家，越可能实现民主"（Lipset，1959）。自他以后有大量的统计研究证实了这两者的正向关联。但随着数据库的不断丰富以及研究者对各种变量日趋精细的定义和测量，学者发现经济发展和民主之间并非直线式的正相关。比如卓沃尔斯基等人在《民主与发展》（Przeworski et al.，2000）分析了从1950—1990年存在的国家的资料（其中有些国家目前已经不存在），发现经济发展（用人均国民收入来衡量）对启动民主化的影响并不确定（如亨廷顿曾根据以往的统计研究指出人均收入6000美元的国家处在民主"转型区"），但与民主制度的巩固则有重要的关联性，因为他们的数据显示，所有人均国民收入超过6055美元的民主国家都持续存在和运作。

伯克斯的《民主与再分配》（Boxi，2003）一书挑战了卓沃尔斯基等人的结论，试图重新确认民主与经济发展的关系。在分析了一个更大的数据库，并拓展了时间跨度（从 1850 年到 1990 年）的基础上，伯克斯发现与民主化息息相关的因素不在于收入水平，而在于另外三个关键变量：经济平等、资本流动性（或资产特质）和政治资源分配。首先，经济平等促进民主，因为收入分配平等会减少社会贫穷阶层要求再分配的压力，富有阶级容忍大众民主的相对成本就会下降。收入越不平等的国家，富有阶级越可能抵抗民主化，阻止民众参与政治和进行再分配。第二，在资本易于流动和不易被没收的社会，民主制度易于建立，反之则有利于威权体制。这里的逻辑是：资本易于流动意味着国家难以实施重税，因为重税会导致资本外流。所以，在工业、金融和人力资本主导的社会，资本家不会太担心民主化的威胁。相反，如果主导一个社会的资本是固定资产，如土地、石油、矿山，即无法流动的资本，那么这些资产的拥有者就会担心民主化可能导致重税甚至资产没收，所以抗拒民主化。伯克斯认为资产特质解释了为何从 1950 年至 1990 年，80% 的人均收入超过 8000 美元的非石油输出国家都是民主国家，而石油输出国都实行威权体制。第三，在经济不平等相对温和或资产流动性强的社会，下层民众和工人阶级的政治动员（或统治精英因外部危机而崩溃）会引发民主体制的建立，因为对统治阶级而言，面对社会权力平衡的变化，镇压的成本高于接受民主。相反，在经济高度不平等和资产无法流动的社会，穷人有强烈的财富再分配的动因，政治动员可能导致暴力，甚至内战和革命，而统治阶级因恐惧在财富再分配中失去太多而竭力抵制民主，维护威权制度。伯克斯用系统的数据验证了他的理论假设，将民主与经济发展关系的讨论大大推进了一步。毫无疑问，大样本研究设计是验证假设和发现普遍性因果关系最有效的方法；它的缺陷是不能解释因果机制和具体个案中的结果（Gurring, 2007）。

使用统计方法的条件是研究者有大量可供比较的案例（Large-N），但即使有限的个案比较，只要能有效控制变量，亦能达到发现普遍化模式的目标。博妮在一项分析非洲国家的"政治地形分布"，即在地方上的制度选择的研究中，就采用了这个小样本比较方法。为了解释国家机关在地方的分布和权力下放程度，博妮选取了若干西非国家为案例，确定她确定的因素在这些个案中真实存在，观察这些因素是否、在何种程度上导致了她预期的政治和制度结果。她还同时运用了历时比较（Over-time/Longitudinal Comparison）和国内比较（Within-country-comparison）两种策略（即每一个案例，分两个时间段检视：1940年代中期至1960年代国家独立，以及1960年代至1980年代中期后殖民政权巩固和国家建设时期）来有效地控制变量、加强可比性，排除其他关于后殖民时代非洲多样制度安排的解释，包括政权意识形态、殖民行政规条和生态/农艺决定论等解释。通过精心小样本案例比较设计，博妮这项研究得出的结论是：地方上国家机关的空间分布和权力下放的分布——分散或集中——取决于地方精英的利益依赖以及所掌握的谈判筹码。当地方精英有足够谈判筹码时，统治者倾向于建立地理上分散的国家机构，以达到分享（Power Sharing）或篡夺（Usurpation）地方权力的目的；如果地方精英不足以构成一个对中央有威胁同时也有用的层级，统治者会选择中央集权而不在地方上进行制度建设。而在权力下放的安排上，如果地方精英获得资源的方式需要依赖国家权力，那么他们就被视为政权的同盟，会得到统治者的信赖因而权力会被下放到地方；如果地方精英完全独立于国家的介入自主地创造和累积财富，那么他们跟政权之间会有潜在或直接的竞争关系，统治者自然不只不放权到地方，还要夺去地方的权力。

解释相同过程的不同结果

在不同国家里，有些历史过程是十分相似的，比如工业化、现代化、国家建设、阶级形成、民主化，等等。但这些相似的历史过程在不同的国家却有着不同历程和结果。"比较"有助于发现这种差异的原因，这是比较政治学中"历史比较"和"历史制度主义"方法兴起的原因。这一研究目标是通过对不同国家政治过程的历史比较来解释异同，提出超越特定时间和地点的有效理论。从比较设计的逻辑来看，这一类型的研究主要是结合运用最相似和最差异比较法。但另一方面，由于历史比较的个案数目有限，过程高度复杂，资料残缺或有偏见，确定因果关系绝非易事。所以，尽管这一研究目标因循因果解释的逻辑，其成果或许更带有诠释（Interpretive）的性质。

摩尔的《专制与民主的社会起源》就是试图解释为何现代化会导致民主、法西斯和共产主义三种截然不同的政治体制（Moore，1966）。他关注的是工业化进程中的阶级关系和阶级联盟，特别是工业化进程与前资本主义农业体制的互动关系。通过三种体制的比较，他认为资产阶级和地主阶级的相互关系模式导致了不同的政治结果。在他看来，强大的资产阶级对民主的建立至关重要，民主在法国、英国和美国的发展，是因为资产阶级避免了同地主阶级结成反对农民的同盟，而这之所以可能则是因为法国革命、英国革命和美国内战削弱了地主阶级，使得资产阶级能够完成建立议会民主的历史任务。在资产阶级软弱的反动威权主义国家，如德国和日本，资产阶级和地主结成了压制农民的政治联盟，地主阶级得以在农业商业化的过程中，利用国家力量强制保持农业劳动力的供给。资产阶级和地主的联盟形成了法西斯主义的社会基础。如果资产阶级软弱，而农民受到左翼知识分子的革命动员，其结果就可能是共产主义运动的兴起。概言之，在摩尔的解释框架中，工业化时代一国资产阶级强大与否起着至关重要的作用，决定了该国的政治道路，由此做出了著名的"没有资产阶级就没有民主"的论断。

摩尔的历史比较方法对后来的学者有着重要影响。[1] 卢波特的《自由主义、法西斯主义和社会民主主义——两次大战期间欧洲政权的社会和政治根源》（Luebbert，1992）一书研究[2] 1918—1938 年期间、处于严重政治经济危机的欧洲国家民主政体的不同命运。在卢波特看来，一个好的理论，如果能解释一个社会为某种类型的国家，比如社会民主主义，那么也必须能够解释为何其他社会不能成为同样的国家。这需要一个能同时解释这两种结果的连贯的理论。这个解释应当是基于共同的设定，运用共同的变量。和摩尔一样，他的关键解释变量也是阶级联盟。他认

---

① 作为摩尔的学生，斯考切波的研究深受其影响。

② 卢波特此书写于他任教于加州柏克莱分校的 1982—1988 年。这位 80 年代美国比较政治学的新星不幸在一次游艇事故中去世，年仅 33 岁。

为，在政治经济危机的时代，民主在英国、法国、瑞士、比利时和荷兰之所以能生存下去，是因为这些国家在"一战"前，就形成了稳定的中产阶级，这个阶级内部比较一致，没有因宗教、语言、地区和城乡差别而产生分裂。中产阶级的团结形成了中右自由民主政党的坚强基础，也孤立和制约了社会主义运动，并且逐步将其吸纳到建制内，形成了由自由派主导的"自由—劳工"联盟。虽然工人运动同中产阶级的妥协未能最大限度达致其全部经济目标，但因进入权力结构而能够获得尊严和影响力。工人接受以自由主义为基础的政治和经济制度，是民主政治得以稳定的重要保证。在 30 年代大危机时，工人运动中的激进势力亦未能动摇这个联盟体制。在挪威、瑞典、丹麦等国，中产阶级长期处于分裂状态，无力量建立自由派主导的政治体制，工人运动的强大，又让中产阶级怯于与之结盟，从而出现了分裂的自由派面对团结的工人阶级的局面。强势的工会为工人阶级争取到了巨大的物质利益，而为了保障这种利益，达致社会长远稳定，建立让市场受制于政治、劳动力去商品化的体制成为必然。最终工人阶级与中农及小农的联盟导致了社会民主主义的政治体制。但在德国、意大利和西班牙，社会主义者为了实现其革命目标，试图从政治上组织农业无产者，引发了小农和中产阶级的恐惧，迫使它们结盟予以抗衡，从而形成了法西斯主义的社会基础。卢波特认为欧洲历史的一大讽刺是，城市工人阶级动员农业无产者实现社会正义的斗争，最终导致了以中产阶级和小农联盟为基础的法西斯主义体制。概括起来，卢波特认为，自由派政治成功的程度，工人积极参与政治和组织化的模式，产生了不同的阶级联盟，从而促成了不同的政体形态。

另一本追随摩尔历史比较方法的是瑞彻迈耶等三人的《资本主义发展和民主》（Rueschemeyer et al. , 1992）。该研究的一个重要假设是：资本主义经济发展与民主之所以高度相关，是因为它改变了社会结构，从而也改变了阶级力量的平衡，由此而产生的新社会阶级的权力关系决定了民主是否能够出现、稳定，并在危机时刻得以维持。作者们分析了西欧、拉美和加勒比海等不同类型的国家来验证他们的假设。与摩尔强调资产阶级的重要性相反，瑞彻迈耶等人认为工人阶级和下层人民才是推动民主发展的基本力量。工人阶级有支持民主的强大动因，因为民主能够扩大他们的政治权利。工人运动对民主的特殊贡献在于，工人阶级处于社会等级的底端，他们争取利益和要求进入政治体制的斗争，最终推动了社会普选权和广纳型制度的实现。但各地区工人阶级影响民主发展的程度有所不同。在欧洲，工人阶级的影响力主要来自于第二国际政党和下属的工会，以及独立的和其他政治派别的工人运动。在西印度群岛，30年代的工人起义迫使殖民当局引进自治措施，工会运动也起了重要作用。在拉丁美洲，各种意识形态的工会以及有工人阶级基础的政党在建立民主制度的联盟中起着关键作用。作者也发现，在所有这些地区，工人阶级都必须与其他阶级结盟才能推动民主发展。他们的研究显示，资产阶级最初的确支持民主和普选权，但一旦有组织的工人运动诞生，它们的立场就发生了变化。在三个地区，都发生过资产阶级支持颠覆民主政权的事例。中产阶级对民主的态度则显得暧昧，他们对民主的态度有时取决于他们与统治阶级的关系以及自身的利益。一旦进入权力结构，他们就会倾向于排斥低下层阶级，另一方面，他们亦有在政治上与工人阶级结盟的可能，所以，当社会中没有一个社会集团处于主导地位时，中产阶级的立场会决定性地影响社会力量的平衡和斗争的结果。如果民粹主义高涨，中产阶级就会转向反对民主。农民因为处于无组织状态，他们对民主的态度难以确定。和摩尔的观点一致，在瑞彻迈耶等人看来，地主阶级是最反对民主的，因为民主所赋予的公民权会动摇把农民束缚于土地的农业制度。不同阶级权力关系的平衡和互动，导致了不同民主发展道路。在工人阶级和社会下层可以自主组织的社会（如斯堪的纳维亚国家、西印度群岛和哥斯达黎加），阶级权力平衡最终得以改变，逐步完成向民主转型。在上层阶级与国家形成强大联盟的社会（如德国和奥地利），中产阶级是经济高速发展的受益者，因而甘愿屈服于威权统治。在诸如巴西等国，中产阶级因惧怕工人运动和下层诉求而变得十分保守，成为官僚威权主义统治的社会基础。

这三项研究比较了不同国家经历的相似过程：现代化、资本主义发展、民主化等等；作者都是以阶级、阶级联盟和阶级政治为主要独立变量，来解释为何这些共同的过程会有不同的结果。但如前所述，虽然历史比较是达致这类研究目标的主要方法，但由于过程的复杂性和各种因素的交互作用，其结论的确定性容易受到质疑。

三、比较政治与中国研究

中国研究与比较政治是什么关系？中国研究能为比较政治研究贡献什么？这两个问题牵涉政治学界长期以来争论不休的地区/国别研究与政治学学科之间的关系问题。比较政治学自诞生之时，几乎就是地区/国家研究的代名词，比较政治学者基本都是某地区或某国政治的专家，他们熟知那些地区或国家的语言、历史与文化，有着丰富的田野经验，但却很少从事跨国比较。20 世纪 80 年代以来这一研究传统受到了挑战，不少批评者指出，虽然地区/国别研究可以深入地获得某个地区和国家的知识，却难以据此建立普遍性的解释和原理。随着大样本跨国定量比较研究的兴起，传统的、被认为缺乏科学性的地区/国别研究似乎陷入了尴尬的境地。但经过这些年的争论，比较政治学者的基本共识是，个案导向的地区/国别研究对比较政治研究仍具有重要意义，如格尔林（Gerring，2007）所说，个案研究有利于建立理论和开发见解，大样本可用于证实或否定理论；个案研究提供内在效度，大样本提供外在效度；个案研究让学者探索因果机制，大样本比较让学者确定因果影响。简言之，个案和大样本研究各有强处，各有所用，互不替代，毋需互相否定。从客观上而言，如一项数年前的研究发现，地区研究仍然是比较政治的主导形式（Munck & Snyder，2007）。

在比较政治领域，虽然来自中国的数据已开始进入了大样本跨国比较研究，但将中国用于定性国别比较的作品却仍然少见。中国是个历史、文化、政治和社会都颇为独特的大国，似乎不易成为国别比较的对象。亦有学者认为，中国研究应当成为一个独立的学科，不必纳入比较政治学的范围，就如"美国政治"是美国政治学中的一个独立学科一样。但即使如此，许多研究中国政治的学者在其研究中仍带有明确的比较视角。但所谓"比较视角"（Comparative Perspective）并非是把比较作为研究的主要设计，并非进行系统、详尽的个案比较，而只是在国别研究中，把国家经验当作参照系，凸显研究对象的特殊性，从而发现政治世界中的新类型、新元素、新变量，开拓新视野，对构建理论做出贡献。这类国别研究作品虽然不同于上述介绍的个案比较或大样本比较研究，但却有明确的比较涵义（Comparative Implications），是丰富比较政治学研究领域的重要途径。

长期以来，中国政治研究的比较视角是随历史变迁不断转换的。在20世纪80年代以前，学者经常把中国置于与苏联和东欧共产主义国家的比较视角中。相同的政治体制和意识形态，使得这些国家成为理解中国共产主义制度特殊性、形态、体制安排和动力及政治文化的最佳参照系。改革开放以来，中国的经济起飞和转型吸引学者将中国与其他后发国家比较，特别是东亚国家和社会。20世纪七八十年代东亚国家和地区在威权国家推动下实行现代化，国家与自由市场的另类关系创造了有别于西方资本主义发展的所谓"东亚模式"。作为东亚大国，中国与同地区的威权社会在历史和文化上血脉相连，国家主导的市场改革和对外开放与东亚模式的异同之处成为理解中国经济转型的重要视角。90年代以来，苏联东欧国家集团的解体和转型以及随之而来社会、政治动荡和中国高速的经济增长形成了鲜明的对照，于是中国政治的研究者开始把中国问题置于与前共产主义国家比较的视角，解释中国社会转型特殊之处。当然，比较视角不只限于在国别研究中引入他国经验为参照。如前所述，个案（国别）研究的一个重要目标是推动理论建构。由于许多现存理论和概念都建筑于其他国家的经验事实之上，中国研究与现存理论的对话，本质上也是一种"比较视角"。中国研究中已经出现的一些重要概念，如"地方国家法团主义"（Oi, 1992）、"威权主义韧性"（Nathan, 2003）、"碎片化威权主义"（版本1和版本2）（Lieberthal & Oksnberg, 1988；Mertha, 2000）、"合法抗争"（O'Brien and Li, 2006）、"非正式问责"（Tsai, 2007），等等，都具有相当程度的普遍意义，是对比较政治学的重要贡献。

与此同时，为了克服中国研究不易与其他国家比较的困境，一些中国问题学者选择了国内跨地区比较。这种"次国家比较"（Sub-national Comparison）和最相似比较设计的逻辑基本一致，即在一国之内，将地区作为主要独立变量来解释研究对象的差异性，其运作可以是演绎性的，如伯恩斯坦和吕晓波把中国分为沿海、中部和西部，以此解释农村税收的差异；也可以是归纳性的，如蔡欣怡对中国地下金融的研究是调查了若干地区，然后归纳出不同类型（Hurst, 2010）。近年中国研究中运用次国家比较出色的是贺斌的《社会主义之后的中国工人》（Hurst, 2009）。在该书中，贺斌分析了中国国企改革导致的下岗问题以及政府的对策和工人的抗议。他认为下岗主要发生在四个不同的政治经济区域，它们分别是：东北（辽宁、吉林、黑龙江）、中部沿海（天津、山东沿海、江苏、大连市、上海）、中北部（山西、陕西、山东岛、河南、兰州、包头）和长江上游（湖北、重庆和四川）。这四个区域在五个层面呈现出差异性：地方政府能力、国企的经营环境、工人群体、市场机会以及中央和地方关系。由于这些差异，导致各地下岗的时间、过程、人数、政府处理方式和工人反应都有很大区别。比如，从下岗的原因和时段来看，恶化的经营环境和紧张的中央地方关系使得东北的国企在80年代就开始解雇工人；在中北和长江上游地区，部分行业的困境和日益减少的政府补贴导致90年代中期出现下岗，但多数企业仍正常经营；而中部沿海城市则是在中共十五大（1997）强令国企实施减员增效政策的压力下，才开始实施大规模的下岗的。这一政策也从根本上改变了所有国企的政治环境，实施下岗成为地方政府的政治任务。贺斌的研究显示，"砸烂铁饭碗"的过程并非一个统一和连贯的过程，而是混乱和不平衡的。三种下岗模式是四个地区特定政治经济过程的结果。

蔡晓莉的《无民主的问责：中国农村的宗族和公共产品的供给》（Tsai, 2007）是近年中国政治研究领域的优秀作品，同时也被公认为对比较政治有重要贡献。她的研究出色地融合了定性和定量方法，而定性部分则体现次国家比较，即不同地区的村庄比较。她的主要研究问题是：为何中国农村经济发展水平大体相同的地方，公共产品的供给有很大差异？她发现定期选举并没有使得村官变得更具问责性，反而是那些连带团体（Solidary Groups）（包括庙宇社区、节庆团体和宗族组织）的存在促进了公共产品的供给。她把连带团体的两个重要特质视为解释变量，一是覆盖（Encompassing），即连带团体的活动范围与行政村落重合，具有代表村民利益和动员村民参与的功能；二是嵌入（Embedding），指连带团体吸纳干部参与活动的功能。连带团体受共同利益的制约，其非正式的规范具有控制干部并让他们向村民问责的功效。蔡晓莉将由连带团体促成的问责称为"非正式问责"（Informal Accountability）。通过深入访谈和村落比较以及在山西、河北、江西和福建的 316 个村庄进行问卷调查，蔡晓莉排除了对村庄公共产品供给差异的其他解释，如经济发展、民主管理和官僚内部控制等等，证实了她的"在其他情况相若的情况下，有连带团体存在的村庄比没有连带团体的村庄，更可能有效提供公共产品"这一假设。她的"非正式问责"概念具有一定的普遍意义，解释了政府问责并非必然与正式制度安排有关；那些缺乏民主和官僚问责体制的威权国家亦可能因非正式制度的作用而让政府问责、提供公共产品。

　　一国内的地区比较是否还属于比较政治范围或许会有争议。本文认为，从方法论角度看，次国家比较的研究设计与比较政治无异，具有比较政治的特性，其最大优点是可以有效控制变量（即一国的宏观结构可视为常量）。但是，一项次国家比较究竟对比较政治有无重要贡献，关键还在于其研究问题和结论在多大程度上具有普遍性，即超越一国的意义或外部有效性（External Validity）。有不少次国家比较的目的是为了达到内部有效的解释（Internal Validity），不考虑外部有效性。但在比较政治的文献中，不难发现通过次国家比较研究来回答普遍性问题、达致外部有效性的优秀作品。比如普特南的《使民主运作：现代意大利的公民传统》一书试图探究民主制度良好运作的条件（Putnam, 1993），通过对 20 个意大利地方政府的比较研究，他确定了社会资本对民主制度的绩效和维持有重要影响。卡力瓦斯的内战研究（Kalyvas, 2006），是在希腊 1943—1949

年内战最激烈地区以村庄为单位采集的信息。他认为这样可以控制很多变量，例如政治力量、文化、历史、社会背景等。通过对地区内暴力分布的比较分析，他验证了内战中选择性使用暴力的逻辑。这两项基于国内政治的比较研究都具有很高程度的外部有效性。

结　语

经过半个多世纪的发展，比较政治学已成为政治学最主要的一个分支，期间发生的最重要的变化，是摆脱了对理论范式的追求而日益成为一种具体的研究方法和设计。学者视"比较"为产生新知识、在经验层面拓展视野和想象、丰富对多样化世界认知的重要途径。本文用若干研究范例从一个很小的侧面显示了政治学者是如何通过比较分析来达致发现因果机制，寻找相同模式和探索历史和政治过程的不同结果这三个目标的。当然，如同所有其他作品一样，选作范例的这些研究是否真正达到了作者们声称的目标，肯定会有争议。事实上，即使如摩尔和斯考切波这样影响巨大的学者，其作品的研究设计和结果仍不乏批评者。毕竟，比较政治研究（和其他社会科学学科一样）的对象十分复杂，牵涉很多因素，特别是"人"这个最为复杂的因素，控制变量绝非易事，都可能影响到研究的效果。但只要研究问题重要和有趣，比较过程符合规则，资料来源可靠，不论研究结果如何，都会对同行有所启示，都有知识积累的价值。

在早期范式主导的年代，比较政治学深受意识形态的影响，无论是欧美中心主义的现代化理论还是反资本主义的依附理论，都反映了这种影响。但随着范式的式微，比较政治越来越沉淀为一种开放性的研究方式，而非张扬意识形态和鼓吹特定政治模式的工具；也就是说，它不再受制于任何特定的理论和研究路径，来自不同理论传统和喜好不同研究路径的学者皆可运用这一方法。比较政治学没有主导性的理论——这已是比较政治学者的共识。理性选择、制度分析、历史制度比较、国家中心论、抗争政治、政治经济学、公共选择等，都可以为比较政治学提供分析框架和研究路径。运用何种理论视角和路径取决于学者的学术背景和偏好。当然，这并不意味着比较政治学不受任何观念影响，社会科学研究难以做到完全的价值中立；比较政治学者所用的分析框架和概念不可避免地包含着某些带有价值判断的预设。但重点是，作为一种开放性的研究方式，比较政治学研究不排斥任何逻辑严谨、言之成理、符合常识的分析和解释。

既然比较政治学是一种开放性的研究方式，那么，它今后在中国发展就不会有固定和划一的模式，或者受制于特定的理论和观念。如同在不同的地区和国家研究中一样，比较政治学可以为不同视角的中国研究提供广阔的空间，不论这些视角来自于何种知识传统。可以肯定，中国经验会给比较政治学带来新的活力和素材；但比较政治学在中国的发展，有赖于中国经验和各种现存的理论对话。虽然这些理论根植于不同国家的历史经验和文化背景，但经历了大量的跨国运用和验证，它们在一定范围的普适性和解释力是毋庸置疑的，对解释中国政治研究中的许多问题肯定有所帮助。在与这些理论的对话中，中国经验可以引入新的问题、变量，从而验证、修正、补充和挑战比较政治学现有文献，在这个基础上形成的理论和概念都是对比较政治学的贡献。CPS

参考文献:

Boix, C., *Democracy and Redistribution*, Cambridge University Press, 2003.

Boix, C., & Stokes, S. C., "Endogenous Democratization", *World Politics*, Vol. 55, No. 4, 2003, pp. 517 – 549.

Boone, C., *Political Topographies of the African State: Territorial Authority and Institutional Choice*, Cambridge University Press, 2003.

Boix, C., & Stokes, S. C., "Introduction", Boix, C., & Stokes, S. C. (Eds.), *The Oxford Handbook of Comparative Politics*, Oxford University Press, 2007, p. 4.

Collier, R. B., & Collier, D., *Shaping the Political Arena: Critical Junctures, the*

Labor Movement, *and Regime Dynamics in Latin America*, Princeton University Press, 1991.

Collier, D. , "The Comparative Method", Finifter, A. W. (Ed.), *The State of the Discipline*, American Political Science Association, 1993, pp. 105 – 119.

Hattam, V. C. , *Labor Visions and State Power*: *The Origins of Business Unionism in the United States*, Princeton University Press, 1992.

Hurst, W. , *The Chinese Worker after Socialism*, Cambridge University Press, 2009.

Hurst, W. , "Cases, Questions, and Comparison in Research on Contemporary Chinese Politics", Carlson, A. , Gallagher, M. E. , & Lieberthal, K. Melanie Manion (Eds.), *Contemporary Chinese Politics*: *New Sources*, *Methods*, *and Field Strategies*, Cambridge University Press, 2010, pp. 162 – 180.

Geddes, B. , *Paradigms and Sand Castles*: *Theory Building and Research Design in Comparative Politics*, University of Michigan Press, 2006.

George, A. L. , & Bennett, A. , *Case Studies and Theory Development in the Social Sciences*, MIT Press, 2005.

Kalyvas, S. N. , *The Logic of Violence in Civil War*, Cambridge University Press, 2006.

Lieberthal, K. , & Oksenberg, M. , *Policy Making in China*: *Leaders*, *Structures*, *and Processes*, Princeton University Press, 1988.

Lijphart, A. , "Comparative Politics and the Comparative Method", *American Political Science Review*, Vol. 65, No. 3, 1971, pp. 682 – 693.

Przeworski, A. , Alvarez, M. , Cheibub, J. , and Limongi, F. , *Democracy and Development*: *Political Institutions and Well-Being in the World*, *1950 – 1990*, Cambridge University Press, 2000.

O'Brien, K. and Li, L. , *Rightful Resistance in Rural China*, Cambridge University Press, 2006.

Lipset, S. M. , "Some Social Requisites of Democracy: Economic Development and Political Legitimacy", *American Political Science Review*, Vol. 53, No. 1, 1959, pp. 69 – 105.

Luebbert, G. M. , *Liberalism*, *Fascism*, *or Social Democracy*: *Social Classes and the Political Origins of Regimes in Interwar Europe*, Oxford University Press, 1991.

Mertha, A. , " 'Fragmented Authoritarianism 2. 0' : Political Pluralization in the Chinese Policy Process", *The China Quarterly*, Vol. 200, 2009, pp. 995 – 1012.

Moore, B. , *The Social Origins of Dictatorship and Democracy: Lords and Peasants in the Making of the Modern World*, Beacon Press, 1966.

Munck, G. L. , & Snyder, R. , "Debating the Direction of Comparative Politics: An Analysis of Leading Journals", *Comparative Political Studies*, Vol. 40, No. 1, 2007, pp. 5 – 31.

Nathan, A. J. , "Authoritarian Resilience", *Journal of Democracy*, Vol. 14, No. 1, 2003, pp. 6 – 17.

O'Donnel, G. , *Modernization and Bureaucratic Authoritarianism*, Berkeley: Institute of International Studies, 1973.

Oi, J. C. , "Fiscal Reform and the Economic Foundations of Local State Corporatism in China", *World Politics*, Vol. 45, No. 1, 1992, pp. 99 – 126.

Posner, D. N. , "The Political Salience of Cultural Difference: Why Chewas and Tumbukas Are Allies in Zambia and Adversaries in Malawi", *American Political Science Review*, Vol. 98, No. 4, 2004, pp. 529 – 545.

Putnam, R. D. , *Making Democracy Work: Civic Traditions in Modern Italy*, Princeton University Press, 1993.

Pye, L. , "The Behavioral Revolution and the Remaking of Comparative Politics", Goodin, R. , & Tilly, C. (Eds.), *The Oxford Handbook of Contextual Analysis*, Oxford University Press, 2006, pp. 797 – 804.

Rueschemeyer, D. , Stephens, E. H. , & Stephens, J. D. , *Capitalist Development and Democracy*, University of Chicago Press, 1992.

Seidman, G. W. , *Manufacturing Militance: Workers' Movements in Brazil and South Africa, 1970 – 1985*, University of California Press, 1994.

Stepan, A. C. , *Arguing Comparative Politics*, Oxford University Press, 2001.

Skocpol, T. , *States and Revolutions: A Comparative Analysis of France, Russia, and China*, Cambridge University Press, 1979.

Skocpol, T. , & Somers, M. , "The Uses of Comparative History in Macrosocial Inquiry", *Comparative Studies in Society and History*, Vol. 22, No. 2, 1980, pp. 174 – 197.

Schmitter, P. C. , *Interest Conflict and Political Change in Brazil*, Stanford University Press, 1971.

Slater, D. , *Ordering Power: Contentious Politics and Authoritarian Leviathans in*

Southeast Asia, Cambridge University Press, 2010.

Tsai, L. L. , *Accountability without Democracy*: *Solidary Groups and Public Goods Provision in Rural China*, Cambridge University Press, 2007.

Teune, H. , & Przeworski, A. , *The Logic of Comparative Social Inquiry*, NY: John Wiley & Sons, 1970.

Wiarda, H. J. (Ed.), *New Directions in Comparative Politics*, Westview Press, 1985.

Designing Comparative Research: Inspiring Examples for Practitioners of Comparative Politics

Chen Feng　　Kang Yi

Abstract: Comparative Politics as a sub-discipline of political science has attracted a growing interest among scholars. Numerous articles have introduced its methods and concepts. However, scant attention has been paid to artful application of comparative logic in actual research design. This paper suggests that we need not only general introduction of concepts and ideas, but more importantly, substantive learning from the masterpieces of Comparative Politics in order to have a good command of the logic and skills of this sub-discipline. Therefore, a number of distinguished works is examined here to demonstrate how their authors have crafted researches to accomplish the three basic goals of comparative studies: (1) establishing causal relations; (2) identifying identical patterns, and (3) explaining different outcomes derived from similar historical and political processes. The paper also points out that in the past several decades, comparative politics has gone beyond paradigm seeking and become an open-ended research design that can be easily compatible with various theoretical perspectives. Last but not least, Chinese experiences can bring in new research questions and explanatory variables, which may test, compliment and challenge the existing theoretical approaches, and thus contributing to the development of Comparative Politics.

Keywords: Comparative Politics; Research Design; Paradigm; Chinese Experiences

时间中的定性比较分析：TQCA 与 TSQCA 的发展

释启鹏[*]

【内容摘要】定性比较分析作为一种结合定性定量优势的多重因果分析的研究方法在近几十年间得到了长足的进展，但传统 QCA 软件无法处理涉及时间因素的数据，这使得该方法在分析某些有关时间的因果关系时受到很大限制。TQCA 与 TSQCA 的出现为解决这样的问题提供了可能。本文在介绍传统 QCA 的基础上重点讨论两种新型 QCA 的逻辑原理与实践应用，进而展示时间要素在定性比较分析中的最新发展。

【关键词】定性比较分析；时间；时序定性比较分析；时间序列定性比较分析

定性比较分析（qualitative comparative analysis，简称 QCA）是一种在查尔斯·拉金开拓的基础上发展出来的一系列多重因果分析的研究方法及相关软件，近年来在社会科学诸领域得到了很大应用。但是，传统的 QCA 无法处理面板数据和事件的时间序列，特别是随着"时间"变量在社会科学中逐步受到重视的今天，传统 QCA 在时间维度上的缺陷日渐限制了其深入发展。随着研究者对分析工具的逐渐改良，在实践维度上学者如

＊ 释启鹏：中国人民大学国际关系学院政治学理论硕士研究生。

今已经研发出了关注事件的时序差异以及跨时间变化的 TQCA 和 TSQ-CA，这大大丰富了定性比较分析大家族，本文将对这种新发展进行简要概述。文章第一部分首先介绍 QCA 的逻辑以及近 30 年来的应用；第二部分简要对定性比较分析的三大分支——csQCA、mvQCA 以及 fsQCA——进行说明；在第三、第四部分中，本文将重点分别介绍 TQCA 与 TSQCA 是如何将时间因素纳入定性比较分析的研究过程的。

一、沟通定性与定量的综合策略

1987 年，查尔斯·拉金出版了影响深远的著作《比较方法：超越定性定量策略》①。在全书的开篇，作者引用斯旺森的话表达了科学研究中比较的重要性：在所有的科学思维和科学研究中，缺乏比较的思考是难以令人信服的。② 然而拉金所提出的是一种新的比较方法，一种试图超越定性与定量的方法论之争的尝试。③ 拉金分别定义了两种不同导向的比较方法，即案例导向（case-oriented）与变量（variable-oriented），在总结二者优势的同时指出了二者的不足：在社会科学研究领域，研究涉及的案例是多样的，因此单一的案例研究往往无法满足多样本需求，并可能存在代表性不足；同时，定量统计方面的研究大多关注事件的单一因果关系，因此很难解释复杂社会现象中存在多元因果组合的事实。鉴于此，拉金希望能够努力达成一种介于案例导向与变量导向之间的"综合"策略。值得注意的是，拉金将这种试图超越定性定量之争的方法论特征描述为综合（synthetic）的策略而不是结合（combined）的策略，这种

① Charles C. Ragin, *The Comparative Method: Moving beyond Qualitative and Quantitative Strategies*, Berkeley: University of California Press, 1987.

② Gury Swanson, *Framework for Comparative Research: Structural Anthropology and The Theory of Action*, Berkeley: University of California Press, 1971, p. 145.

③ 关于定性与定量方法所展现的两种迥异的"文化"内涵，参看 Gary Goertz and James Mahoney, *A Tale of Two Cultures: Qualitative and Quantitative Research*, New Jersey: Princeton University Press, 2012。

论述显然是意味深长的。在拉金看来，将两种方法应用于同一个问题的研究并不少见①，例如约翰·斯蒂芬斯的《从资本主义到社会主义的转变》就可以充分说明：一方面，他利用统计方法考察 17 个发达的西方资本主义民主国家的福利发展程度，发现福利国家转向的核心变量是工人阶级的组织；另一方面，他选取了四个国家——瑞典、美国、英国、法国——作为案例进行细致研究，因量化研究无法表明工人阶级的组织是如何以及在何种情况下导致了福利国家的建设，故而质性分析着重观察历史的细节及历史过程。② 然而拉金认为，定性与定量的方法在同一个议题依旧各自为政，相反，理性情况下综合的研究方法则应当一种方法同时兼具定性定量的优势。事实上，拉金发展的 QCA 在日后的发展中的确展现了这样的优势③：一方面，它是一种整体主义的研究路径，每一个案例都作为实体而存在，而每个案例的不同部分又是相互联系的，这种联系提供了多重因果的条件组合，为因果探索提供了更加复杂的视角；与此同时，QCA 极大丰富了可供分析的案例的数量，集合关系、布尔代数、最小化运算等方法的应用，使研究者可以自行确立案例的简约程度，从而达到更简约的目的。

两种导向研究方法的综合使 QCA 展现了比较研究中有关因果关系的新视角，正如另一本著名的方法论著作《社会科学中的研究设计》④ 中所言，拉金关注的是多重因果关系⑤。众所周知，以"密尔五法"特别是"求同法"和"求异法"为代表的传统比较方法所采用的是一种单因解释的路径，它们只存在唯一的单因，是决定论的解释而非概率论的解

---

① 同时值得注意的是，最新的历史社会学的研究成果充分说明定性研究与量化分析的结合趋势非常明显，美国社会学会（ASA）近五年的"巴林顿·摩尔最佳著作奖"和"查尔斯·蒂利最佳论文奖"的作品几乎都有用到了数学模型和统计分析。

② John Stephens, *The Transition from Capitalism to Socialism*, London: Macmillan, 1979.

③ Benoit Rihoux and Axel Marx, "Qualitative Comparative Analysis at 25: State of Play and Agenda", *Political Research Quarterly*, Vol. 66, No. 1, 2013, pp. 168 – 174.

④ 罗伯特·基欧汉、悉尼·维巴:《科学中的研究设计》, 陈硕译, 格致出版社 2014 年版。

⑤ 近年来国内政治学研究也注意到了多重因果关系的重要性，如张桂琳:《多重因果路径分析评述》, 载《政治学研究》, 2008 年第 5 期; 高奇琦:《从单因解释到多因解释: 比较方法的研究转向》, 载《政治学研究》, 2014 年第 3 期。

释，并且不存在相互影响的效果。① 然而，社会现象的复杂性决定了不仅存在一因一果的模式，同时存在一因一果、一因多果、多因一果、多因多果等多种因果关系。QCA 所展现的是因素组合（configuration），这意味着：案例中各个条件的结合产生了现象，即结果；条件不同的组合方式可能带来相同的结果；已有条件可能因研究情形的不同对结果产生不同的影响。② 这种技术利用布尔代数以及集合理论分析多个原因和同一结果的关系，因此在解释事件时更具解释力。

区别于传统的回归分析或案例研究，定性比较分析展现的是一种新的研究逻辑，它表达了一种定性的比较研究中的量化趋势。③ 与社会科学其他较为成熟的研究方法相比，定性比较分析出现不到 30 年，在相关的技术应用方法尚且处于不成熟阶段，在得到学者们广泛关注的同时，其自身依旧存在较大的发展空间。通过对多种议题的应用表明，QCA 对于样本规模的要求不高，在 15—80 个样本规模上都可以运用，特别是对包含较多二分、定类、定序变量的样本集，它具有更大的优势；其次，QCA 的必要条件和条件组合的分析轮次可以让研究者对总样本进行多次细分，形成不同的子样本集，从而得出更为精细和有趣的结论。④ 在拉金的《比较方法》一书出版 25 周年之际，《政治学研究集刊》"图景、挑战与创新"为主题策划了有关 QCA 的专题讨论。与此同时，相关研究学者以及程序设计人员建立了"系统跨样本分析比较方法"（Comparative Methods for Systematic Cross-Cases Analysis，简称 COMPASSS）的

---

① Stanley Lieberson, "Small N's and Big Conclusion: An Examination of the Reasoning in Comparative Studies Based on a Small Number of Cases", *Social Forces*, Vol. 70, No. 2, 1991, pp. 307 – 320.

② Axel Marx, Benoit Rihoux and Charles Ragin, "The Origins, Development, and Application of Qualitative Comparative Analysis: The First 25 Years", *European Political Science Review*, Vol. 6, No. 1, 2014.

③ Aaron Matthias Katz, Hau Vom and James Mahoney, "Explaining the Great Reversal in Spanish America: Fuzzy-Set Analysis versus Regression Analysis", *Sociological Methods & Research*, Vol. 33, No. 4, 2005, pp. 539 – 573.

④ 唐睿、唐世平：《历史遗产与院苏东国家的民主转型——基于 26 个国家的模糊集与多值 QCA 的双重检测》，载《世界经济与政治》，2013 年第 2 期。

网站①，通过该网站的统计我们可以看到，截至 2015 年 12 月，QCA 领域的文章有 548 篇②，这距 2011 年的 313 篇有了长足进展，而其中又以比较政治（94 篇）、商业与经济（92 篇）领域的文章最多。毫无疑问，定性比较分析的应用在这些年显现出了明显的上升势头。

当然 QCA 自身依旧存在很多不足，包括案例敏感性高、条件变量数量受限、变量的定性划分标准不够客观③，其中最为突出的是无法处理面板数据以及时间对因果关系的影响，虽然近十年来有所改进（这也是我们本文要着重讨论的），但在实际问题的研究中依旧没有得到根本的解决。

相较于国外社会科学研究中的广泛应用，QCA 在中国的发展尚处于萌芽阶段，截至 2015 年，涉及定性比较分析的论文仅有十余篇，主要集中在理论引介④、社会抗争⑤、政策与绩效⑥、政治变迁⑦、观念与行为⑧等议题，比较政治学领域利用此方法的研究更是屈指可数。然而事

---

① 网站：http：//www.compasss.org。

② 网站：http：//www.compasss.org/bibdata.htm（访问时间：2015 年 12 月 14 日）。该页面根据 QCA 的应用方法、研究领域等不同维度对已发布文章进行了分类。

③ 刘丰：《定性比较分析与国际关系研究》，载《世界经济与政治》，2015 年第 1 期。

④ 何俊志：《比较政治分析中的模糊集方法》，载《社会科学》，2013 年第 5 期；夏鑫、何建民、刘嘉毅：《定性比较分析的逻辑——兼论其对经济管理学的启示》，载《财经研究》，2014 年第 10 期；刘丰：《定性比较分析与国际关系研究》，载《世界经济与政治》，2015 年第 1 期；李蔚、何海兵：《定性比较分析方法的研究逻辑及其应用》，载《上海行政学院学报》，2015 年第 5 期。

⑤ 黄荣桂、桂勇：《互联网与业主集体抗争：一项基于定性比较方法的研究》，载《社会学研究》，2009 年第 5 期；黄荣贵、郑雯、桂勇：《多渠道强干预、框架与抗争结果——对 40 个拆迁抗争案例的模糊集定性比较分析》，载《社会学研究》，2015 年第 9 期。

⑥ 何俊志、王维国：《代表性结构与履职绩效——对北京市 13 个区县乡镇人大之模糊集分析》，载《南京社会科学》，2012 年第 1 期；杨肖光、马晓静、代涛：《公立医院与基层医疗卫生机构分工协作影响因素研究——基于定性比较分析方法》，载《中国卫生政策研究》，2013 年第 8 期。

⑦ 唐睿、唐世平：《历史遗产与院苏东国家的民主转型——基于 26 个国家的模糊集与 mvQCA 的双重检测》，载《世界经济与政治》，2013 年第 2 期；王凤彬、江鸿、王璐：《央企集团管控架构的演进：战略决定、制度引致还是路径依赖？——一项定性比较分析（QCA）尝试》，载《管理世界》，2014 年 12 月。

⑧ 李良荣、郑雯、张盛：《网络群体性事件爆发机理："传播属性"与"事件属性"双层建模研究——基于 195 个案例的定性比较分析（QCA）》，载《新闻学与传播学》，2013 年第 2 期；王程韡：《腐败的社会文化根源：基于模糊集定性比较分析》，载《社会科学》，2013 年第 10 期；李蔚：《飘摇的青春：在日中国"新"技术移民主观幸福感研究——基于定性比较分析的方法》，载《甘肃行政学院学报》，2015 年第 2 期。

实上，因为 QCA 是基于中小数量的跨案例比较，同时对相对确定的定类（nominal）编码的数据和事件具备优势，因此该方法在分析国家转型与崩溃、战争/革命/冲突是否爆发、外交方式与结果等议题上可以为研究者提供新的发现。

二、传统 QCA 的三种类型

自 QCA 问世的近 30 年间，这种分析工具已经逐渐演变为一个包含不同分析技术的集合。在时下应用中，QCA 主要分化出了以清晰集分析、多值分析和模糊集分析为基础的三种传统类型。

清晰集定性比较分析（crisp-set qualitative comparative analysis，简称 csQCA）是查尔斯·拉金最早开发的分析工具，也是至今最为广泛使用的 QCA 类型。csQCA 的逻辑基础是布尔代数，这是 19 世纪英国数学与逻辑学家乔治·布尔发明的代数类型，它适用于那些只存在两种可能值的变量。不同于普通代数，布尔代数中的字母通常代表"存在"（present）和"不存在"（absent）这两种二元对立的状态，其中以大写字母表示"存在"和以小写字母表示"不存在"。在 QCA 中，我们通常将变量区分为"条件变量"和"结果变量"，而不是通常的自变量和因变量，这主要是 QCA 与传统回归分析的逻辑区别所在，在回归分析中，自变量与因变量体现的是统计学意义上的相关关系，而条件变量和结果变量则是集合关系，也就是说条件变量之间的组合方式决定了结果变量。

在进行操作之前，有必要对布尔代数的逻辑语言进行认识，在这种特殊代数中，1 表示存在，赋值 1 的用大写字母表示，0 表示不存在，赋值为 0 的用小写字母或是在大写字母之前加符号" ~ "表示，" * "读作"和"，" + "读作"或"，用"→"或" = "表示条件或者条件组合可以推导出结果。

在进行 QCA 操作之前首先要进行相应的准备工作，包括确立研究议题，确立结果变量和原因变量以及相适应的案例，将案例和变量置于同一个表格中，制作原始数据存在的表格。

首先，对各变量进行赋值，建立二分的原始数据表，在此情况下结果以及各案例中的变量都以 "1" 或 "0" 的形态出现；其次，建立真值表（truth table），这是一个将原始数据表简化的过程，真值表可以表现出变量组合的类型和数量；之后是存在一个极其重要的步骤，那就是解决矛盾组合，源于多种因素（案例、变量的选择，赋值的标准等等）很难一次就得出满意的真值表，研究者经常面对因素组合处于矛盾的情况（例如相同的因素组合导致了不同的结果），这并不意味着研究者的失败，而是说明研究者应该重新对样本进行审视，因此，处理矛盾组合正是拉金所强调的 "观点与证据" 的对话过程，研究者必须对调整变化选择或者改变赋值标准，构建新的原始数据表进行简化，知道真值表中不再存有明显的矛盾情况并且能够覆盖绝大多数案例。

下一步是布尔代数的最小化运算，这也是 QCA 的核心操作，即对真值表进行运算，这一步将由 QCA 软件完成，最后得出原因的组合方式。

还有一个重要步骤，那就是加入 "逻辑剩余" 的样本。根据逻辑运算，在条件数量为 K 的情况下条件组合的数量应该是 2^K，然而，比较政治中 "变量太多，案例太少"[1] 的现实决定了实际存在的案例只是理想类型的一部分，因此，我们将这些现实中没有被收集到的理论上的案例称之为逻辑剩余（logical reminders），将逻辑剩余的样本结果赋值为 0 进行计算，这样我们可以得到更加简约的因果公式。[2]

最后是表现呈现。通常来说，以具体案例来表现分析得出的每一条因果路径是一种不错的表达方式。在可视化的层面，维恩图（Venn Diagram）是 csQCA 经常使用的表现方式，这是一种在通过交叉环的封闭曲线表示集合及其关系的图形，其优点是直观明了。但维恩图只限于存在少数集合的关系，因为集合越多，封闭环也越多，识别重叠区域的难

---

[1]　Arend Lijphart, "Comparative Politics and the Comparative Method", *The American Political Science Review*, Vol. 65, No. 3, 1971, p. 684; Giovanni Sartori, "Comparing and Miscomparing", *Journal of Theoretical Politics*, Vol. 3, No. 3, 1991, pp. 244 – 245.

[2]　确切地说，逻辑剩余的计算是为结果变量提供作为必要条件的解释变量（组合）。

度也会增大。故而有时也会出现坐标图或者表格的形式来体现 QCA 的运算结果。

在基本操作步骤上，mvQCA、fsQCA 与 csQCA 大致相同。

多值定性比较分析（multi-value qualitative comparative analysis，简称 mvQCA，简称 mvQCA）由拉瑟·克隆奎斯特发展出来，继承了 csQCA 的基础逻辑，它最大的区别在于能够处理多值的变量。我们可以把清晰集分析看作多值分析的一种特殊情况，也就是变量为二元的多元分析①，这样 QCA 就可以在分析中处理更加复杂情况的变量得到更有效的解释。

mvQCA 可以看作 csQCA 的"延伸版"的存在，其与 csQCA 的区别大致仅体现在两个方面。首先在于赋值的数量，mvQCA 突破了 csQCA 二元赋值的限制，以 X {S} 的形式表示，其中 X 表示条件 S 表示 X 可能的值，如 X 表示收入（以 INCOME 表示），其中月收入 3000 以下赋值为 0，3000—6000 赋值为 1，6000 以上赋值为 2，则某人月收入 4000 则可表示为 INCOME {1}，且可表示为 $INCOME_1$；第二个差异体现在最小化运算，mvQCA 因为条件涉及多值，因此在运算过程中比 csQCA 更加复杂。② 然而 mvQCA 软件不能处理被解释变量为多值的情形，为了解决这个问题，由复旦大学唐世平教授领衔的复杂决策分析中心开发了新的软件——全功能多值定性比较分析（fully functional multi-value QCA，简称 fmQCA），开发者甚至借鉴了电路设计与电路简化的逻辑，以此展现了在多值情形下更加强大的化简能力和布尔代数运算。

基于 csQCA 的二元取值以及 mvQCA 的赋值方式不太适用于真值表运算，拉金试图通过引入模糊集的技术来弥补清晰集存在的不足③，**模糊集定性比较分析**（fuzzy-set qualitative comparative analysis，简称 fsQCA）应运而生。模糊集合方法对布尔代数记性延伸应用，研究者引入了隶属度

---

① mvQCA 的分析软件和使用手册可在网上免费下载：http：//www. tosmana. net/。

② Benoit Rihoux and Charles C. Ragin，*Configurational Comparative Methods：Qualitative Comparative Analysis（QCA）and Related Techniques*，New York：SAGE Publications，2008.

③ Charles C. Ragin，*Fuzzy-Set Social Science*，Chicago：The University of Chicago Press，2000；Charles C. Ragin，*Redesigning Social Inquiry：Fuzzy Sets and Beyond*，Chicago：University of Chicago Press，2008.

（degree of membership）的概念，很大程度上解决了清晰集的困境。因此，在 fsQCA 中，研究者可以利用 0 至 1 区间内的对变量进行赋值进而表达各变量不同的隶属度，其中 1 表示表示完全隶属，而 0.9、0.8 等值则表示极高的隶属度，介于 0 到 0.5 之间的则表明较低的隶属度，0 自然表示完全不隶属，一般而言，如果隶属度大于 0.5 就可以认为因素组合隶属于某案例。计算出模糊隶级属值可以计算必要条件和充分条件。如果原因的模糊集隶属值高于结果的模糊集隶属值，那么原因可以作为结果的必要条件，如果原因的模糊集隶属值低于结果的模糊集隶属值，那么原因可以被认为是结果的充分条件。

清晰集分析中，变量都是二元对立的，因此很容易进行 1 或者 0 的赋值。但模糊集分析的变量取值存在于模糊集分析中取值是 [0, 1] 的任何数，因此构建真值表就没那么简单。之间两个特殊的步骤值得注意，也正是经过这两个步骤使得 fsQCA 的优势得以凸显。

fsQCA 在操作时有两个重要步骤，首先是对频率阀值（frequency threshold）的确立，阀值的意义在于对因素组合或者案例进行限制，如果低于所确定的阀值，那因素组合或者案例将会被排除。fsQCA 中阀值确立不一，但是需要注意的是，阀值的确立需要兼顾案例数量，以保证绝大部分的案例得以保留以做研究；同时，还需对变量的吻合度（consistency）进行考察。吻合度与回归分析中系数的显著程度（p 值）类似，是指该条件变量与结果之间的一致性程度，即某一个结果在多大程度上需要某一个变量存在，吻合度达到 0.9 是条件变量形成结果的必要条件的标准。[①] 原因变量是结果变量的充分条件的公式为 $Consistency(X_i \leqslant Y_i) = \sum [min(X_i, Y_i)] / \sum (X_i)$，其中 X_i 表示某种组合情况的隶属值，Y_i 表示结果的隶属值，当所有 X_i 的值低于或者等同于与其相对应的 Y_i 的值时，吻合度为 1，当 X_i 的值略高于 Y_i 时，则吻合度略低于 1，当 X_i 的值明显多于 Y_i 时，吻合度低于 0.5；同理，结果的必要条件的公式为 Consistency

----

① Charles C. Ragin, *Redesigning Social Inquiry: Fuzzy Sets and Beyond*, Chicago: University of Chicago Press, pp. 44 – 68.

$(Y_i \leqslant X_i) = \sum [\min (X_i, Y_i)] / \sum (Y_i)$。

通过上述步骤之后，fsQCA 软件就可以得出真值表，进而进行精简运算。从 COMPASSS 网站上可以看出，如今 fsQCA 几乎已经赶上了 csQCA，除却清晰集分析出现早于模糊集分析十余年，可以预见的是，模糊性分析凭借其方法上的优势很有可能就是未来定性比较分析的主流。[1]

三、将时间嵌入的尝试

虽然在近 30 年间已经取得了巨大的进步，但传统的 QCA 自身依然存在很大不足，这是由其运算逻辑决定的。无论是 csQCA、mvQCA 还是 fsQCA，事件发生的时间顺序在其中是不发挥作用。然而在很多研究者看来，事件的发生顺序与排列组合对结果的分析产生重要的影响，甚至在比较历史分析的研究者看来，时间变量往往处于分析研究的核心地位。例如在《利维坦的诞生》一书中，埃特曼已经注意到变量的相互作用以及时间发生的先后顺序对结果所产生的重要影响，作者将"持续地缘竞争的开端"（公元 1450 年之前还是之后）和"国家建设第一阶段建设地方政府类型"（行政管理式还是参与式）的不同排列组合得出了世袭绝对主义、世袭宪政主义、官僚绝对主义、官僚宪政主义四种政体理想类型。[2] 因此，真实的社会过程都有其特殊的时间维度，如果两个事件或特定的过程在某个历史时间同时或错时发生，其造成的结果就一定有所不同。[3]

鉴于因素的排列顺序对结果的巨大影响，尼尔·卡伦和阿伦·帕诺

---

① 在拉金的个人主页可以免费下载 fsQCA 软件及相关教程，网站：http://www.u. arizona. edu / ~ cragin/。

② 〔美〕托马斯·埃特曼：《利维坦的诞生》，郭台辉译，上海人民出版社 2010 年版。

③ 〔美〕保罗·皮尔逊：《时间中的政治》，黎汉基、黄佩旋译，江苏人民出版社 2014 年版。

夫斯基完成了定性比较分析在时间维度上的突破，他们将这款新开发的软件定名为时序定性比较分析（temporal qualitative comparative analysis，简称 TQCA）。[①] 在时间的概念上，作者引用了罗纳德·阿明扎德的四维论述：路径、足迹、持续性和周期性。不同于马洪尼对于路径依赖的阐释下过程追踪式的因果分析[②]，作者强调，TQCA 方法所展现的"轨迹"保留了 QCA 的核心理念，即有限变量下多重因果的分析路径。

作者认为，传统的 QCA 在忽略了时间因素在分析中的作用：首先，它未能展现变量在因果路径中真正的变化方式；其次，没能展现案例的在历史过程中的历时性变化。因此，AB 与 BA 的组合即便在时序上存在差异，但在之前的定性比较分析中却被看作是相同的情况，这与事实是完全不相符的。相同因素在不同历史中出现的先后顺序会对结果产生重大影响，蒂利在《欧洲的抗争与民主》中认为，政府能力的程度与受保护协商所决定的二元空间对政体的发展轨迹具有重要影响，"如果政府能力先于、快于受保护协商发展，民主之路就要途径威权主义；如果受保护协商先于、快于政府的能力，而政体得以存续，那民主之路就要途径一个能力建设的险滩"[③] ——而在传统的 QCA 看来，二者的先后并不会发生差异性后果。

在逻辑运算上 TQCA 延续了前人的研究，其基础依旧是布尔代数，也就是说其赋值依然是二元的，为表明事件发生的先后顺序，TQCA 引入破折号"—"而非"＊"用于连接先后次序变量，读作"后"（THEN），A—B 表示变量 A 在变量 B 之后发生，其他符号的含义与传统的 QCA 相同。因此在 TQCA 中 A—B 与 B—A 可能导致了不同的结果。

TQCA 存在的一大特征还在于其案例组合的数量。在传统不考虑时序的 QCA 研究之中，两个变量可能出现四种组合方式（AB、Ab、aB、

---

① Neal Caren and Aaron Panofsky, "TQCA: A Technique for Adding Temporality to Qualitative Comparative Analysis", *Sociology Methods & Research*, Vol. 34, No. 2, 2005, pp. 147 – 172.

② James Mahoney, "Path Dependence in Historical Sociology", *Theory & Society*, Vol. 29, No. 4, 2000, pp. 507 – 548.

③ 〔美〕查尔斯·蒂利：《欧洲的抗争与民主（1600—2000）》，陈周旺、李辉、熊易寒译，上海人民出版社 2008 年版，第 7 页。

aB)，因素组合的数量为 2^K（K 表示存在条件的数量）。但是如果考虑变量 A 与变量 B 发生的先后顺序，则会出现八种潜在的组合方式，即在 AB、Ab、aB、aB 之外又出现了 BA、bA、Ba、Ab 四种，故而组合数量由原来的 2^K 扩展为 $K * 2^K$，因此在中小样本的研究中，大多数的组合方式并不能在真实世界中找到相应的案例。同时在数据操作中，实际存在的案例数并不尽然是 $K! * 2^K$，因为很多组合在本质上表达的是相同的，以存在两个变量的案例为例，虽然存在八种潜在的组合，但实际有意义的只有五种，即 AB、Ab、aB、ab、BA，因为 Ab 和 bA、ab 和 ba、aB 和 Ba 实质上属于同一种类型。因此在技术操作中，研究者必须仔细研究案例的内容，排除一些不相干的组合，进而减少不必要的组合方式从而提高分析的科学性和可操作性。

拉金也注意到了这种时间维度上对定性比较分析的扩展，在卡伦与帕诺夫斯的论文发表三年后，他与斯特兰德在《社会学方法与研究》上发表了对 TQCA 逻辑应用的评论。[①] 在《利用定性比较分析法研究因果关系》一文中，拉金承认了时间因素在因果关系中占据重要位置。然而，在拉金看来，他们的工作还是存在问题的，首先是精简化运算中，并没有使得出的结论更加简约；同时，不同于卡伦和帕诺夫斯基的 TQ-CA 以布尔代数理论为基础，拉金发展的 TQCA 软件所运用的是模糊集合的方法，因此与 fsQCA 有着更加相似的逻辑基础，他们认为最终的公式可以模糊集分析变得更加简约；同时，$K! * 2^K$ 的组合数量不仅加剧了研究的复杂程度，而且序列中因果关系的情况越多，人工操作失误的可能性越大。为保证实现正确的结果是利用现有的 fsQCA 软件进行分析，而不是依靠于这种 "paper-and-pencil" 的程序，经过拉金等人对工作进行了改进，TQCA 得到了进一步改观。为了研究方便，特别是处理组合数量的激增，拉金发明了 "不相关"（don't care）的编码，以 "—" 表示，我们认为该值可能存在也可能不存在，亦或是研究者并不知晓（如

---

① Charles C. Ragin and Sarah Ilene Strand, "Using Qualitative Comparative Analysisto Study Causal Order: Comment on Caren and Panofsky (2005)", *Sociological Methods & Research*, Vol. 36, No. 4, 2008, pp. 431 – 441.

数据缺失或与研究无关）。值得注意的是在卡伦的 TQCA 中 "—" 在表示 "后"，但在拉金的语境中则表示不相关的含义，用 "／" 替代，因此 A—B 与 A/B 实则表示同一种含义。相较于，卡伦和帕诺斯基的研究，拉金的 TQCA 显得更加细致，通过模糊集分析以及新符号的引入一定程度上缓解了 TQCA 导致了组合数量激增的困境。

时序和时机在比较政治分析中占据突出位置，但长久以来，社会科学的研究好像忘记了时间。[1] TQCA 得以在多重因果的基础上重视时间的重要性：不仅不同因素的组合可能产生不同结果，同时，相同因素组合发生排列顺序不同也可能有不同的结果。不难看出，TQCA 无疑是吸收了历史社会学中有关时序的分析方法，将 QCA 的逻辑与宏大的历史比较发生关联，格尔茨和马洪尼的有关双层理论和模糊集合的讨论给予了我们某些启示。[2] 也正是源于研究方法上的相互借鉴，定性比较分析在时间维度上得到了进一步的扩展。

四、时序变化上的新发展

基于布尔代数和模糊集合两种逻辑的 TQCA 都对传统 QCA 在时间维度上得到了发展，将时序因素加入定性比较分析，极大地丰富了该方法的应用领域。如前所述，TQCA 主要研究事件发生的顺序对结果的影响，而时序只是涉及时间研究的一个领域，是否可以通过时间点之间解释变量的变化观测其对结果变量的影响，这就为定性比较分析提出了新的课题。

基于上述问题，日朗爱野发展出了时序定性比较分析（time-series

---

① 郝诗楠、唐世平：《社会科学研究中的时间：时序和时机》，载《经济社会体制比较》，2014 年第 3 期。

② 作者通过模糊集合理论对斯考切波在《国家与社会革命》中各种革命的爆发的因果机制进行了再检测，参见 Gary Goertz and James Mahoney，"Two-Level Theories and Fuzzy-Set Analysis"，*Sociological Method and Research*，Vol. 33，No. 4，2005，pp. 497 – 538。

qualitative comparative analysis，简称 TS/QCA），它能够将截面数据和时间序列数据利用 QCA 软件进行处理。[①]

简而言之，作为一种分析工具，TSQCA 通过将时间序列的数据转化为 QCA 的格式来研究跨时间维度的连续过程，不同于 TQCA 关注事件的次序和序列以及其发生的条件，TSQCA 主要分析数据的跨时间变量，也就是说，TQCA 是将事件发生的不同顺序作为解释差异结果的原因，而TSQCA 关注事件在时间内的变化对结果的影响。在文中，作者提到了TSQCA 的大致可以分为三个亚种类：他们分别是汇总型定性比较分析（Pooled QCA）、固值型定性比较分析（Fixed Effects QCA）和时差型定性比较分析（Time Differencing QCA）。其中，Pooled QCA 很容易受到不同样本之间异质性的影响，而其他两个亚种类则通过在每个空间单元中分别地处理样本而避免了这种可能；Time Differencing QCA 主要关注两个给定时间点之间的相关变化，能够使研究者得出两个确定时间之间情况的增减情况；Fixed Effects QCA 关注条件随着不同时间点发生的变化，每个时间点都有不同形式的案例，而观察者的兴趣在于案例在时间维度上变化的情况。

TSQCA 并没有像 TQCA 那样使因素组合的数量激增，组合数量依旧是 2^K，这使得最小化运算以及逻辑剩余的运算不会那么复杂。TSQCA 的逻辑基础依旧是布尔代数，因此在操作方面与 csQCA 存在很大相似之处。因为是考察变量在时间区间内变化对结果的影响，因此，同一案例需考察不同时间点各要素的情况，并根据变化的程度再进行赋值。[②]

以探讨中国各省爆发的群体性事件原因为例，传统 QCA 只能分析出导致群体性的因素组合，TQCA 则可以观察到不同因素的组合顺序对群

[①] 关于 TSQCA 的文章至今只有一篇，因此本部分主要围绕该文章进行论述，参见 Airo Hino，"Times-Series QCA: Studying Temporal Change through Boolean Analysis"，*Sociology Theory and Method*，Vol. 24，No. 2，2009，pp. 247 – 256。

[②] Hino 的文章同时比较了 TSQCA 与回归分析两种不同的方法对"西欧极右翼政党兴起"这一议题的研究。关于极右翼政党兴起的定量研究，参看 Matt Golder，"Explaining variation in the success of new party in Western Europe"，*Comparative Political Studies*，Vol. 36，No. 4，2003，pp. 432 – 466。

体性事件爆发的影响，但是如果涉及诸如"是什么因素的变化导致了 21
世纪头十年激增"时就显得无能为力，因为"因素变化"和"激增"
都涉及动态过程。我们把时间限定在 2000 年至 2010 年的区间，以中国
各省为案例，选择包括经济、文化程度、网络普及率等因素为变量，不
同于传统 QCA 只需考察变量在某一时间点的情况，TSQCA 则要求观察
两个时间点变量的变化，因此这要求我们既要考察 2000 年各省各变量
的数据，也要考察 2010 年各省各变量的数据，在此基础上制作原始数
据表并求各案例诸因素在两个时间点上的数据之差，以变量增数 Δ 表
示。在制作真值表时，如果 Δ 为正数，则赋值为 1，如果 Δ 为负数或 0，
则赋值为 0，因此 TSQCA 所体现出的真值表与传统 QCA 并没有区别，
通过 QCA 软件对真值表的计算，就可以发现哪些因素的何种变化对时间
区间内结果的变化产生了影响。①

　　前文中我们提到，TQCA 对历史社会学中的时序分析法进行了方法
论上的学习，同时，长时段内因素的变化对结果的影响也是以往研究
中所关注的，戈德斯通提出的人口/结构模型认为，单一的基本历史进
程——人口的周期性变化及这种变化在相对僵化的经济社会结构中产生
的影响对导致早期现代国家的革命与抗争发挥重要作用。② 与此同时，
TSQCA 在应用中与时间序列分析（times series analysis）有某些相似之处。③
作为概率论与数理统计的分支，时序分析处理的是动态序列数据（或称
之为随机序列数据），以及进一步应用于预测、自适应控制、最佳滤波以及
农业、经济、水文、城市化等诸方面。④ 时间序列分析法承认事物发展

---

① 　制作真值表时也可是适当加入非变化性因素，如"是否在 2010 年之前就已经存在群
体性事件"等。
② 　简单来说，人口的增长导致物价、资源变化以及由此产生的财政危机、精英冲突、大
众动乱、变革思想极其有可能导致革命与反抗，作者并以英、法、明清的中国以及奥斯曼帝国
作为案例进行分析，参看〔美〕杰克 A. 戈德斯通：《早期现代世界的革命与反抗》，章延杰
等译，上海人民出版社 2013 年版。
③ 　在比较历史分析也存在"时序分析"，但与这里提到的"时间序列分析"完全不同，
此处时间序列分析是一种专门的统计方法，因此在翻译 TQCA 与 TSQCA 时将前者称之为"时
序时序定性比较分析"而后者称为"时间序列定性比较分析"。
④ 　汤岩：《时间序列分析的研究与应用》，东北农业大学硕士学位论文，2007 年。

的延续性，应用过去数据，就能推测事物的发展趋势；同时也考虑到事物发展的随机性。任何事物发展都可能受偶然因素影响，为此要利用统计分析中加权平均法对历史数据进行处理。在处理时间点变化中 CSTS 被广泛应用，而 QCA 则鲜有提及，日朗爱野在文章中承认，其发展的 TSQCA 正是一种尝试沟通时间序列分析与定性比较分析的分析方法。

　　另一方面，在传统的比较分析——密尔五法中，共变法与 TSQCA 也有着某些相似之处。共变法是密尔法中长期被忽略的一种，研究者可以利用这种方法通过对解释变量和结果变量之间的共同变化评估因果联系。共变法可以简约地认为：如果 A1①、B1、C1 产生了结果 O1，自变量变为 A1、B1、C2 进而产生了结果 O2，根据共变法，自变量 C 的变化与因变量 O 的变化有着密切的相关性；进一步说，如果增加一组案例，自变量 A1、B2、C2 导致了因变量 O3，那么可以认为 B 和 C 共同对结果 O 产生影响。在比较方法的诸类型中，马洪尼将这种以共变法为基础的研究方式称之为“定序比较”（ordinal comparison），并以斯考切波的《国家与社会革命》为例考察了不同要素在程度上的差异是如何影响革命结果的。② 在小样本分析中，共变法存在致命的弱点，那就是不能很好地揭示因果关系，特别是在样本内分析（with-in case study）中，未进行严格变量控制的共变法往往是不可靠的。③ 因此，应用共变法必须扩大样本容量使得更具代表性。TSQCA 一定程度上扩大了案例选择的数量，但是其是否能够克服定序比较的弊端，至今依旧没有定论。④

　　目前为止，有关 TSQCA 的文章仅此一篇，但是，TSQCA 将定性比较分析由静态观察进入了动态观测，涉及因素变化对结果的作用，这是

---

　　① 数字意在表示相同变量的不同程度。如，假设 A 表示收入水平，那么 A1 可以表示为低收入，A2 则可以表示为高收入。

　　② James Mahoney, "Nominal, Ordinal, and Narrative Appraisal in Macrocausal Analysis", *American Journal of Sociology*, Vol. 104, No. 4, 1999, pp. 1154–1196.

　　③ 最简单的例子就是，将一只羊拴在树上，一年后树长高了羊变大了，由此得出树的长高导致了羊的长大，这显然是荒谬的。然而，如果考察的事件并非为我们所熟悉，那么在个案研究中根据共变法得出的错误结论则不易被察觉。

　　④ 然而 TSQCA 与两种方法的双重联系更加印证了定性比较分析对沟通定性（共变法）定量（时间序列分析）方面的努力。

对原有研究的一大进步。TSQCA 虽至今没有具体应用，但是作为能够处理历时数据的多重因果分析必定在以后的研究中大有作为。

日朗爱野的 TSQCA 是建立在清晰集分析基础之上的，但鉴于清晰集分析与模糊集分析之间的联系，又如拉金将布尔代数基础上的 TQCA 延伸到以模糊集分析为逻辑基础的 TQCA，故而我们可以相信，TSQCA 同样可以发展出以模糊集分析为基础的新的工具，这样就可以减少因二元对立而导致案例选取的局限。由此不难看出，定性比较分析的方法论创新在双重刺激下得到了发展：一方面，源自于传统研究方法对多重因果观测的需求；另一方面，源自于传统 QCA 对自身既有方法束缚的突破。

至此，在传统的三种 QCA 基础之上，我们又认识了关注时间序列的 TQCA 以及时间点之间变化的 TSQCA。为了更好地认识这个分析方法的集合，我们对 QCA 诸分支在研究方法和状态上进行二维性划分：在研究方法上，包括布尔代数和模糊集合，而研究状态则分为静态研究与动态研究，因此，我们可以设计 2×2 的表格把 QCA 大家庭总结如下：

状态方法	布尔代数	模糊集合
静态	csQCA、mvQCA	fsQCA
动态	TQCA（2005）、TSQCA（2009）	TQCA（2008）、TSQCA（推测）

五、结语

序列中的事件发生的时间影响其发生的方式[1]，当今社会科学的研究已经无法忽视时间因素在因果序列中的作用。虽然存在许多不足之处，但是时间中的定性比较分析已经为这种试图超越定性定量之争的混

---

[1]　Charles Till, *Big Structures*, *Large Processes*, *Huge Comparisons*, New York: Russel Sage Foundation, 1984, p. 14.

合研究策略做出了新的贡献。同时我们可以发现，正如 TQCA 借鉴历史社会学和比较历史分析的时序分析法、TSQCA 借鉴统计学中的时间序列分析的方法，定性比较分析的方法论革新毫无疑问需要借鉴其他研究方法之所长，QCA 在时间维度上的革新与突破，也必然以学习其他的方法论作为重要手段。

　　然而，与回归分析一样，定性比较分析只是展现了原因和结果之间的关系，这虽然完成了因果研究关键步骤但依旧不是完整的因果解释，因素只是构成了是什么（what）导致了该因果关系的存在，只有关注机制（mechanism）才能研究因果链条是如何（how）运行的，因为机制不仅揭示因果序列的"黑箱"是什么，同时试图在此基础上说明事件发展的逻辑。[①] 因此，QCA 不会是因果探索的最后一步，只有将"因素"与"机制"结合，才能得出更加完整的因果链以及更具说服力的分析成果。[CPS]

Qualitative Comparative Analysis in Time:
The Development of TQCA and TSQCA

Shi Qipeng

Abstract：As a method of combining qualitative and quantitative advantages, Qualitative Comparative Analysis has been greatly developed in recent decades. However, the absence of dealing with the time factor data makes this method in the analysis of the causal relationship between is very limited some times. Nowadays, TQCA and TSQCA provide the possibility to solve this

---

① M. Bunge，"Mechanism and Explanation"，*Philosophy of the Social Sciences*，Vol. 27，No. 4，1997，p. 427.

problem. On the basis of introducing the traditional QCA, this paper focuses on the logical principles and practical application of the two new types of QCA, and then shows the latest development of the time factors in the Qualitative Comparison Analysis.

Key Words：Qualitative Comparative Analysis；Time；Temporal Qualitative Comparative Analysis；Time-Series Qualitative Comparative Analysis

民主化研究

Comparative Politics Studies

欧洲民主化的扩散波

——组织发展的影响[*]

〔美〕库尔特·韦兰 著[**]

高俊龙 李亚奇 编译 高俊龙 校[***]

【内容摘要】通过比较1848年和1917年的革命浪潮，我们惊奇地发现，欧洲民主化的政权改革在历史上进展缓慢却成功率较高，主要的组织发展解释了这种对立的趋势。在政治群众组织出现之前，普通民众决定是否仿效国外案例以挑战本国专制君主。由于信息缺乏，市民们严重依赖推理方式，并且行动武断，因此往往导致失败。群众组织兴起后，普通民众从信息丰富并能力卓著的代表性领导者那里获取线索，在仿效国外案例并推翻本国统治者之前，领导者会选择等待行动的恰当时机。因此，20世纪的政权抗争传播得更慢，但却更为成功。

【关键词】扩散波；政权改革；组织；获得性启发；代表性启发

　＊　具体注释和完整版原文，可参见 Weyland K. Diffusion，"Waves in European Democratization：The Impact of Organizational Development"，*Comparative Politics*，Vol. 45，No. 1，2012，pp. 25 –45。

　＊＊　作者简介：库尔特·韦兰（Kurt Weyland），美国德克萨斯大学奥斯汀分校教授，斯坦福大学博士。主要研究民主和威权统治、社会政策和政策扩散以及拉丁美洲的民粹主义。

　＊＊＊　译者简介：高俊龙，天津师范大学政治与行政学院中外政治制度博士研究生；李亚奇，济南大学心理学系。

政权更迭过程中的冲突通常是成簇出现并不断向外扩散的。当一个国家改变了它的政局结构，其他国家的不满分子会受此激励而做出同样的努力。前者的成功鼓励他们挑战他们自己的统治者。由于这种示范效应的影响，政权冲突通常会如滚雪球般不断扩大，甚至会激发雪崩。[①]速度不等于成功。相反，欧洲的政权改革和扩散速度截然相反。显著而又非转瞬即逝的到达自由民主的成功[②]，通常是在一个短期内完成并在持续中运行。1848 年这个最富戏剧性的扩散波段上反抗统治者的挑战传播迅速，却很少带来有效的转变。在自由民主上取得唯一实质性进展的是丹麦、皮埃蒙特（意大利西北的一个大区。——译者注）和荷兰。相反，20 世纪扩散速度虽然慢，但转变的成功率却很高，这可以用德国和奥地利的民主化的例子以及英国、意大利和 1918—1919 年瑞典的选举权改革来证明。造成 19 世纪政权更迭的扩散速度快于 20 世纪的原因一直是一个谜。扩散理论相关文献认为通信技术的巨大进步可能促进了这种加速。但令人惊奇的是，在欧洲民主历史上扩散最快时期是在通信技术尚未成熟的 1848 年。

什么因素造成了这两种趋势，并且让成功率和扩散率成负相关关系？通常的激发因素并不能解释这一矛盾趋势。现代化理论可以预测成功率的提高，但是不能解释扩散速率的降低。国家理论和触发事件的位置的世界体系理论可以推测出扩散速度的降低但是不能解释成功率的提高。已有的方法似乎陷入了迷惑。

我最近对于 1848 年改革分析是从认知心理学的角度来洞察这一高速度和高失败率的趋势。根据有限理性理论认为，欧洲政权中广泛的不满分子采取那些人们通常用来处理大量不确定信息的推断捷径。结果是，遍布欧洲的反对者从法国的路易斯·腓立比政权的倾覆武断地推出他们也能推动政权改变的结论。对于未来前景和在不同环境中模仿国外先例带来的风险的这种根据认知的启发式而不是依赖理性的评估，能够

---

① John Markoff, *Waves of Democracy*, Thousand Oaks, CA：Pine Forge，1996.
② 因为内战年代中出现的反潮流可能使他们在长期运行后被废除，所以成功是指政权的过渡，而不是指政权坚不可摧。

解释 1848 年民主化斗争的高扩散率，也可以解释这些斗争高的失败率。这种新方式可以阐释扩散特点的负相关关系的一方面。那什么可以解释在 1848 年后斗争速率降低及其在民主化进程中产生的重大影响？为了解释这一问题，可以通过强调宏观结构的发展（特别是 19 世纪后期很多组织的形成）来补充认知心理学的微观基础。拥有清晰行动和宣传计划的基础广泛的政党和工会的出现，使得政治更具可预测性并且减低了不确定性。获取更多确定的信息，政治行动者变得更不易受到启发式推断的影响。所以当他们开始改革，他们有较好的机会获得成功。

为了评估这种组织化的观点，本文阐释了被称为"三波民主化"①中的两个，即 1848 年革命和 1917—1919 年革命。本文重点论述两股潮流中组织产生前后的变化。由于在两波扩散过程中政体问题起到中心作用，我引用道格·麦克亚当、西德尼·塔罗和查尔斯·蒂利②的观点来定义政权斗争，即通过当局的强有力的挑战，包括非法的手段，意图改变统治者行使统治权力的正式和非正式的规则。本文首先解释了扩散速度与成功率的负相关关系并简洁地评价现有的理论。接下来我会使用基本的证据来证实我的解释，这些基本证据主要是来自记忆、演讲和亲眼看到的报道。本文主要关注德国尤其是柏林的好胜的反抗者。受到 1848 年事件影响自发的效仿者与 1917—1919 年那些受到挑战的组织的领导者和他们经过深思熟虑的努力的对比将得出许多成果，很多论文认为这种主要成果也可以用于其他例子之中，特别是比利时、英国、丹麦、意大利和瑞典。③

---

① 第三波民主化的浪潮是 20 世纪 70—90 年代。

② 主要参见 Doug McAdam, Sidney Tarrow, and Charles Tilly, *Dynamics of Contention*, Cambridge: Cambridge University Press, 2001。

③ 这类文章包括 John Garrard, *Democratisation in Britain*, Houndmills: Palgrave, 2002, pp. 79 – 80; Arthur Marwick, *The Deluge*, Boston: Little, Brown, 1965, p. 189, 203, 215; Mary Hilson, "Scandinavia", in Robert Gerwarth (ed.), *Twisted Paths*, Oxford: Oxford University Press, 2007, pp. 11, 14 – 15; Christopher Seton-Watson, *Italy from Liberalism to Fascism*, London: Methuen, 1967, pp. 511 – 512, 524 – 526, 547 – 548; Douglas Verney, *Parliamentary Reform in Sweden*, Oxford: Clarendon, 1957, pp. 207 – 212 等。

一、扩散速度的降低和成功率的提高

很难对抗争的扩散率降低的同时其成功率有所提高进行解释，已有的理论只能解释其中一种趋势。强调社会经济进步为民主化提供更好的前提条件的现代化理论，可以解释 20 世纪比 19 世纪的反抗潮流效率更高。但是现代化也认为在交流和交通方面的明显提升应该加速扩散速度而非降低，这就使其因无法解释扩散速度在 1848 年低技术的世界更快而让人开始引起对现代化理论的怀疑。国家主义理论认为政体不愿意去模仿国外的先例。这个论断与低扩散速率相吻合。但是它同时认为因为不愿意去模仿他人而应该有低的成功率，但历史却给出了与此论断相反的例子证明。

现实主义者倾向的论断是采用国际权力格局来解释效仿者成功的差异以及扩散速度的差异，并假设这些潜在的效仿者是有理性的。相应的，维也纳国会中建立起保护专制政治的强大权力体系能够解释很多 1848 年革命的被压制。但是，实际上，像柏林和维也纳这类最重要的地方发生的激烈暴动，往往是由本国国内的力量而非外国干涉而遭到压制。现实主义的推测关注了抗争浪潮的成功率与其速度和规模的矛盾。世界系统理论和建构理论借用在全球格局中非中心和非显著的位置所发生的触发性事件来解释扩散速度的减低。但是为什么在半野蛮化的俄国引发的事件能够比 1848 年处于中心地位的巴黎取得明显的民主化进步？

1917—1919 年的反抗热潮也与国家主义、世界体系理论和建构主义的论点有所不同。与他们孤立的论断相反，俄国革命确实很快引起了一些效仿者。1917 年 2 月沙皇在数周内灭亡和列宁的十月革命，这类自发的事件的发生部分地与爆发于德国、奥地利、英国和法国的反抗活动有关。因此很多反抗者并不受制于业已形成的组织制度，而是如 1848 年反抗浪潮般迅速行动。但是社会民主党的工人运动的领导者并没有立刻追随这股如同天翻地覆海啸般的效仿者的浪潮，因为他们认为在这场战争中能够成功挑战这些已经建立的政权的时机还没到来。这些事件暗示着扩散的成功率的上升和减缓是由组织的领导作用决定的，他们果断决定了如何回应 1917—1919 年政权竞争事件的外部刺激。

本文强调宏观上的组织发展，以我最近对于 1848 年的分析作为基线，并且建基于对它的有限理性的微观基础上。具体说，事件引起了两种认知心理学中的启发式，即获得性启发和代表性启发。获得性启发式唤起对于显著事件的回忆，相反，那些虽然重要但是不让人惊讶的信息就会显得不重要。① 代表性启发式，是基于表面的相似性而忽视重要信息的推测，尤其忽视概率的统计。在这种情况下，人们倾向于高估国外先例和本国的情况的相似性，因此，他们高估了对于外部模型的相关性和可应用性。此外，他们从有限的信息中做出过于自信的推测。相应的，人们认为见到的少数例子能够代表人群中的倾向。由于这种原因，早期的成功提供了内部特制表象的创新并且迅速让仿效浪潮推至高潮。这些启发式可以解释改革的扩散速度。因为获得性启发式和代表性启发式，发生在邻近国家的明显事件可以抓住人们的注意力，并对人们的思维产生不成比例的影响，这种对于相似性的判断要比那些谨慎的评估更容易促进人们武断的模仿。同时因为他们武断，很多对于已有的政权的挑战都失败了。因此，认知启发式可以解释像 1848 年政权斗争的高扩散度和低成功率这一例子。那么又有什么原因导致在 1917 年俄国十月革命之后扩散速度的减缓？又是什么原因导致这种扩散速度减缓的同时迈向民主的成功率的增加？

① 例如司机通常在他们遇到车祸以后开始减速行驶，虽然一起事故并不足以改变他们对于行驶速度的得失标准。但是，令人不安的情景足以吸引观察者的注意力以及扭曲他们的判断力。

二、组织发展的重要性

　　为了回答这个问题，我认为组织发展在认知心理机制对政治决策的影响中起到中介作用。认知心理学解释了个人信息的处理和选择，但是政治斗争要求集体行动并且组织结构对其有所影响。当组织情况改变，认知机制产生了截然不同的决策和多样的结果。在集体政治的层面上来说，除了在依赖组织因素的紧密性上有所差异，有限理性也不是统一的。有限理性与政治宏观结构具有明显差异。

　　19 世纪之后大量组织的发展可以解释扩散速度的改变，特别是相较于 1848 年而言的 1917—1919 年的减速和成功率提高的浪潮。在 19 世纪早期，现代化和工业化聚集了很多城市居民，这些人可以对地方政权进行反抗运动。但是那些有大量人员的组织还处于初级阶段，因此，加入保卫者还是反叛者这个问题出现在个人或者小的非正式团体面前。普通民众仅能获得有限的信息，有限的处理信息的能力并且在政治决策方面缺乏经验。结果，他们倾向于依赖认知启发式并且对于结果推理没有抵抗性。他们容易不去思考，更不会系统性的沉思，并且非常武断地直接匆匆得出结论。因此一个让人震惊的外部先例能够刺激人们去自发地参与到效仿行动中去，但是这种武断的努力通常以失败告终。此外，无组织的群体行动对已有政权的支持者和反叛者都隐藏着无数的不确定性，缺乏集体的聚集使得很难去测量人们政治倾向性的分布和对于人们行动意愿的评估。因为在压制性统治环境下谨慎的"伪装"甚是流行，没人知道政治不满分子到底分布有多广泛，这些不满分子多么渴望去挑战当权者。这些不确定性使得这些政治反抗者寻求认知上的启发式。当一个大型反抗活动在异国发生，已有秩序中的反叛者和保卫者基于有限理性武断地推测出本国的政治同样也岌岌可危。根据代表性和获得性启发式对于成功的过高估计，反抗者们急切地想要参与到效仿的反抗行为中来，即使客观条件并不适合。因此，由于缺乏广泛基础的组织让认知性启发有机可乘，并且促使政权反抗行动迅速蔓延并通常以失败告终。

在 19 世纪后期扩散的动力就改变了，欧洲西部和中心地区，特别是在贫困和中等地区，经历重大组织的建立。社会民主党派和工会容纳了上百万的工人，员工和专业组织也有所增加。集体组织的形成让很多政党变得更加具有可预测性，政党和专业组织宣称他们的计划是公开的。所以他们行踪记录可以为他们将来的行动提供进一步的线索。比起19 世纪早期至中期无组织政治，政治行动者拥有更为坚固的基础。通过这些组织，大部分区域的居民具有公共代表，所以他们的政治观点和倾向是可见的。政治不确定性减少了，观察者现在可以获取更多的确定性的信息，来评估对阵双方的实力差距，从而衡量在不同区域所要采取的行动。更为明确的信息使人们可以做出更为理性的推理，从而不受制于认知启发式来扭曲他们的判断。

由于国内的政治透明性增加，政治立场的选择更少受到国外事件的影响，而是更多受到国内机会结构的影响。由于组织领导者拥有更多的信息和知识，他们的推测和判断通常很少受到认知启发式的影响，他们很好地理解不满分子对现有政府的不满程度，反对派的力量和决策以及现任政府的反应，因此国外的先例很少再对扩散浪潮的迅速发展产生动力。国内的挑战者在实际参与政治斗争之前会等待合适时机。普通民众现在可以追随领导者，这些领导者引领和控制集体运动。普通民众从他们的领导者那里可以获取线索，领导者比普通民众的判断更为准确，确定的这些知识基础强化了他们的判断，让认知启发式无机可乘，并能够刺激产生更为有效的行动。

当然，集体组织的类型也非常重要，在 19 世纪之后诞生的团体和政党内部是多元化的并且有辩论和商议机制。他们选举的要员①受到了批判主义的影响，必须证明他们决策和行动的合理性以及要面对的竞争。讨论的结果是交叉检验问题的推理的合理性并且消除偏见。有广泛群众基础的组织（如社会民主党派和工会）他们的代表性的领导者更为理

---

① 我们称之为代表性的领导者。

性，并且可以掌握当今的权力结构，他们只会在时机合适的时候才发起反抗行动。相反，小的激进型的团体，他们是更具凝聚力和意识形态一致性的宗派团体，他们有强烈的内部一致性压力使成员倾向于追随群体思维，这种群体思维往往严重受制于基于推理性启发式的集体审议，并且往往会夸大扭曲结果。像德国由罗莎·卢森堡和卡尔·李卜克内西领导的极"左"的斯巴达克斯组织等原始共产主义组织，他们试图寻求在所有决策性问题的"真正全体一致"。受布尔什维克革命的影响，他们试图不惜一切代价地复制它。由于他们受到有限理性的影响并且他们不假思索地仿效行动经常失败，这些团体对于国家政权抗争效果的影响很有限。他们主要的影响力是间接的：他们引起了有广泛基础的组织作为反共产主义的疫苗来推进全面民主。

总之，19世纪末大众组织的巨大进步奠定了欧洲政党斗争扩散速度显著减缓的基础。多元社团组织的代表领导比普通民众和宗派有更为坚定的立场。因为他们对政治机会结构的理解更好，并且只有时机合适他们才会开始行动，政权斗争扩散速度开始减缓，但是却有更高的成功率。

三、1848年反抗浪潮：政权初期冲突的快速传播

对于1848年革命的探讨（政治冲突的潮流最为迅速的传播）为历史上扩散特征的改变提供了分析基础。在短短一个月内，在巴黎点燃的火苗迅速席卷大半个欧洲，那么是什么推动这场大火？

由于缺乏大型组织和代表性的领导，是否跟随法国先驱的问题摆到了普通民众面前，但是普通民众缺乏确定性的信息和做出这种有风险性决策的政治经验。他们在很大程度上依赖有限理性的推理机制。① 在政治组织形成的初期，可用的启发式思维使得人们痴迷于法国革命的胜

---

① 正如狂热的学生和柏林军事司令官的报道，很多人依照能够获得的片面信息行事，甚至很多决策受到了毫无根据的谣言影响。

利。人们急切地做出他们能够复制巴黎成功的结论，而不去深入思考法国经验是否真的适合他们的政治环境。此外，那些具有批评精神的非组织性的人们武断地认为他们也要复制法国革命。受到代表性启发的影响，他们自发地从某个孤立事件中推断出他们的政权也很脆弱；反对派的势力强大且分布广泛；并且已有政权应该受到反抗。在仔细分析之前，他们看到了法国革命，将它作为有代表性的政治机会。一个显著性的成功燃起了他们能在整个欧洲取得相似成功的希望。

根据我的组织性的观点，认知启发式在 1848 年扭曲了人们的认知，并且因为反对者缺乏广泛的坚实基础，因此引起了一场政治反抗斗争的大浪潮。正如参与者强调的，在柏林，参加反抗的人们都是自发参与到反抗运动中来，"没有计划并极度的武断"。目击者描述众多反抗者为：没有领导的协调合作，完全是一群无组织无纪律的人。随着一个个有影响力的声音的响起和落下，我们不知道谁才能代表这些反抗者。柏林军队司令官强调：当局对跟谁去谈判潜在的让步完全迷惑。缺乏大型组织和有代表性的领导，普通群众缺乏明确的可以跟随的对象。普通民众不得不自己决定是否加入到反抗行动中去，但是他们缺乏可靠的信息，新闻稀少而且谣言四起。人们不能全面检查这些相互冲突的信息碎片。不满分子的分布到底有多么广泛，反抗者做好准备抵抗压迫？政府是会退让还是采取镇压行动？无从获取这些关键性的信息，反抗的学生和知识分子面临很大的不确定性。要使得复杂且变动的发展和他们的反抗行为具有意义，并且避免决策失败，他们采用了认知启发式，并且让获得性和代表性启发式严重扭曲了他们的认知。

总之，缺乏组织使得人们受到了有限理性的严重影响。在社会发展的初期，没有确定的、可见的集体行动者，已有政权的挑战者和保卫者面临国内形势的很大不确定性并且急切想在国外例子中寻找线索。因此，像反抗的学生、激进的知识分子、自由主义的贵族和独裁政府军都极度关注巴黎革命。在模糊的政治环境中，法国的星星之火引起了一场政权斗争的大火 。当然，扩散速度和极高的失败率是相对应的，因为人们没有审慎评估他们所处的国内政治格局就参与到反抗行动中。因为武

断，如火如荼的反抗行动仅引起了少数地区的持久性的政权更迭。在最
不幸的地方，像是摩尔达维亚（苏联的加盟共和国之一。——译者注）反抗
者迅速被镇压。在大多数的欧洲中心地区，反抗者迫使政府做出了最初
的让步，反抗者们受到巴黎革命成功的影响，错误的将此视为决定性的
胜利，但是王室依然保持高压政策，一旦反抗运动开始退让，他们就开
始推翻改革并且继续实施更为强硬的高压政权。最终 1848 年的反抗浪
潮几乎没有为政治民主化带来实质性的进步。广泛的集体组织的缺乏导
致获得性和代表性启发式思维作用的自由发挥，由此解释了自发扩散的
迅速以及成功的贫乏。

四、1917—1919 年扩散潮流放缓：有广泛基础的组织的重要作用

（一）民主化的扩散

1917 年俄国革命为欧洲政局的改变提供了强大推动力，但是这个扩
散的浪潮与 1848 年明显不同：它的速度明显减缓但是有更大的成功率
迈向民主化。1905 年俄国革命和 1917 年 2 月沙皇专制统治的倾覆引起
了向民主发展的众多运动。俄国推翻沙皇后，德国推翻普鲁士的专制统
治指日可待这已经成为人们公认的事实。甚至是德国最后的帝国大臣也
意识到了在俄国建立了共和国后，欧洲中心的半专制君主制在民主化方
面已经落后了。像社会民主党派领导者所强调的，俄国政权的改变引起
了对于政治和社会经济的改革的需要。高涨的工人反抗遍及了几个欧洲
国家，同时也影响到了拉丁美洲。动荡的环境需要社会经济的进步以及
向民主的转变。更为重要的是，苏维埃政权的先例和对于它的扩散所感
知到的风险，让有广泛基础的中立派议员和温和左派的组织去推动改
革、建立完全的民主以及避免政体变为共产主义。十月革命的激进主义
和非民主化的本质促进了多元化的大型组织的领导者在广大欧洲地区制

定选举法和宪法，这引起了德国、奥地利、英国和瑞典推进全面民主的重大突破。

（二）缓慢但是更为成功的扩散

扩散速度的降低但其成功率升高源于代表性领导的努力，他们引导反抗斗争避免走向立刻爆发并且走向更好时机的挑战。1917—1919 年间的扩散在速度和成功率两个方面均明显不同于 1848 年，一些反抗在刺激性事件发生后也呈现自发性的爆发，像是在奥地利和德国的 1917 年 4 月—1918 年 2 月，但是有广泛基础的组织领导者迅速平息了这波自下而上的斗争，并阻止它成为对已有政府的严重的政治挑战，因为他们认为在全面战争期间这一时机并不合适。但是当第一次世界大战德国和其同盟国的失败及本国政局破裂，一个好的机会的来临，这些领导者则会推进他们的改革。这种经过深思熟虑的方式使得政权斗争的扩散速度减缓，但是带来比 1848 年猛烈而迅速的反抗斗争更为成功和持久的政权转变。因此，在俄国革命之后，政权反抗的潮流涌起之前间隔了一段时间。但因为代表性的领导等待合适的时机，1918—1919 年比 19 世纪中期民主化的潮流更加成功。1848—1849 年大多数的反抗者迅速被镇压，1918—1919 年见证了在奥地利、德国及瑞典建立全面民主并且在已经存在民主的国家其政权变得更加民主自由，例如意大利。这些民主化的成果（在一些国家完成了政权的完全更迭）不仅是因为战争，还因为扩散因素。1918—1919 年民主化的浪潮不仅影响到了奥地利和德国的胜利，还影响到英国的胜利和非好战的瑞典以及其他一些中立国家的胜利。总之，大型的社会民主运动包括了大量倾向于集体行动的城市居民。结果对于国外的刺激性事件的反应变得不是未经思考就反应而是更加深思熟虑，不是由热情所推动的而是更加现实、速度有所减缓但是更加成功。

为了更好的论述上述观点，下面我将论述俄国革命快速刺激那些受到获得性启发式和代表性启发式的效仿者。但是随后将要论证，这些代表性的领导很少受到这种简单性推理的影响。因此，他们将这种直接的刺激性的推动力转化成在合适时机下发生的有序的有组织的政治改革。最后一个部分将提供证据证明，就算是代表性的领导也存在有限理性。很难清除获得性和代表性启发式的影响，这些领导者还是受到启发式的影响，这扭曲了他们的判断和行动。因此他们对于外部刺激也会产生过激的行为。

（三）激进的自发性的抗争

1848 年，很多普通民众对俄国革命印象深刻。那些尚未有广泛基础的组织严格控制的区域急切地渴望立刻效仿国外的反抗活动。这些人因获取有限的信息，信息处理过程严重受到推理启发式的影响。当鲜活的刺激性事件发生，像是俄国革命具有高度的可获得性并且吸引了人们的注意力，俄国革命引起了不成比例的刺激并斗争的热情。这些自发性的传播效应不是源于审慎的得失分析，而是受到了获得性和代表性启发的强烈刺激而引起的。基于这些认知路径，列宁格勒的事件引起了巨大的反响，并且使人民对这个事件有了多样性的判断和评估。很多人关注俄国，其 1905 年的暴乱使它成为全球革命的中心。左派社会活动分子对此印象深刻，但是即使是一个德国爱国士兵也深受俄国革命事件的信息影响。对于在东方发生的复杂流动的发展的信息不一定都可靠，俄国革命的确对人们的思想产生了巨大的影响力，并且改变了人们的心理。一个社会民主党人士报道：沙皇王朝的倾覆搅动了德国和奥地利人们对于民主斗争的热情。

受到代表性启发式的影响，俄国革命轻松取得胜利暗示着民主斗争在其他地区也是可行的。一个革命派的工人代表声称：俄国农民所要实现的对于有着社会主义教育和有组织性的德国工人阶级更可行。例如，当沙皇王朝毁灭的时候，一个社会民主党派的领导者认为这会对德国工人阶级的心理上造成巨大的冲击。卡尔·李卜克内西这个来自于斯巴达克团体的领导者也强调："俄国内战引起的巨大反响，俄国内部环境的变化影响了其他欧洲国家，实际上俄国不只是沙皇独裁的国家，也对其他的欧洲国家国内内政产生影响，特别是德国。"一个激进的社会主义人士回忆道，"俄国的事件强而有力地影响到了东德的工人运动。"这些密集的反抗斗争不仅要取得经济进步而且要达成像普遍平等的选举权等政治目的。有意思的是，这些斗争的爆发都是由最初的事件自发引发的。革命派的非正式团体领导者试图协调这些反抗分子来应对反抗带来的压力，但是这些激进党派的努力像是斯巴达克的反抗收获甚微。因此，1917 年的那些突出的反抗事件通过认知途径，引发了如 1848 年的大规模抗争冲动。

（四）代表性领导：对于流行的反抗活动的控制

有广泛基础的组织试图控制这种由于外国的刺激性事件而引发的反抗斗争。社会民主党派和工会人员减缓扩散速度，因为他们认为这些反抗活动都是极度危险的。一旦失败将会严重损害他们的主要政党利益，即他们精心建立的组织。这些领导者将在全面战争时期的政治冲突视为没有前途和没有意义的。民主主义者支持现有政权而不信任作为背叛者的挑战者。此外，正如工会领导者提醒他的成员的，专制政府还是有很大的压制力量。出于这些原因，奥地利和德国的主流的社会民主党派试图使那些受到俄国革命激发的 1917 年 4 月和 1918 年 1—2 月工农动乱分子冷静下来。一个代表性的领导者在他的演讲和回忆录中写道，他们认为需要等到一个合适的时机来推动他们的选举改革、议会制度和类似的推向全面民主的行动。

德国首先出现了这一机会。像德国的社会民主党派（SPD）长期以来所期盼的那样，专制政府的灭亡使得他们能够达到他们主要的政治理想。出于长期对于社会民主运动和其他改革者的屈服，并且在西方民主党派手中得到更好的休战协议条件，专制皇权最终同意与民主党派共享政权并且修改宪法。最后的王朝的大臣强调，自上而下的退让造成了自下而上的压力，代表性的领导在合适的时机做出政党的转变因此取得了很大的成功。社会民主领导者判断，1918 年 10 月宪法改革满足了他们的民主目的。因为一个全面的革命似乎即将到来，社会民主党的领导者颠覆专制王朝，并匆忙制定额外的改革方案。为了阻止对于俄国十月革命的仿效，社会民主党控制住了自发的斗争，并把它调节疏导为通过有序的民主程序而进行政治改革。正如第一个民主党派议员强调的，他们坚持早期的选举为国民代表大会，这种方式代表了民主，也不会让工人和士兵的委员会肆意增长（明显的模仿苏联模式）。

总之，代表性的领导者比普通民众更少受到冲动的影响，他们更理解如今的政权构成所产生的风险和机会。在拥有广泛基础的组织出现之后，国外政局的巨大改革的扩散速度明显减缓，但是有着更高的成功率。代表性的领导比那些容易受到获得性启发式影响的普通民众有更广阔的眼界和更长远的规划。因为领导的注意力并没有被限制，他们思考各种影响因素、意外事件以及利弊得失。这些是那些普通民众所不能及的。例如在 1918 年末，社会民主党的官员担心一个全方位的改革会破坏人们已经很紧张的食物供应。除了基于他们的组织地位和在第一次世界大战中的有关经验而对基本结构和制度的了解，代表性领导者有更为清晰的政治敏感性，长时间的练习让他们能够评估决定性因素和已有权力机构之间的凝聚力。领导者掌握的确定性信息的增加让获得性启发式无机可乘。①

（五）推断启发式对于组织领导的影响

代表性领导有途径获得信息，他们的推理在多元的组织内都是经过多方检验的。但是即使这样他们的理性还是有限的，尽管比普通民众要好，这些基础广泛的组织的领导者还是会受到认知启发式的影响。因此他们也过度估计了共产主义革命的简单性。多元化大型组织的领导也会受到影响从而影响到他们的判断。确定的是，那些小的团体更容易受到群体思维的影响从而更容易受到认知性偏见的影响，相应的，武断的推理促使激进的极"左"分子不惜一切地尝试模仿布尔什维克的革命，并且不间断引起暴乱。为了抵抗这些新生的民主党派，中立者和社会民主党派领导者对这些高度活跃的反抗活动进行遏制。但是他们同样也过度使用了武力，因为他们从列宁的成功中推断出共产党很容易掌握政权。

---

① 领导者能够获得信息和他们的经验让他们不盲目根据表面上的相似性（代表性启发式）就去仿效国外先例；相反，他们多角度的思考最近发生令人震惊的事件并且讨论国外例子的可用性。

这些恐惧促使他们产生了过度反应。因为苏联的先例，暴乱引起过度的恐慌，并且引起了过度的压制。虽然左派的革命从未有现实的机会，可怕的苏联的例子和左派所采用的标语，例如"一切权利属于苏维埃政权"，都引起了代表性领导者对于共产党的过度反应、过于激烈的压制以及对于反动势力的过度退让（这些后来反过来施加到新的民主党派身上）。获得性和代表性启发可以解释这些过度反应，这种影响不仅在欧洲也发生在遥远的阿根廷。

总之，有广泛基础的大型组织的领导比普通民众更少受到有限理性的影响，因此相比于那些 1848 年的无组织的反抗者（容易受到启发式的影响）而言，他们在 1918—1919 年的努力更为成功。但是因为代表性领导也受到推理性启发的影响，所以这些成功也存在局限性。

结　论

很多关于扩散的文章叙述了外部刺激事件并且开始探究他们的关系。但是很少有文章分析在扩散模式中存在实质性的不同。本文正关注于此，以一个显著性事实为开端：即最近 200 年间，尽管交流速度提升并且交通更加便利，但是扩散速度却成谜一般的减缓。同时由外部事件引发的政治冲突使得以自由民主为目标的社会发展取得了很大进步。现存的方法难以解释这种负相关趋势。扩散速度的减缓与现代化理论相矛盾，成功率的提升又与民族主义理论、世界系统理论和建构主义理论相矛盾。因此本文提出了一个新颖的论断来解释这种现象，强调了宏观的组织发展，来补充有限理性的微观基础。与人们使用推理性启发式来应对不确定性和过多的信息相对应，受获得性启发影响，人们过度关注那些显著的鲜活的事件，像是在邻近国家他们的重要统治者突然被推翻；通过代表性启发，他们从单一的成功例子中推断出，相同的挑战在他们的国家也能取得胜利。使用这些启发式思维，人们武断地自发加入到反抗已有政权的运动中去。这些武断的推论解释了为什么在 19 世纪政治冲突的扩散速度如此迅速。他们也解释了这些政治冲突为什么通常以失败告终。

由于主要贡献在于对理论的构建，本文融合了 19 世纪末欧洲兴起的组织宏观发展中产生的认知的微观基础。认知启发在政权缺乏组织性时会严重扭曲人民的判断力。在社会形成初期，大量新生的公共政权的不确定性非常显著，这使得认知启发式严重影响人们的判断。此外缺乏有广泛基础的组织，是否要加入政党斗争的决定取决于普通民众和小型的非正式组织。但是他们缺乏准确有效的信息，缺乏系统处理信息的能力以及缺乏政治经验，因此无法对这个决定进行全方位的思考。考虑到他们薄弱的知识基础，他们严重依赖认知启发式，而且无法对结果推理进行交叉检验。因此，政党组织形成的初期，人们往往受到外部刺激事件的影响，不去评估政治机会是否合适，而是自发加入到政党斗争的流行潮流之中。在 19 世纪末期，有广泛基础的大量的大型组织出现了。社会民主党派和工会包含了大量的工人阶级并且在全面建立时期吸收其他阶级的人群。因为集体组织形成了，政党行为变得更加可以预测，他的不确定性也降低了。此外，因为他们组织的包容性，人们不用自己做出重要的政治决策，而是可以根据组织领导者提出的线索或者指示做出决定。这些官员有更好的途径获得信息，在解释这些信息上更有经验并且有能力来全面权衡利弊得失。虽然也会受到认知启发式的影响，但是组织的领导者用更加牢固的知识来抵消掉这些简单的推理所带来的影响。他们受到有限理性的影响远小于普通民众。因此，组织领导者没有立即参与到政党反抗的潮流中。当他们受到外部刺激事件的影响的时候，他们会审慎思考什么时候是效仿前辈的行动的最佳时机。他们也想效仿先例中的行为，不过是在合适时机的时候。随着大型组织的领导者的兴起，扩散的速度减缓，但是成功率大大提高。相比于 1848 年见证了反抗的浪潮带来了很少改变，20 世纪减缓的扩散潮流却带来了很大的进步。因此，组织领导者受到有限理性影响的变化能够解释在西欧发生的扩散速度减缓并且其成功率提升的趋势（这种负相关关系在引言中已经强调过）。在本文中强调的组织化因素，也能够解释更为广阔范围内不同区域的扩散过程的不同。

在更为基础的理论层面，本文通过引入组织化的因素，运用有限理性方法来探讨政治学现象。那些试图使用认知心理学的作者们倾向于将有限理性描述成具有统一性的。但是除了心理学家所强调的个体具有差异性外，在集体行为和政治决策中很重要的集合机制影响着人的理性范围。政党组织的出现赋予了领导者权利并且给了他们更好地获取信息的途径，更加系统的处理信息的能力。有更为坚实的基础，领导者很少受到认知启发的影响，从而扭曲他们的判断。代表性领导的出现（民众从他们那里可以获得线索）使人们的有限理性的影响减小。此外，组织的类型也有关系。广泛基础的组织存在多元主义和竞争性，这使得有限理性影响较小。而小集团中形成集体思维，有限理性的影响较大。组织结构的情况在集体层面控制着有限理性的影响力。本文强调一个关键因素即组织的密度，而进一步研究仍需要探索其他方面来完善有限理性的方法。CPS

参考文献：

John Markoff, *Waves of Democracy*, Thousand Oaks, CA：Pine Forge, 1996.

Traugott, *The Insurgent Barricade*, Berkeley：University of California Press, 2010.

Sidney Tarrow, *Power in Movement*, *revised ed.*, Cambridge：Cambridge University Press, 2011, pp. 133 – 135, 252 – 254.

Rudolf Tökés, *Béla Kun and the Hungarian Soviet Republic*, Stanford：Hoover, 1967.

Kurt Weyland, "The Diffusion of Revolution", *International Organization*, Vol. 63, July 2009, pp. 391 – 423.

Charles Tilly, Louise Tilly, and Richard Tilly, *The Rebellious Century*, *1830 – 1930*, Cambridge：Harvard University Press, 1975, pp. 192 – 97, 212, 227, 237, 254.

Charles Kurzman, "Waves of Democratization", *Studies in Comparative International Development*, Vol. 33, Spring 1998, pp. 45 – 56.

Doug McAdam, Sidney Tarrow, and Charles Tilly, *Dynamics of Contention*, Cambridge：Cambridge University Press, 2001.

Magnus Torfason and Paul Ingram, "The Global Rise of Democracy", *American Soci-*

ological Review, Vol. 75, September 2010, pp. 355 – 377.

Stefano Bartolini, *The Political Mobilization of the European Left*, Cambridge: Cambridge University Press, 2000, pp. 86 – 97, 106.

Emiel Lamberts, "Belgium since 1830", in J. Blom and Lamberts (eds.), *History of the Low Countries*, New York: Berghahn, 2006, pp. 361 – 62.

John Garrard, *Democratisation in Britain*, Houndmills: Palgrave, 2002, pp. 79 – 80.

Mary Hilson, "Scandinavia", in Robert Gerwarth (ed.), *Twisted Paths*, Oxford: Oxford University Press, 2007, pp. 11, 14 – 15.

Douglas Verney, *Parliamentary Reform in Sweden*, Oxford: Clarendon, 1957, pp. 207 – 212.

Brubaker, *Citizenship and Nationhood in France and Germany*, Cambridge: Harvard University Press, 1992.

John Owen, *The Clash of Ideas in World Politics*, Princeton: Princeton University Press, 2010.

John Meyer et al., "World Society and the Nation-State", *American Journal of Sociology*, Vol. 103, July 1997, pp. 144 – 148.

Daniel Kahneman, Paul Slovic, and Amos Tversky (eds.), *Judgment under Uncertainty*, Cambridge: Cambridge University Press, 1982.

Rose McDermott, *Political Psychology in International Relations*, Ann Arbor: University of Michigan Press, 2004, pp. 249 – 255.

Karl Liebknecht, *Gesammelte Reden und Schriften*, *Vol. 9: 1916 – 1919*, Berlin: Dietz, 1974, p. 697.

Reuben Rath, *The Viennese Revolution of 1848*, Austin: University of Texas Press, 1957, p. 34.

Reported in Wolfgang Häusler, *Von der Massenarmut zur Arbeiterbewegung*, Wien: Jugend, 1979, p. 133.

Dowe et al., Jonathan Sperber, *The European Revolutions*, *1848 – 1851*, Cambridge: Cambridge University Press, 1994.

Prinz Max von Baden, *Erinnerungen und Dokumente*, Stuttgart: DVA, 1927, pp. 101 – 106.

Philip Scheidemann, *The Making of New Germany*, *Vol. 1*, New York: Appleton,

1929, pp. 337 – 338, 342.

Bill Albert, *South America and the First World War*, Cambridge: Cambridge University Press, 1988, pp. 237, 249, 252, 266 – 270.

Hans Schmitt (ed.), *Neutral Europe between War and Revolution*, Charlottesville: University Press of Virginia, 1988, pp. 40, 74, 121 – 122, 144, 190, 242.

Richard Stumpf, *War, Mutiny and Revolution in the German Navy*, New Brunswick: Rutgers University Press, 1967, pp. 306 – 311.

David Morgan, "Ernst Däumig and the German Revolution of 1918", *Central European History*, Vol. 15, December 1982, pp. 307 – 308.

Hans Hautmann, *Die verlorene Räterepublik*, Wien: Europa Verlag, 1971, pp. 34 – 49; Eley, pp. 123, 137 – 138; Scheidemann, Vol. 1, p. 342.

Hans-Ulrich Wehler, *Deutsche Gesellschaftsgeschichte 1914-1949*, Bonn: Bundeszentrale, 2010, pp. 182 – 185, 194.

Hermann Müller-Franken, *Die November-Revolution*, Berlin: Bücherkreis, 1928, pp. 13, 56 – 59, 66, 75 – 84, 213.

Gerhard Ritter and Susanne Miller (eds.), *Die deutsche Revolution 1918 – 1919*, Hamburg: Hoffman undCampe, 1975, pp. 80 – 81, 84, 89, 94, 113.

Exception: David Strang and Sarah Soule, "Diffusion in Organizations and Social Movements", *Annual Review of Sociology*, Vol. 24, 1998, especially pp. 280 – 283.

Diffusion Waves in European Democratization
—The Impact of Organizational Development

Kurt Weyland

Gao Junlong   Li Yaqi

Abstract: Surprisingly, waves of political regime contention in Europe have slowed down through history but have achieved more success in triggering advances toward democracy, as a comparison of the revolutions of 1848 and 1917 – 1919 shows. Major organizational developments account for these inverse trends. Before political mass organizations arose, ordinary people decided whether to emulate foreign challenges to established autocrats. Short on information, citizens relied heavily on inferential shortcuts and acted rashly, with little success. After the rise of mass organizations, common people took cues from their representative leaders, who had more information and greater processing capacity. Before emulating an external precedent and challenging their ruler, leaders waited for propitious circumstances. Therefore, twentieth century regime contention diffused more slowly yet with greater success.

Keywords: Diffusion Waves; Regime Changes; Organizational; Heuristics of Availability; Representativeness

民主衰退的迷思

〔美〕史提芬·列维茨基　　〔加拿大〕卢坎·怀　著[*]

张飞龙　夏　蒙　译　张飞龙　校^{**}

【内容摘要】"民主衰败"近乎成为对当今世界政治现状的一个共识性判断，但这是对现状的一种误解，因为它并无经验记录可供佐证，过去十年里，民主的格局仍保持着稳定态势。"民主衰败"的认知导因于对后冷战初期转型所持的过度乐观态度和唯意志论，由此产生不切实际的预期，即便近年来不利因素正在全球不断增长，但新兴民主国家依然非常稳健。民主衰退只是一种假象，过去十年所发生的真实故事并非民主的"崩溃"，民主制度在面对黯淡的地缘政治局面时展现了其惊人的韧性。

【关键词】民主衰败；政治转型；民主崩溃；韧性

一个近乎共识的论断已经浮现，即世界已陷入"民主衰败"。主要观察人士和民主鼓吹者把过去十年描述为一个民主的"回潮"、"腐蚀"

---

* 作者简介：史提芬·列维茨基是哈佛大学政府系教授；卢坎·怀是多伦多大学政治科学系副教授。他们是《竞争性威权主义：冷战后的混合政体》（2010）一文的合作者。

** 译者简介：张飞龙，南京大学政府管理学院政治学理论博士研究生；夏蒙，上海师范大学法政学院中外政治制度专业硕士研究生。

或"衰退"① 的时期，在此期间，新兴民主国家已经沦为一个"强大的威权主义逆流"② 的受害者。例如，在一篇题为"民主的大崩溃"的论文中，约书亚·科兰兹克声称全球自由正在"直线下降"③。另一个观察者暗示道："我们实际上可能正在目睹民主末日的开始。"④

这种悲观情绪明显反映在《民主杂志》中"自由之家"的年度报告里。在总结了"自由之家"对世界各国历年自由度调查后，普丁顿警告说，2006 年一股"阻碍民主的力量"⑤ 正在扩展，2007 年和 2008 年具有民主"衰退"特征⑥，声称 2009 年民主的腐蚀正在加速⑦，并在 2010 年把全球民主描述为"被胁迫"状态⑧。紧接着"阿拉伯之春"的一个短暂乐观期，"自由之家"警告，2012 年出现了民主的溃退，2013 年是"威权主义的复苏"⑨。

这的确是一个阴暗的画面。但是，它并不准确。只有很少的证据表

---

① See Larry Diamond, "The Democratic Rollback: The Resurgence of the Predatory State", *Foreign Affairs*, Vol. 87, March-April 2008, pp. 36 – 48; Diamond, "Democracy's Deepening Recession", *Atlantic. com*, 2 May 2014; Arch Puddington, "The 2008 Freedom House Survey: A Third Year of Decline", *Journal of Democracy*, Vol. 20, April 2009, pp. 93 – 107; Puddington, "The Freedom House Survey for 2009: The Erosion Accelerates", *Journal of Democracy*, Vol. 21, April 2010, pp. 136 – 150; Joshua Kurlantzick, "The Great Democracy Meltdown", *New Republic*, 9 May 2011, pp. 12 – 15, available at *tnr. com*.

② Larry Diamond, "The Democratic Rollback: The Resurgence of the Predatory State", *Foreign Affairs*, Vol. 87, March-April 2008, p. 36.

③ Joshua Kurlantzick, "The Great Democracy Meltdown", *New Republic*, 9 May 2011.

④ See Robert Battison, "The 'Democratic Recession' Has Turned into a Modern Zeitgeist of Democratic Reform", *Open Democracy*, 21 December 2011.

⑤ Arch Puddington, "The 2006 Freedom House Survey: The Pushback Against Democracy", *Journal of Democracy*, Vol. 18, April 2007, pp. 125 – 37.

⑥ Arch Puddington, "The 2008 Freedom House Survey: A Third Year of Decline", *Journal of Democracy*, Vol. 20, April 2009.

⑦ Arch Puddington, "The Freedom House Survey for 2009: The Erosion Accelerates", *Journal of Democracy*, Vol. 21, April 2010.

⑧ Arch Puddington, "The Freedom House Survey for 2011: Democracy Under Duress", *Journal of Democracy* Vol. 22, April 2011, pp. 17 – 31.

⑨ Arch Puddington, "The Freedom House Survey for 2012: Breakthroughs in the Balance", *Journal of Democracy*, Vol. 24, April 2013, p. 49; Arch Puddington, "The Freedom House Survey for 2013: The Democratic Leadership Gap", *Journal of Democracy*, Vol. 25, April 2014, p. 90.

明民主的"天塌了",或（依赖于你所选择的寓言）威权复苏的"狼来了"①。在过去十年中，全球民主依然处于平稳状态，且相对于1990年代还得到了显著改善。我们认为，民主衰败的感知根源于对1990年代初期事件的错误理解。过度乐观的态度和唯意志论弥漫于对后冷战初期转型的分析，当没有意识到这一问题时，就产生了不切实际的预期，引起了过度的悲观和忧郁。实际上，尽管近年来不利的全球条件不断增长，但新兴民主国家依然非常稳健。

表1　四个机构对世界平均民主的评分

	1990	2000	2001	2002	2003	2004	2005	2006	2007	2008	2009	2010	2011	2012	2013
Freedom House	0.53	0.59	0.59	0.61	0.61	0.62	0.63	0.63	0.63	0.62	0.62	0.62	0.62	0.61	0.62
Polity IV	0.53	0.65	0.66	0.66	0.67	0.67	0.68	0.69	0.69	0.69	0.69	0.69	0.70	0.70	0.71
Economist Intelligence Unit	—	—	—	—	—	—	—	0.55	—	0.55	—	0.55	0.55	0.55	0.55
Bertelsmann Index	—	—	—	—	—	—	0.53	—	0.54	—	0.54	—	0.53	—	0.53

注：所有指标都在0－1区间变动。"自由之家"的政治权利和公民自由评分是平均的和逆向的。

经验记录

观诸经验记录，显示很少或根本没有证据表明民主的衰败。我们比较四个著名的全球民主指数的分值："自由之家"，政体，经济学家智库，贝塔斯曼民主指数。② 表1显示了每个指数的民主（在一个0到1的标

---

① Jay Ulfelder makes a similar argument. See Ulfelder, "The Democratic Recession That ＊Still＊ Isn't", http：//dartthrowingchimp. wordpress. com/2014/01/23/the-democraticrecession-that-still-isnt.

② For Freedom House data：see *freedomhouse. org*；Polity data：*systemicpeace. org/ polity/poli-ty*4. *htm*；Economic Intelligence Unit data：*www. eiu. com/public/topical _ report. aspx？ campaignid ＝ Democracy* 0814；Bertelsmann data：*www. bti-project. org/index/*. Allscores for actual years rather than year of report.

准范围）从 2000 到 2013 年的平均水平。所有四个指数显示民主分值在此期间依然保持不变或增加。根据重要的民主指数如"自由之家"和政体，今天的世界比其 2000 年时更加民主（比 1990 年或在此之前的每一年都要更为民主）。即使我们以 2000 年代中期（经常被引以为民主衰败的开端）作为我们的起点，四个指数中的三个显示没有变化或略微上升。① 只有"自由之家"显示出一个在 2005 到 2013 年间的衰退，而且这个衰退（从 63 到 62）极为微弱。

如果我们检视世界上民主国家的全部数量，数据会与之类似的显示出稳定而非衰退。表 2 显示了在 2000 年和 2013 年之间四个指数值中民主国家的绝对数量，以及完全民主政体占世界政体的百分比。"自由之家"和政体再次显示出自 2000 年以来民主国家数量的增加。即便我们在 2005—2013 年期间看到任何下降的话，这个下降也是极为微弱的。"自由之家"显示了一个民主体制在 2005—2013 年间的衰落。这个样本跟民主政体占世界的百分比是极为吻合的："自由之家"和政体都显示了民主在 2005 年和 2013 年之间下降了一个百分点。

表 2　四个机构关于民主国家所占的百分比和绝对数量

	1990	2000	2001	2002	2003	2004	2005	2006	2007	2008	2009	2010	2011	2012	2013
Freedom House	39%	45%	44%	46%	46%	46%	46%	47%	47%	46%	46%	45%	45%		45%
	65	86	85	89	88	89	89	90	90	89	89	87	87	90	88
Polity IV	39%	50%	52%	53%	53%	56%	58%	58%	57%	58%	57%	57%	59%	58%	57%
	56	80	83	85	84	90	93	95	92	95	93	93	96	94	94
Economist Intelligence Unit	—	—	—	—	—	—	—	49%	—	48%	—	47%	47%	47%	47%
								82	—	80	—	79	78	79	78
Bertelsmann Index	—	—	—	—	—	—	55%	—	64%	—	62%	—	61%		59%
							65	—	76	—	74	—	72		70

作为一个额外的措施，我们检视所有政体在 1999 年到 2013 年间发

---

① The Varieties of Democracy Index, which is not shown here, also finds no decline. See Staffan I. Lindberg et al. , "V-Dem: A New Way to Measure Democracy", *Journal of Democracy*, Vol. 25, July 2014, pp. 162 – 163.

生显著变化的国家，以它们在"自由之家"的得分增加或减少三个百分点来界定。然而，有 23 个国家在"自由之家"的得分在 1999 年到 2013 年之间得到了重大改进，只有 8 个经历了显著下降。即便在 2005 年至 2013 年之间，民主显著改进的案例（10）要超过显著下降的案例（8）。而且多数的显著下降并非发生在民主国家，而是那些早已是威权主义的政权，如中非共和国、冈比亚、几内亚比绍和约旦。

事实上，在 2000—2013 年这段时期，最引人注目的是几乎没有民主国家真正崩溃。七个在 1990 年代末被"自由之家"列为自由制度的国家，今天不再被视为自由制度了：玻利维亚、厄瓜多尔、洪都拉斯、马里、菲律宾、泰国和委内瑞拉。① 在这七个案例中，厄瓜多尔、玻利维亚和菲律宾的民主分值仅有小幅下降，所有这三个政权在 2014 年仍处于民主国家的边缘（事实上，菲律宾已再民主化；"自由之家"把它列为部分自由似乎是对其腐败问题的反应，而非其违反民主的游戏规则）。洪都拉斯和马里在 2009 年和 2012 年各自经历了军事政变，但这两个威权国家相继都被推翻。② 这就使泰国和委内瑞拉成为唯一明确的民主政体崩溃的案例，它们在 2014 年时仍维持着威权。

民主崩溃清单可以扩大到包括尼加拉瓜和斯里兰卡，这两个接近于民主的国家（它们在 1990 年代后期被"自由之家"归为部分自由）在 2000 年代蜕化为威权主义。还可以把匈牙利也加上（在 2013 年时仍被"自由之家"列为自由体制），即便在最差的情况下，它仍是一个临界案例。土耳其有时也被归为一个民主崩溃的案例，它经历了从一个混合政体到另一个混合政体的过渡。虽然正义与发展党政府已经显示出明确的威权倾向，但在该政权之前它从不是民主体制，而以军方巨大影响力、限制库尔德人和伊斯兰政党，以及大力压制舆论为特征（实际上，土耳其在 2013 年"自由

---

① We exclude microstates such as Fiji (which Freedom House classified as Free for one year in 1999 but which arguably never established a democratic regime) and Solomon Islands. Two other countries—Argentina and Guyana—briefly exited Freedom House's Free category during the 2000s but returned within one year.

② Similarly, Ukraine (which was classified as Partly Free in the late 1990s but democratized in the mid-2000s) slid into competitive authoritarianism in 2010, but the regime collapsed in 2014.

之家"的得分要高于此前正义与发展党2002年第一次胜选时)。

　　纵然我们把所有这些案例都归类为民主的崩溃，尽管实际上它们中的大多数是临界案例（玻利维亚、厄瓜多尔、匈牙利、菲律宾）或威权因随后的颠覆而被改变的案例（洪都拉斯、马里、菲律宾），民主崩溃的数量与民主改善的案例是相匹配的。八个国家（包括一些非常重要的国家）在2000年代进入到"自由之家"的自由行列，并一直维持到今天：巴西、克罗地亚、加纳、印度尼西亚、墨西哥、秘鲁、塞内加尔和塞尔维亚。①这个名单上没有包括的国家，例如智利，早已被归类为自由体制，但它也经历了重大的民主改进（在智利的案例中，它建立了文官对军队的掌控）。也不包括尼泊尔、巴基斯坦和突尼斯等国，它们在2000年代中期之后也变得相当民主，但仍属于"自由之家"的自由行列。

　　在过去的十年里，民主的格局仍保持着稳定态势。虽然的确可以把一些案例归类为民主的滑坡，但存在着同等的或更多数量的民主进步，足以掩盖任何全球民主"垮台"的观念。正如表1和2所显示的，这一格局从2000年代中期以来的变化基本上为零。泰国、委内瑞拉或匈牙利正遭受着民主衰退，但宣称全球民主处于低迷是缺乏经验基础的。

民主倒退的假象

　　当这样一个衰退的证据是如此脆弱之时，为什么许多观察家会感知到有一个民主的衰退？今天全球政制的前景看起来是黑暗的，因为观察者是通过玫瑰色的眼镜看待后冷战初期的事件的。在1990年代初，许多观察人士陷入一种过分乐观状态，甚至是目的论的思维，几乎把所有

---

① Freedom House moved Mexico back into the Partly Free category in 2011 due to drug violence. However, there exists a broad scholarly consensus that Mexico retains a democratic regime. Senegal also slipped into the Partly Free category in the mid-2000s but regained its Free status in 2013.

形式的威权危机或政权不稳定与民主化混为一谈。①

1990 年代初的过度乐观部分是被"第三波"(1974—1989）初期极为成功的民主化所形塑。在南欧（希腊、西班牙、葡萄牙），南美（阿根廷、巴西、智利、乌拉圭）和中欧（保加利亚、捷克斯洛伐克、匈牙利、波兰），威权主义的持续危机导致民主化。起初，威权主义的裂口经常肇始于摆脱政权精英的控制，并最终演变为全方位的转型。当威权政权倒台后，它们几乎全被民主国家所取代。

回顾既往，很明显，"第三波"初期的转型与后来发生在非洲和苏联的转型有着显著不同。南欧、南美和中欧的转型是发生在有利于成功民主化的条件下，包括相对高水平的发展、健全的公民和反对派运动、有效运转的国家和与西方广泛的联系。观察人士还从这些案例中归纳出，至少有两个错误的认识有力地塑造了他们解释 1990 年代转型的方式。② 首先，观察人士起初混淆了威权瓦解与民主化。一个独裁政权的崩溃可能导致多种结果，从民主制（1989 年后的波兰）到建立一个新的独裁政权（1979 年后的伊朗）到国家崩溃和无政府状态（2011 年后的利比亚）。实际上，历史上大多数威权主义的崩溃并没有带来民主化。③ 因此，尽管一个威权政体的崩溃创造了民主化的机会，但没有理论或经验证据来支持这样一个结果。然而，这正是 1990 年代很多观察人士所做的。无论在哪里，独裁政权的颠覆和反对派的掌权，转型都被描述为民主化，且把继之而起的政权称为"新兴民主国家"。

第二，威权主义的开放都被假定为最终会导致开启民主转型的标志。因此即便是有限的旨在偏离国际压力的开放，都被寄望于逃离独裁

① For a similar critique, see Thomas Carothers, "The End of the Transition Paradigm", *Journal of Democracy*, Vol. 13, January 2002, pp. 5 - 21; Also Marc Howard and Meir R. Walters, "Mass Mobilization and the Democracy Bias: A Comparison of Egypt and Ukraine", Georgetown University (unpubl. ms.).

② See Thomas Carothers, "The End of the Transition Paradigm", *Journal of Democracy*, Vol. 13, January 2002.

③ See Milan Svolik, *The Politics of Authoritarian Rule*, New York: Cambridge University Press, 2012.

者的控制和拥有自己的生活，这已经发生在一些国家，如巴西、智利、匈牙利、波兰和西班牙。这样的预期忽略了一个事实，即独裁者可能（而且经常做）启动旨在缓解短期危机的"粉饰门面"式的改革，然后，一旦危机过去，他们就会运用仍然掌控的军队、警察和重要的收入来源来重新巩固权力。

混淆威权危机和民主转型的趋势在共产主义覆亡之后更趋强化。柏林墙的倒塌和苏联的解体产生出一个广泛性的认识，即自由民主是"小镇的唯一游戏"。由于所有道路似乎都导向民主，观察家们开始把所有的政权危机都理解为民主转型的开始。

这种过度乐观的心态导致观察者对许多后冷战政权的危机作错误的描述。尽管普遍把 1990 年代视为一个民主化前所未有的十年，但它们应该更准确地描述为一场史无前例的威权主义危机。冷战结束对独裁者提出了一个巨大的挑战。苏联的附庸国和西方背景的反共独裁政权都失去了外部支持。西方民主国家成了主导性的军事中心和经济力量，美国和欧盟开始以前所未有的程度来推动民主。与此同时，严重的经济危机剥夺了独裁者维持自身力量所需的资源。遍及非洲和苏联的许多国家事实上的崩溃，使政府无力支付士兵、警察和官员的薪金。在许多案例中，（阿尔巴尼亚、贝宁、柬埔寨、格鲁吉亚、海地、利比里亚、马达加斯加、塔吉克斯坦、扎伊尔），国家或崩溃，或处于崩溃边缘。

1990 年代初的环境，对独裁来讲意味着一个真正的"惊涛骇浪"。遍及非洲、苏联和其他地方的独裁者面临严重的财政危机，国家的衰弱或崩溃以及多党选举的巨大国际压力。因缺乏资源，外部盟友或可靠的强制机构，多数独裁政权陷入严重危机。结果是普遍的"自发多元化"[①]，其间发生竞争甚至更迭，因为政府缺乏最基本的手段来压制反对派的挑战。阿尔巴尼亚、白俄罗斯、贝宁、中非、格鲁吉亚共和国、刚果（布）、马达加斯加、马拉维、马里、摩尔多瓦、尼日尔、乌克兰和扎

---

① Lucan Way, *Pluralism by Default*: *Weak Autocrats and the Rise of Competitive Politics*, University of Toronto (unpubl. ms.).

伊尔的独裁者失去权力并非因为他们面对强大的民主运动，而是因为他们已经崩溃，国家陷入混乱，在许多案例中，他们失去对暴力机器的掌控。同样地，柬埔寨、喀麦隆、加蓬、吉尔吉斯斯坦、莫桑比克、俄罗斯和其他地方的政府容忍多党竞争选举，是因为政府甚至缺乏最低限度的能力来抵制它们。

威权主义的衰弱和不稳定时刻被广泛地等同于民主化。因此在俄罗斯和其他苏联国家中非共产主义力量的崛起，以及在马达加斯加、马拉维、尼日尔、赞比亚和其他非洲国家中威权统治者的衰落，经常被视为民主转型的特征。类似地，安哥拉、柬埔寨、喀麦隆、加蓬、几内亚比绍、肯尼亚、莫桑比克和坦桑尼亚实行多党竞选，被说成是民主转型开始的标志，即便它"有缺陷"或"旷日持久"。几乎所有这些政权被视为"新兴民主国家"，或者最起码，是一些亚类型民主的减少（如选举的、不自由的、松散的）。[1] 这种乐观情绪也为"自由之家"所分享，它把1990 年代初加蓬、约旦、哈萨克斯坦、乌兹别克斯坦，甚至极权主义的土库曼斯坦的威权升格为部分自由的地位。

这样的评判很大程度上是误入歧途的。1990 年代初期和中期许多威权主义的危机并不构成趋向民主的有意义的运动。许多独裁瓦解是因为国家或是崩溃（例如阿塞拜疆、格鲁吉亚、塞拉利昂、塔吉克斯坦、扎伊尔），或是急剧衰弱（如白俄罗斯、马达加斯加、马拉维、乌克兰）。国家失败导致暴力和不稳定；它几乎从不会带来民主化。实际上，许多其他政权的"开放"是在当政者极为衰弱的时刻，它不是由追求民主的社会压力所驱动，而是由严重的财政危机、国家衰弱或外部脆弱所引发。例如，在1990 年代初，俄罗斯的政治是竞争的，这不是因为鲍里斯·叶利钦主导的民主转型，而是因为他主导了一个陷入混乱的国家，这让他无法控制自己的安全部队、官僚机构和地方政府。同样地，柬埔寨1993 年的竞争性选举实际上是国家崩溃（紧随着越南和苏联撤军）之后的一个产

---

① See David Collier and Steven Levitsky, "Democracy with Adjectives: Conceptual Innovation in Comparative Research", *World Politics*, Vol. 49, April 1997, pp. 430 – 451.

物。破产和国际孤立迫使洪森政府被迫放弃对联合王国选举过程的控制。同样地，喀麦隆和加蓬的威权统治者面临着严重的财政危机、骚乱和国际孤立的幽灵，这迫使它们在 1990 年代初举行非同寻常的竞争选举。

对那些把这些和其他案例中的自发多元化视作民主转型的观察者而言，2000 年代的发展一定会很失望。后冷战初期的"惊涛骇浪"形势已经完全过去。首先，在 1990 年代大多数发展中国家的经济得到改善，这多亏大宗商品价格的飙升，其中的许多国家在 2000 年代蓬勃发展。因此，十年前政府缺乏资金来维持庇护网络，甚或支付士兵和官员的薪金的问题，现在都被资源所冲洗掉，它帮助恢复了一个最低限度的国家能力。

第二，威权统治者适应了冷战后的环境。那些在 1990 年代初忽视如何在一个多党竞争背景下生存以致几乎丢失其权力的威权统治者，最终学会了在不必通过那种可能引发国内合法性危机和国际孤立的赤裸裸的压迫或欺诈的情况下，操控竞争性选举，吸纳竞争对手和独立媒体，控制私营部门和如饥似渴的公民，以及反对派手上的资源。①

第三，地缘政治环境发生了变化。美国和欧盟在冷战初期达到顶峰的非凡影响力，在 2000 年代已经衰弱。与此同时，中国、俄罗斯和其他地区大国正在浮现的影响力，与油价飙升合在一起，为亚洲、苏联和非洲的威权统治者创造了更多的空间。

到了 2000 年代，经济复苏、国家重建、更宽容的国际环境降低了威权衰弱和不稳定的水准，这曾被当作大多数非洲、苏联和亚洲国家在后冷战初期的特征。更脆弱的国际压力，可自行支配的更高收入和有效的国家，这些曾是 1990 年代独裁者遭受严重冲击的因素，在很多情况下，它能够重新巩固权力。例如，在柬埔寨，财务状况的改善和国际压

---

① 　Michael Bratton and Daniel Posner, "A First Look at Second Elections in Africa, with Illustrations from Zambia", in Richard A. Joseph (ed.), *State, Conflict, and Democracyin Africa*, Boulder, Colo: Lynne Rienner, 1999, p. 387; Lucan Way, "Deer in Headlights: Incompetence and Weak Authoritarianism after the Cold War", *Slavic Review*, Vol. 71, Fall 2012, pp. 619 – 646.

力减弱，使洪森政府重新建立独裁统治地位。在 1990 年代初，如果没有严重的财政问题和外部制约，执政的柬埔寨人民党能够压制对手、操纵选举，并逍遥法外。同样地，喀麦隆总统保罗·比亚和加蓬奥马尔·邦戈在 1990 年代末和 2000 年代初重新巩固权力，扭转了早期的让步，如宪法条文的限制，它曾被许多观察人士解读为民主的"开幕"。威权主义重新巩固的类似过程也发生在阿尔及利亚、安哥拉、缅甸、刚果（布）、莫桑比克和其他地方。

同样的范例也可以在苏联观察到，那里的政权在 2000 年代得到巩固，而在后共产主义初期曾具有衰弱和不稳定的特征。例如，在俄罗斯，国家重建和油价飙升使普京政府能够吸纳私营部门和媒体，压制对手，并在某种程度上操纵选举，这在十年前是不可想象的。[1] 在白俄罗斯，卢卡申科政府在 1990 年代的下半期建立起对经济的大规模控制，这使他可以有效地耗竭对手的资源。威权主义政治也在亚美尼亚、阿塞拜疆和塔吉克斯坦得到巩固。

总之，财政状况的改善，国家重建和更少的国际敌对环境，使许多在后冷战初期处于衰弱和不稳定的威权政体在 1990 年代末和 2000 年代初恢复稳定，甚至重新巩固。毫不奇怪，阿塞拜疆、白俄罗斯、柬埔寨、中非共和国、刚果（布）、加蓬、几内亚比绍、约旦、哈萨克斯坦、吉尔吉斯斯坦、俄罗斯、塔吉克斯坦、土库曼斯坦和乌兹别克斯坦在 1990 年代初全部被"自由之家"乐观地升级为部分自由状态，而后又被降级为非自由。

这些从衰弱或不稳定的威权主义向更稳定的威权统治的转型往往被视为民主失败的案例，并作为民主衰退的证据。这些特征是带有误导性的。许多这样的政权从未走向民主，且其中的一些国家（如阿塞拜疆、柬埔寨、约旦、哈萨克斯坦、塔吉克斯坦、乌兹别克斯坦），民主从未被认真地提上议程。正如威权危机不应等同于民主转型，独裁（重新）巩固也不应

---

① See Mikhail Myagkov, Peter C. Ordeshook, and Dimitri Shakin, *The Forensics of Election Fraud: Russia and Ukraine*, New York: Cambridge University Press, 2009.

等同于民主逆转。

在其他案例中，政权不稳定（经常植根于国家失败）带来短暂的民主"时刻"，这时巨大的国际压力或所有主要政治角色的极度软弱允许竞争选举和轮替（如孟加拉国1991年；海地1991年；刚果共和国1992年；白俄罗斯1994年；尼日尔1999年；几内亚比绍2000年；马达加斯加2002年；布隆迪2005年）。即便这些案例可能在选举日实施最低限度的"民主"，一旦新政府上任他们就不会继续维持，因此也就不能被描述为民主政权。事实上，轮替发生在非民主结果具有压倒性优势的条件下：民主制度仅仅存在于文本上（在许多情况下，它们从未实施）；国家衰弱或崩溃导致普遍的新世袭主义和法治缺乏；私人部门很弱小并依赖国家；公民社会和反对党软弱且组织混乱。新世袭国家和社会贫困从第一天起就给现任者提供了巨大的资源优势，当缺乏有效运作的民主制度、公民社会或一个有组织的反对派时，就难以约束威权统治者滥用权力。在这样的条件下，新政府几乎不可避免地滥用权力，引发政权不稳定或另一轮的威权主义。

因此，现实的讲，前述清单中每一个案例的"民主时刻"被证明是短暂的。例如，刚果（布）在1992年经历了选举轮替，但新总统帕斯卡·利苏巴立即解散了议会，并举行了有缺陷的选举，由此引发反对派的抵制，结果是陷入内战和独裁。同样地，布隆迪2005年的竞争选举使"自由之家"把它归到"民主选举"行列，但总统多米蒂昂·恩达伊泽耶立即开始逮捕反对派领导人和记者，随后的选举充满欺诈和限制。在几内亚比绍，1999年推翻乔·贝尔纳多·维埃拉使反对派领导人昆巴·雅拉赢得国际社会发起的选举（这导致"自由之家"把该国称之为选举民主）。但雅拉和他前任一样专制，在被2003年的一场政变推翻之前，他查禁报纸、逮捕反对派领导人和最高法院法官。

在孟加拉国、白俄罗斯、中非共和国、海地、马达加斯加、尼日尔和其他地方，新当选的总统也立即滥用权力。对任何有意义的时期而言，这些政权在任何有意义上都不是民主国家。因此，将它们说成是"民主崩溃"结果的案例是相当误导人的。然而，民主衰退论者的论文中所引用的国家崩溃的例证大多属于这种类型，在这个问题上，拉里·

戴蒙德的论文采用了 2000 年代后发生崩溃的 25 个国家的名单。

这些崩溃的国家中将近三分之二政权（充其量）只不过有短暂的"民主时刻"。如果我们把分析限定在真正的民主政权，从定义上讲，至少有一个自由选举的民选政府并且和平地将权力移交给选出的继任者，戴蒙德的 25 个"民主崩溃"中的 16 个就被不复存在。在剩下的 9 个国家崩溃的案例中[①]，仅有 5 个在 2014 年仍维持着威权政体，其中有一个是微型国家。

2000 年代的非民主化

当前，对全球民主前景的悲观情绪，也源自过度的唯意志论。多数认为民主正在衰退中的人，关注更多的是民主进程的滑坡，而非民主的发展。事实上，中国、中东和中亚的非民主化被视为一股逆流。例如，普丁顿（"自由之家"研究部主任）发表在《民主杂志》上的 2009 年度报告中声称："或许，2008 年亚洲最令人失望的是中国开启的具有重大意义的民主化改革的失败……这一年中国是奥运会的东道主。"[②] 翌年，普丁顿则将哈萨克政府政治改革的失败视为中亚"螺旋式下降"发展趋势的征兆，并将古巴政治自由化的缺位视为"自由在世界范围内持续受到侵蚀"[③] 的证据。普丁顿最近在《民主杂志》的报告中，公开援引未实现的与事实上的回潮（民主化）相反的预期，作为民主前景暗淡的事实依据。他写到，尽管观察者们已经预言，中国政改将以相当快的速度，朝着一个更为自由的甚或民主体制的方向发展，然而，中国政府却"设

[①] These are Venezuela and Thailand in 2005, Solomon Islands, Honduras, Philippines, Sri Lanka, Nicaragua, Ukraine, and Mali.

[②] Arch Puddington, "The 2008 Freedom House Survey: A Third Year of Decline", *Journal of Democracy*, Vol. 20, April 2009, p. 103.

[③] Arch Puddington, "The Freedom House Survey for 2009: The Erosion Accelerates", *Journal of Democracy*, Vol. 21, April 2010, p. 137, 141.

计出维持僵硬一党制"① 的新策略。

中国、中东和中亚威权政体民主化的失败,不该被视为民主衰退的证据。(这样做就类似于将民主视为一个半满的玻璃杯,并声称它现在不是半空的而是被倒空了的。)凡此皆不足为奇。在 2000 年代中期,几乎每一个拥有最低限度的良好民主条件的国家都完成了民主化。除少数例外(如马来西亚、新加坡、泰国、土耳其和如今的委内瑞拉),唾手可得的目标已实现。今天,世界上残存的非民主政权主要存在于那些现行理论暗示不可能实现民主化的国家。②

根据大量的研究,稳定的民主化不太可能发生在非常贫穷的弱政府国家(比如,大多数撒哈拉以南的非洲国家),也不太可能发生在拥有石油资源和西方支持的世袭君主制国家(比如,海湾国家),以及拥有强政府和高经济增长率的一党制国家(越南、马来西亚、新加坡)。我们自己的研究表明,民主化不太可能发生在与西方联系很弱的国家(比如,中亚国家、大部分非洲国家)以及现政权是诞生于暴力革命的国家(埃塞俄比亚、厄立特里亚、越南、古巴、伊朗、老挝、朝鲜)。如果我们认真对待这些经过几十年观察研究得出的总结,会发现如今很少有国家可以被视为真正的民主表现不佳者。虽然近来世界上民主国家总体数量增长的停滞可能令人不悦,但它与现行理论是完全相吻合的。

那么,为什么始于 2000 年代中期的民主扩张的缺位会引发如此广泛的悲观和忧虑呢? 其中一个原因是由共产主义的崩塌而产生的对民主毫无根据的期待。在 1989—1991 年的非常事件之后,许多观察者简单地假定,1980 年代和 1990 年代民主化进展的浪潮将会继续。

另一个产生当下失望的原因是过度的唯意志论。早期的第三次民主化浪潮对统治了整个 1960 年代和 1970 年代的经典结构主义理论产生了巨大冲击。这些理论强调在发展中国家和共产主义世界,社会、经济和

---

① Arch Puddington, "The Freedom House Survey for 2013: The Democratic Leadership Gap", *Journal of Democracy*, Vol. 25, April 2014, pp. 90 – 91.

② Marc F. Plattner "The End of the Transitions Era?", *Journal of Democracy*, Vol. 25, July 2014, pp. 5 – 16.

文化因素是其民主化障碍。玻利维亚、萨尔瓦多、加纳和蒙古的民主化进程，清楚地表明民主适用于任何地方。然而，这一针对过度结构主义分析的有益的怀疑论，却发展为过度的唯意志论。有证据显示，诸如财富、低度不平等或一个健全的公民社会等结构性因素并非民主化的必要条件，这使得很多观察者得出这些因素不重要的结论。换句话说，被一些观察者所信奉的民主化可以在任何地方出现的重要信条，意味着民主化应该发生在所有地方。

这样的期望是没有理论基础和经验基础的。很多研究都已表明，诸如发展水平、不平等、经济绩效、自然资源财富、国家能力、公民社会的力量以及与西方国家的联系等结构性因素，仍会强有力地影响民主实现和维持的可能性。世界上许多残存的非民主国家，主要集中在中东、撒哈拉以南非洲以及原苏联地区，这并非巧合。这些地区中的许多国家具有多因素特征，以至于学者们常把它们与威权主义联系在一起。一个人可能会对柬埔寨、埃塞俄比亚、哈萨克斯坦、利比亚或者伊拉克的民主化抱有希望（并为之效力），但是对那些地区的国家发生民主化怀揣期望是缺乏理论和经验基础的。我们不应该将这种没有根据的期望的破灭与民主的衰退混为一谈。

民主的惊人适应力

对那些本就不太可能发生民主化的国家的期望的落空，并不能掩盖民主在 20 世纪最后 25 年里的卓越成就。1990 年《民主杂志》发刊之时，有 38 个发展中国家和后共产主义国家被"自由之家"归入自由行列。到 2014 年，这个数字是 60。

第三次民主化浪潮的幅度和它的稳健性一样令人印象深刻。在《民主杂志》创刊之时，拉丁美洲和中欧新兴的民主政权被广泛视为不稳定的。研究民主化的学者们认为这其中有很多国家，其民主化并不一定能持续下去。例如，在他们关于威权统治转型的经典著作中，吉列尔莫·

奥唐奈和菲利普·施密特将拉丁美洲的案例描绘为"不确定的民主"①。同样地，很少有学者会期待 1989 年中欧的转型能够产生几乎一致地稳定的民主政权。然而除一些短命政权之外（例如，1992—2000 年的秘鲁），发生在南美和中欧的民主化，至今已经存活了有 25 年甚至更长时间。不仅如此，这些国家甚至在经历了被许多学者认为与民主不兼容的严重经济危机和激烈经济变革之后仍然存活。在 1990—2000 年间，其他一些重要的国家也发生了民主化，包括克罗地亚、加纳、印度尼西亚、墨西哥、塞尔维亚、斯洛伐克、南非和台湾地区。尽管，这当中有些新兴民主国家具有种族或族群撕裂的特征，但他们仍然表现出惊人的稳定性。

这些样本国家并没有在 2000 年以后发生根本变化。民主的崩溃仍然是罕见的，通常是短命的，并且在大趋势下是不具代表性的。尽管民主在斯里兰卡、泰国和委内瑞拉是有所衰退的，但却在一些重要的中等收入国家继续存续，包括阿根廷、巴西、智利、哥伦比亚、克罗地亚、印度、印度尼西亚、墨西哥、波兰、塞尔维亚、南非、韩国和台湾地区。民主在一些处境非常不利的国家也是可以存续的，包括贝宁、多米尼加共和国、萨尔瓦多、加纳、圭亚那、蒙古以及罗马尼亚。它们是一些只有很少或没有民主条件、弱国家、高度的贫困与不平等、有时是严重社会分裂的国家。然而，这些国家的民主政权仍然存续下来了，有的到目前为止甚至已达 20 年。

在一些重要的国家，民主不仅存续下来，而且在 2000 年代有所巩固。巴西在 1980 年代和 1990 年代初期，面临严重的治理问题，但在 2000 年代，巴西民主的稳定性和质量都有了显著的提高。在印度，扩大的政治参与率，尤其是在穷人和低种姓人群中，造就了一个越来越包容性的民主。在智利，2005 年的制度性改革消除了残存的独裁统治飞地，并且组建了一支由全体民众控制的军队。在克罗地亚、加纳、墨西哥和

---

① Guillermo O'Donnell and Philippe C. Schmitter, *Transitions from Authoritarian Rule: Tentative Conclusions about Uncertain Democracies*, Baltimore: Johns Hopkins University Press, 1986.

台湾地区，前任威权统治政党再度执政并且民主治理——这是民主巩固的关键一步。在哥伦比亚和波兰，民主制度有效检验了总统带有独裁倾向的野心（哥伦比亚的阿尔瓦罗·乌里韦、波兰的莱赫·卡钦斯基）。这些都是民主的主要成就，多数发生在大的、有影响力的国家。然而它们所获得的关注远不及泰国和委内瑞拉的民主衰退。

这些成就提供了一种观察 2000 年代所发生事件的可供选择的视角。在过去十年，一些全球发展对新兴民主政权构成严重威胁。这其中包括 2008 年后，西方民主国家的经济危机、美国和欧盟影响力的下降、中国和俄罗斯实力的增长和自信，以及飞涨的石油价格。然而，真正发生民主崩溃的国家数目是非常少的。

因此，可以这么说，过去十年所发生的真实故事并非民主的"崩溃"，而是民主在面对黯淡的地缘政治局面时的适应力。这一适应力值得进一步研究。理解这一力量的来源，可以帮助民主倡导者们为抵抗独裁之狼真正卷土重来的那一天做好准备。CPS

The Myth of Democratic Recession

Steven Levitsky   Lucan Way

Abstract："Democratic recession" almost become a consensus to judge the world political situation, but this is a misunderstanding of the reality, because there is no experience records to prove it, the state of global democracy has remained stable over the last decade. The cognitive of "democratic recession" resulting from the excessive optimism and voluntarism in the early post - Cold War transitions, which leads to unrealistic expectations, despite increasingly unfavorable global conditions in recent years, new democracies remain strikingly robust. "Democratic recession" is just an illusion, the real story of the last decade is not democracy's "meltdown", the democratic system shows its remarkable resilience when facing a darkening geopolitical landscape.

Keyword: Democratic Recession; Political Transition; Democratic Breakdown; Resilience

比较政治视野下的拉美经济改革

——基于现有研究文献的反思

刘　伟　苗　岭[*]

【内容摘要】20 世纪 80 年代末到 90 年代，发生在拉丁美洲的经济改革引发了国内外学者的普遍关注。在对这一现象的研究中，宏观形势的解释有助于揭示这一现象发生的背景，但无助于理解区域内部的差异；以政治精英为研究对象的"新民粹主义"路径有着忽视政治制度的缺陷；而从一国政治制度切入的个案研究在方法论上有着无法确定因果关系的缺陷。在对相关研究进行总结和反思后，我们不难发现，今后比较政治研究的发展，需要政治主体、政治制度等不同路径，个案研究和跨国比较等不同研究方法更紧密的结合。

【关键词】拉丁美洲；经济改革；民粹主义

20 世纪 80 年代末到 90 年代，伴随着被称作"第三波"民主化的政治变革，一场经济上的自由化改革在东欧和拉丁美洲展开。在传统的公共选择理论视角下，经济自由化改革被看作一种公共物品，其受益者是分散而不确定的，因而受益者难以采取集体行动对政府制造压力；而自

---

　　* 刘伟，政治学博士，武汉大学政治与公共管理学院教授、博士生导师，研究领域：当代中国政治与后发国家政治转型；苗岭，武汉大学拉丁美洲及加勒比研究所助理研究员，研究领域：拉丁美洲政治经济转型。

由化改革的受损者，如工会、寻租企业家等是确定而集中的，有较强的激励组织化，并形成压力集团以保护自己的利益。因此，公共选择理论家认为，经济自由化改革离不开政治权力的相对自主性：只有具备自主性的政治精英才能克服压力集团的影响，为社会提供经济改革这一公共物品。[①] 这一视角确实可以解释一些东欧国家的经济改革，这些前共产主义国家缺乏民主运转的历史，也没有分化的社会利益集团，政治精英的确具有较大的行动自主性。但如果将视野转向拉丁美洲，我们发现一些经济自由化改革发生在更为成熟的民主制度和更为多元化的社会利益背景下。这其中最突出的是秘鲁前总统藤森（Alberto Fujimori，1990—2000）、阿根廷前总统梅内姆（Carlos Saúl Menem，1989—1999）两位领导人，他们以高票当选总统，又在任期内维持了较高的支持率，并成功连任。他们在任内都发起了长时间的激进的经济自由化改革。这一现象引起了国内外学界的兴趣，也引发了对公共选择理论解释的再思考。

一、国内研究

从不同学科出发的国内相关研究呈现出不同的特点。出自经济学视角的研究主要探讨了拉丁美洲经济改革发生的国际国内经济背景，描述了改革措施，并对改革成绩做出了评价。苏振兴指出，拉丁美洲的经济改革发生的内部背景是进口替代工业化的发展模式造成的经济发展瓶颈，其外部背景是债权国与国际货币基金组织等国际组织的压力。[②] 宋晓军则按照时间顺序对秘鲁前总统藤森的经济改革措施进行了回顾。[③] 另外两篇国内相关研究文献在肯定了拉丁美洲经济自由化改革成绩的同

---

① Mario I. Bléjer, Fabrizio Coricelli, *The Making of Economic Reform in Eastern Europe*, Edward Elgar Publishing, 1995; Harberger, A. C., "Secrets of Success: A Handful of Heroes", *The American Economic Review*, Vol. 83, No. 2, pp. 343–350.

② 苏振兴：《新自由主义与拉丁美洲》，载《拉丁美洲研究》，2004 年第 2 期。

③ 宋晓平：《关于秘鲁的经济改革》，载《拉丁美洲研究》，1997 年第 1 期。

时，也指出了拉美经济改革造成的一些问题，比如金融自由化改革造成了金融系统的脆弱和金融波动，片面重视效率造成了社会不平等的加剧。①

另一方面，具有政治学背景的研究者将侧重点放在这两场改革发生的历史、社会背景上。李紫莹将梅内姆的改革看作是对其所在正义党的"正义主义"意识形态在特殊的国内国际政治经济情况下的短期背离②，江时学则对藤森的上台、政策推行、功过与其下台进行了时序上的介绍③。值得一提的是郭存海有关阿根廷政党危机的一篇论文，虽然它并不直接针对前文所提及的现象，但无论是其尝试解释的现象还是阿根廷政党制度的切入点都与前文提及的现象息息相关。④

总体上来说，国内学界对"藤森现象"与"梅内姆现象"的研究不够充分，其缺陷主要体现在如下方面：

首先，一些文献⑤以对历史事件的时序描述为主，未能上升到理论层面对这些现象进行解释。即使作为描述性的研究，这些文献所涉及的内容时间跨度过大，在有限的篇幅内无法提供详尽的历史描述；

其次，解释性的研究多概括地描绘了改革发生的背景，但缺乏明确的因果链条。多数文献都提到了藤森、梅内姆改革的国际、国内条件⑥，也有学者提及了制度的原因⑦，但总体来说这些文献都在同一篇文章内提出大量可能的解释，但未能明确这些因素中关键的变量和因果链条；

最后，总体上来说，国内研究侧重于情境性因素，尤其是侧重于对

---

① 陈平、王军：《拉丁美洲新自由主义改革：为什么必然失败》，载《拉丁美洲研究》，2004 年第 4 期；苏振兴：《对拉美国家经济改革的回顾与评估》，载《拉丁美洲研究》，2008 年第 4 期。

② 李紫莹：《阿根廷正义主义的确立，背离与回归》，载《拉丁美洲研究》，2009 年第 3 期。

③ 江时学：《论"藤森现象"》，载《拉丁美洲研究》，2006 年第 3 期。

④ 郭存海：《阿根廷政党治理危机及其原因探析》，载《拉丁美洲研究》，2007 年第 5 期。

⑤ 宋晓平：《关于秘鲁的经济改革》，载《拉丁美洲研究》，1997 年第 1 期；江时学：《论"藤森现象"》，载《拉丁美洲研究》，2006 年第 3 期。

⑥ 苏振兴：《新自由主义与拉丁美洲》，载《拉丁美洲研究》，2004 年第 2 期；李紫莹：《阿根廷正义主义的确立，背离与回归》，载《拉丁美洲研究》，2009 年第 3 期。

⑦ 郭存海：《阿根廷政党治理危机及其原因探析》，载《拉丁美洲研究》，2007 年第 5 期。

国内经济形势与国际压力的外部因素的归因，既缺乏对国内政治制度、社会条件的剖析，又缺少对政治精英、利益集团等行为主体的分析。这种视角忽略了秘鲁与阿根廷改革发生在民主政治条件下，政治领导人的选择要受到大量制度性和社会性因素的限制；情境性的归因也无法解释一些领导人为什么能在发动激进改革的同时取得政治上的成功，同时，另一些拉美国家，领导人因为发动激进改革而葬送了自己的政治生命。如厄瓜多尔前总统阿夫达拉·海梅·布卡拉姆·奥尔蒂斯（Abdalá Jaime Bucaram Ortiz，1996—1997）、委内瑞拉前总统卡洛斯·安德烈斯·佩雷斯·罗德里格斯（Carlos Andrés Pérez Rodríguez，1989—1993）。

二、国外研究

（一）新民粹主义视角

国外学者对这一现象的研究已相当充分。早期的研究者从民粹主义的角度出发，将研究重点放在这些领导人的行为与微观政策特点上。梅内姆和藤森两位领导人深受底层拥护，却拥有很多不被中产阶级喜欢的特质，比如对立法机构制约的忽视而专断地使用行政权力、用选择性再分配换取政治支持；频繁动用全民公投和民意测验等手段自我授权；绕过既有的社会中间组织，与社会底层建立个人化的直接联系等。这些特质容易让人将他们同庇隆（Juan Domingo Perón，前阿根廷总统，1946—1955、1973—1974 年在任）、瓦加斯（Getúlio Dornelles Vargas，前巴西总统，1951—1954 年在任）、查韦斯（Hugo Rafael Chávez Frías，前委内瑞拉总统，1999—2013 年在任）这样的传统民粹主义（Classical populist）领导人联系起来。然而，梅内姆、藤森等人采取的宏观经济政策却迥异于后者。后者的经济政策以国家对经济的全面干预为特点，而藤森、梅内姆却在任内发起了激进的经济自由化改革，全面放松了国家对经济的管制。为了与传统民粹主义政治家有所区别，梅内姆、藤森被 Weyland 等学者称作新民粹主义者

（Neopopulist）。①

Dornbusch & Edwards 用"诱导性策略"（bait-and-switch）解释这一现象。他们认为民粹主义本质上与一种选举取向的经济政策相联系，这种经济政策被称为发展主义（Developmentalism），它以贸易保护、国有化与大规模再分配为特点，试图以进口替代的途径完成国内的工业化。他们认为，梅内姆与藤森所采取的经济自由化政策与民粹主义本质上是不兼容的，民粹主义只是持有经济自由主义立场的政治家为了动员底层民众的政治支持所采用的宣传手段，一旦上台他们就会抛弃这一伪装，背叛将其选上台的底层选民，采取经济自由化政策。②

这与公共选择理论的解释有接近之处。然而，和公共选择理论一样，这种解释也存在一些缺陷。首先，梅内姆与藤森上台后并没有抛弃民粹主义的行为方式，个人化的领导、自上而下的政治动员、与底层的直接联系以及对政治建制的攻击贯穿了他们的整个任期；其次，在维持自由主义的宏观经济政策的同时，梅内姆与藤森在微观层面上保持了选择性的再分配作为换取政治支持的手段；最后，同公共选择理论的解释一样，它无法面对类似这样的问题：如果经济自由化是对选民的背叛，那么这些领导人怎么在任期内维持较高的支持率？如果经济自由化是一种没有集中受益者的公共品，但却带来了集中的损失，那么这两位民主制度下的领导人怎样能抵御压力集团的影响？

Roberts 同样注意到了这些领导人的民粹主义倾向，但他们认为民粹主义实际上是特定社会政治情境下反复出现的一种政治现象。在社会秩序混乱的背景下，现有政治制度与组织失去规训大众政治行为的能力，民众就会倾向于选择超脱政治建制之外而直接与民众建立联系的政治人物。在80年代末到90年代的拉美国家，长期的军人统治削弱了工会、

① Weyland, K., "Neopopulism and Neoliberalism in Latin America: Unexpected Affinities", *Studies in Comparative International Development*, Vol. 19, No. 3, 1996, pp. 3 – 31; Weyland, K., "Neopopulism and Neoliberalism in Latin America: How Much Affinity?", *Third World Quarterly*, Vol. 24, No. 6, 2003, pp. 1095 – 1115.

② Dornbusch, R., & Edwards, S., "The Macroeconomics of Populism", *The Macroeconomics of Populism in Latin America*, Chicago: University of Chicago Press, pp. 7 – 13.

政党等社会中间组织规训、动员大众的能力，而长期的经济不景气又导致了社会的失序，这为具有民粹主义特点的政治家的上台提供了条件。[1]

这一种界定使得我们无需将民粹主义与特定的宏观经济政策联系起来，而可以将民粹主义看作一种策略性行为。它回答了公共选择理论视角遗留的问题：发起经济自由化的政治精英正是通过民粹主义的策略取得了政治自主性。他们通过对政治经济地位边缘化、缺乏组织性的底层进行动员，获得了他们的政治支持。这些政治家依靠底层民众的支持，在一定程度上隔绝了既得利益集团对政治过程的影响。他们还能利用民意测验和全民公投等手段，得到了民众的直接赋权，使得总统领导下的行政部门获得了凌驾于立法、司法部门的权力，避免了现有的政治制度对行政部门推动改革的制掣。

不过，这种分析只解释了这些政治家为什么能发动经济改革，而没能回答政治家发动改革的动机所在。"在民主制度下，政府总是按照最大化其获得的选票的方式行事。实际上，政府就像企业家出售商品换取金钱一样，出售自己的政策以换取选票。"[2] 如果不能明确政治家在自由化改革中的政治收益，那么研究者就不能回答这样的问题：如果激进的自由化改革的政治收益为零，甚至为负，那么这些政治家为什么要发动自由化改革？

Weyland 认为，自由化改革并不只是新民粹主义政治家在面临国际货币基金组织和债权国压力下迫不得已的行为。对民粹主义政治家来说，在自由化改革的初期，他们能从改革中获取一些政治资源。[3] 首先，作为自由化改革一部分的正统紧缩疗法对通货膨胀的治理效果能为领导人赢得支持。在梅内姆与藤森上台前，阿根廷和秘鲁的通货膨胀率都已达到了惊人的四位数。穷人没有能力通过购买不动产、换取外汇来规避通胀风险，因此受害最深。正统紧缩疗法对于通货膨胀的治理非常有

---

① Roberts, K. M. , "Neoliberalism and the Transformation of Populism in Latin America: The Peruvian Case", *World Politics*, Vol. 48, No. 2, 1995, pp. 82 – 116.

② Downs, A. , "An Economic Theory of Political Action in a Democracy", *The Journal of Political Economy*, 1957, p. 137.

③ Weyland, K. , "Neopopulism and Neoliberalism in Latin America: How Much Affinity?", *Third World Quarterly*, Vol. 24, No. 6, 2003, pp. 1095 – 1115.

效：梅内姆政府在两年时间内将阿根廷三位数的通胀降到了个位数，而藤森政府也在两年内把秘鲁的通胀率控制在了两位数内。这是改革最大的政治红利之一。

表1　阿根廷、秘鲁两国通货膨胀率（1986—1994）　（％）

	1986	1987	1988	1989	1990	1991	1992	1993	1994
阿根廷	74.5	127.1	388.5	3057.6	2076.8	133.0	11.9	-1.5	2.8
秘鲁	68.4	85.6	586.3	2572.3	6261.2	382.6	68.5	47.0	25.5

资料来源：世界银行官方网站：http://data. worldbank. org. cn/indicator/NY. GDP. DEFL. KD. ZG？page = 4。

其次，自由化改革在其初期能为政府带来一些暂时性收入，这包括私有化国有企业所得的收入和国际金融组织的援助。这些收入使得梅内姆与藤森可以在不影响宏观经济政策的前提下，在微观层面上通过选择性再分配换取底层选民对其的支持。与传统民粹主义花费巨大却带有公共物品性质的普遍性再分配不同，梅内姆与藤森的社会开支以高度选择性为特点，使得金钱到选票的转换更具效率。

对民粹主义策略的研究实际上揭示了另一问题：新民粹主义者所依靠的阶层与古典民粹主义者有所不同。以工人运动起家的庇隆式传统民粹主义者所依靠的并非是真正的经济底层，比如农民、非正规部门就业者，而是城市正规部门的工人。他们的经济地位处于拉美国家的中层或者中下层，但因为组织化好、易于动员的特点，成为了传统民粹主义者的政治支柱。而真正的底层民众，比如非正规部门就业者、城市边缘人群和农村居民缺乏组织能力，在政治经济上长期处于边缘地位。在对秘鲁的分析中，学者发现藤森恰恰是通过对这些长期缺乏政治影响力边缘人群的动员，成功挑战了既有的党派政治格局。[①] 通过对拉丁美洲的比

① Roberts, K. M. , "Neoliberalism and the Transformation of Populism in Latin America: The Peruvian Case", *World Politics*, Vol. 48, No. 1, 1995, pp. 82 – 116; Roberts, K. M. , & Arce, M. , "Neoliberalism and Lower-Class Voting Behavior in Peru", *Comparative Political Studies*, Vol. 31, No. 2, 1998, pp. 217 – 246.

较研究，一些学者对几十年来的拉丁美洲经济政策进行了反思："最穷的人并没有从（大规模再分配）中受益。传统民粹主义者将农业部门和出口部门的收入输送给了城市正规部门的资本家和工人，农民和城市的穷人在经济与政治上仍然处于边缘地位。"①

从以上回顾中，我们不难发现，"新民粹主义"视角侧重于对政治精英的分析。这些文献一方面解释了政治精英的动机，另一方面解释了政治精英何以在民主条件下获得发动改革所需的政治自主性。然而，由于这种视角过于强调政治精英的自主性，导致这些文献完全忽视了制度、利益集团在政治过程中的作用。那么，民粹主义手段真的足以让政治精英在制度的真空中发动改革吗？

（二）利益集团、政党与制度

除了政治领导者取向的"新民粹主义"分析外，另一些学者则从利益集团、政治制度与政党入手对经济改革进行解释。Schamis 对公共选择理论的传统自由化改革分析做出了另一种批评。② 在他看来，公共选择理论对于经济改革的描述过于简化了。在对墨西哥、智利、阿根廷三国经济自由化的分析中，他发现在一定时期内，国家从经济中撤出同政府对经济的干预一样，能为一些利益集团带来确定、集中的收益。这即是说，自由化与管制一样，对某些利益集团具有私用品的性质（但不具备自由化的公共品性质）。Corrales 则在对阿根廷私有化过程的深描研究中得出了类似的结论。③ 利益集团的角度不但对公共选择理论描绘的改革图景是一种突破，也对其他研究提出了挑战：过于注意领导人的民粹主义特点会让我们过于关注领导人的个性因素，忽略了利益集团、政党和国家

---

① Cardoso, E., & Helwege, A., "Populism, Profligacy, and Redistribution", *The Macro-economics of Populism in Latin America*, Chicago: University of Chicago Press, 1991, p. 68.

② Schamis, H. E., "Distributional Coalitions and the Politics of Economic Reform in Latin America", *World Politics*, Vol. 51, No. 2, 1999, pp. 236 – 268.

③ Corrales, J., "Coalitions and Corporate Choices in Argentina, 1976 – 1994: The Recent Private Sector Support of Privatization", *Studies in Comparative International Development*, Vol. 32, No. 4, 1998, pp. 24 – 51.

制度等普遍性因素对自由化改革的影响。当然，民粹主义策略的运用确实在一定程度上能突破这些制度性因素的限制，但这并不意味着政治家的行为就完全在制度的真空中运行。另一些文献就从政治制度的角度对阿根廷的经济自由化改革进行了研究。[①]

虽然阿根廷前总统梅内姆与秘鲁前总统藤森常被一起提及，但两者的政治背景还是具有明显差异。藤森不从属任何一个秘鲁传统政党，在赢得选举之前也没有实际的政治经验，他完全是以一个反现有政治建制的局外人（Outsider）的身份动员了底层的支持，从而赢得了选举。而梅内姆出身于庇隆打造的劳工政党正义党（Partido Justicialista），当选总统前曾代表正义党出任 La Rioja 省长，是党内的重要人物。正义党是工人政治动员的产物，其组织与资金资源高度依赖工会，而工会领袖也对正义党具有很强的影响力。与此相关，正义党的意识形态与其执政时期的经济政策长期保持着亲劳工的方向。虽然梅内姆本人行事风格具有明显的民粹主义特点，但他的政治行为离不开正义党制度、意识形态与背后支持的政策联盟的限制。实际上，梅内姆在任时，其民粹主义式选择性再分配政策的执行都依赖于正义党的基层组织。因此解释梅内姆的行为，必须解释他是如何突破这些限制的。

Gibson 剖析了正义党的内部派系。[②] 他指出，正义党并不是一个同质的劳工政党，其内部有两个从属联盟（subcoalition）。在布宜诺斯艾利斯及其他沿海发达地区，正义党所依靠的的确是以工会为主导力量的政策联盟（policy coalition），这一政策联盟主导了正义党的全国政策取向。但是仅仅依靠发达地区的劳工运动，正义党根本无法在全国性选举中获

① Gibson, E. L., " Populist Road to Market Reform: Policy and Electoral Coalitions in Mexico and Argentina", *World Politics*, Vol. 49, No. 3, 1997, pp. 339 – 370; Gibson, E. L., & Calvo, E., "Federalism and Low-Maintenance Constituencies: Territorial Dimensions of Economic Reform in Argentina", *Studies in Comparative International Development*, Vol. 35, No. 3, 2000, pp. 32 – 55; Levitsky, S., *Transforming Labor-based Parties in Latin America: Argentine Peronism in Comparative Perspective*, New York: Cambridge University Press, 2003.

② Gibson, E. L., "Populist Road to Market Reform: Policy and Electoral Coalitions in Mexico and Argentina", *World Politics*, Vol. 49, No. 3, 1997, pp. 339 – 370.

胜。而内陆欠发达的农业地区处于低度的政治动员状态，地方政治和选举机器为地方性精英所控制。正义党所依靠的工会组织并未能渗透进内陆欠发达地区，因此正义党选择将内陆地区的精英及其政治组织吸纳进入党内，这构成了正义党的选举联盟（electoral coalition）。通过这样的方式，正义党依托原有保守派地方精英的庇护网络渗透进了内陆地区。党内两个从属联盟的存在，使得正义党不像其他劳工政党一样依赖工会组织。在自由化改革时期，梅内姆在疏远工会的同时，大力提拔内陆地方精英和无党派的专业技术人员，改变了两派党内势力平衡，保证了在疏远工会的同时得到足够的党内政治支持。

　　Gibson & Calvo 的另一篇文献深化了他之前的研究。[1] 这次他的切入点从政党转移到了阿根廷的联邦制与选举制度。他指出，由于历史原因，在上议院、下议院与总统选举中，阿根廷的内陆欠发达地区都存在严重的过度代表（over-representation）现象。在阿根廷联邦制下，议院席位偏向联邦单位的代表性，而非人口的代表性。这样分配形式利于内陆地区人口较少的不发达省份，这些经济上不重要的地区在政治上却极为重要。梅内姆在疏远沿海都市地区的工会、受保护企业的同时，得到了来自内陆不发达地区的支持。为了赢得这些支持，他增加中央政府对内陆地方的补贴，在沿海发达地区进行自由化改革（包括削减福利、私有化和削减公共部门职位等政治负收益行为）的同时，推迟了对不发达地区的改革。这使得他在都市地区推行激进自由化改革的同时，保持了全国范围内的高支持率。

　　Gibson 将解释的方向着眼于农村不发达地区与正义党的内部派系，Levitsky 的著作则着眼于大都市地区和正义党的内部制度。[2] 他认为，Gibson 的研究会让我们忽略正义党都市地区的变化，也会让我们忽略正

　　[1]　Gibson, E. L., & Calvo, E., "Federalism and Low-Maintenance Constituencies: Territorial Dimensions of Economic Reform in Argentina", *Studies in Comparative International Development*, Vol. 35, No. 3, 2000, pp. 32 – 55.

　　[2]　Levitsky, S., *Transforming Labor-Based Parties in Latin America: Argentine Peronism in Comparative Perspective*, New York: Cambridge University Press, 2003.

义党整体的制度特点。实际上，正义党的内部制度不但是梅内姆成功调整党内派系力量平衡的原因，也是其能成功发动自由化改革的原因。正义党的低制度化是 Levitsky 著作中的核心解释变量。正义党虽然也与劳工运动具有一定渊源，但总体上它还是起源于一场庇隆发起的民粹主义运动。这种民粹主义以及个人化的起源使正义党较之于传统工人政党，更像是一场松散而缺乏组织的意识形态运动。低制度化的特点导致工会缺乏常规化与制度化的途径影响政党，工会的影响力源于正义党对工会基层网络的依赖。而在 80 年代，正义党在省、市地方执政的精英借用政权的资源，建立了自己的基层庇护网络，这些网络在与工会的竞争中取得胜利并被吸纳进正义党内部，导致工会基层组织资源的重要性大大降低，最终使得正义党在梅内姆上任前完成了去工会化，使正义党的城市部分由劳工政党变成了一个为政党领导层所用的庇护主义机器政治（machine politics）。正义党的低制度化还体现在党内缺乏层级官僚制度、缺乏常规化的决策机制，这使得梅内姆可以提拔改革派的新人进入政党高层，也给了梅内姆在政策走向上较大的自主决策空间。

三、从宏观环境到政治领袖：比较研究的层次

在对相关研究进行了简单的梳理后，我们可以发现，秘鲁、阿根廷两国的经济自由化的背后既有复杂的宏观形势的需要，也有领导人个人的原因，还有利益集团、制度和政党提供的有利条件。而不同的学者对其各有侧重，这些解释可以分为几个层次。

首先是宏观国际背景同长期经济形势的解释，这种解释在国内相关文献中较为常见。这种层次的研究从整体上描绘一国宏观层面上所面对的国际国内环境，比如国际债权国的压力、国际组织提供的建议和一揽子解决方案、"新自由主义"意识形态的传播，以及国内长期的经济不景气、传统经济发展模式的失败等等。这种层次的分析有助于描绘出拉丁美洲国家所面对的整体环境，但却不适合对个别国家的现象进行解

释。首先，面对相似的国际国内环境，有的国家进行了自由化改革，有的国家却没有推动自由化改革；有的自由化改革获得了成功，有的自由化改革却以失败告终，或者在途中因为政治原因被中断。这种宏观的视角无助于我们解释、比较各个国家之间的差异。国家本身并不是独立的政治行为者，而真正的行为者，如政治精英、利益集团所面对的激励与国家的整体利益不一定相符。他们的动机与面对的限制条件在不同的社会、政治环境下各不相同。因此，这一层次的分析能为我们揭示拉丁美洲的政治行为者可能面对的共性条件，但对于具体的政治现象，它们提供的解释就显得过于苍白了。

一些研究者注意到了藤森、梅内姆（不那么严格地，还有墨西哥前总统卡洛斯·萨利纳斯·德戈塔里，1988—1994 年在任）身上的民粹主义特点。他们认为，正是这些领导人的民粹主义风格让他们突破了政治制度、利益集团等制造的阻力，使得他们得以成功发起了经济自由化改革。他们还分析了这些领导人身后非组织的阶层力量，认为边缘化的群体与民粹主义领导人两者的结合是自由化改革成功的关键。然而，忽视制度与组织化利益集团作用的取向也存在一些问题。民粹主义政治家的行为并不是发生在政治制度的真空中，其背后也并非完全没有组织化利益集团的支持。在对所选案例更加细致的研究中，学者们能够发现被领导人的民粹主义行为表象给所掩盖的利益集团和政治制度因素。实际上，新民粹主义这个概念与 O'Donell 所理论化的委任制民主（Delegative democracy）密切相关，而且 O'Donell 的研究更多地容纳了制度与历史的解释。① 如果新民粹主义取向的研究能与这一研究方向更加密切地结合，也许我们可以看到它们与制度取向的研究更加融洽的关系。

更加细致的研究存在于制度、政党方向的研究中。Gibson 和 Levisky 他们通过对阿根廷这一案例的深描，揭示了政党、国家制度因素的作

---

① O'Donell, G. A., "Delegative Democracy", *Journal of Democracy*, Vol. 5, No. 1, 1994, pp. 55 – 69.

用。然而，从理论上说，个案深描只能提出因果假设，无法确定因果关系。[1] 这就意味着要将深描的案例研究中发现的可能的因果联系在比较研究中进行检验。虽然这意味着更大的挑战，但是 Levisky 的著作里对同时期拉美其他劳工政党困境的介绍可以被看成这一方向的尝试。

结　语

国际性事件的发生很少是单一因素影响下的结果。亨廷顿在对"第三波"民主化的研究中提出，单因果模型不适合解释"第三波"民主化。[2] 他认为，"第三波"民主化是经济形势、国际影响（滚雪球效应等）、外交压力、社会结构变迁和政治精英的动机等多个因素引发的。实际上，在对经济自由化改革的研究中，我们也能从以上角度罗列可能的原因：进口替代造成的长期经济不景气，一国自由化引发的连锁反应，债权国和 IMF 的压力，传统工人阶级的收缩以及政治精英的策略行为等。这为研究者增加了困难：在对这些现象进行解释时，要考虑到它们发生的共性因素的影响，也要通过深入的比较研究，从制度、政治主体等角度识别出一国内的个性因素。

2015 年开始的拉丁美洲左翼的崩溃和欧洲右翼民粹主义的崛起也是多种因素共同作用下的国际性事件。这些事件的发生为比较政治学研究提供了研究素材，也带来了挑战。对这些现象的研究既需要学者对区域整体的宏观国际、社会形势的把握，也需要对领导人个人、政党和制度细致的分析，既需要深描式的一国个案研究，也需要在多国对比中检验自己的假设。有关此类现象有价值的研究成果的产生不但需要同一学者具备不同层次的分析能力，更需要不同取向的学者之间更加密切的合作。CPS

---

[1]　King, G., Keohane, R. O., & Verba, S., *Designing Social Inquiry*: *Scientific Inference in Qualitative Research*, Princeton: Princeton University Press, 1994, chapter 2.

[2]　参见〔美〕塞缪尔·亨廷顿：《第三波——20 世纪后期的民主化浪潮》，欧阳景根译，中国人民大学出版社 2013 年版，第 2 章。

The Economic Reform in Latin America from the Perspective of Comparative Politics
—A Review Basing on Related Literature

Liu Wei　Miao Ling

Abstract：Since the end of 1980s to 1990s, the economic reform in Latin America attracted attentions of scholars. The factors of macro situation can expose the backdrop of the phenomenon, but are not conducive to the comprehension of differences within the region. The neo-populism approach focuses on political elite, but it has the disadvantage of neglecting political institutions. Case studies focusing on one country's political institutions have the methodological disadvantage of recognizing causality. After the summary and rethinking of correlative study, we can find that for the development of comparative politics, and we need a closer combination of different approaches, such as political subject and political institution, and different methods, such as case study and international comparison.

Keywords：Latin America; Economic Reform; Populism

新议题研究

Comparative Politics Studies

我们生态危机的历史根源

〔美〕林恩·怀特　著[*]　刘清江　译[**]

【内容摘要】通过与奥尔德斯·赫胥黎会谈的回顾，引出了论文的主题：生态危机源于人类对自然的非自然方式。造成环境巨大变化的生态危机主要在于具有西方传统的科学和技术。而科学和技术起初并不具有西方文化的烙印，而是对其他文明的科学和技术的吸收和借鉴，故而科学和技术的西方传统追溯到基督教文化，正是基督教教义中显示出人类对自然支配和控制的合理性，才是目前生态危机的历史根源。因为生态危机的宗教根源，所以解决生态危机也只能从宗教方面入手，解决的办法应该是具有基督教文化特色的圣方济各。

---

　　* 作者简介：林恩·怀特是研究欧洲中世纪的历史学家，主要著作《中世纪的技术与社会变迁》、《中世纪的宗教与技术》。他与《静寂的春天》的作者成为政治生态学领域的先锋人物，推动了政治生态学的发展。林恩·怀特的这篇文章发表在《科学》1967 年第 155 期，在本文中提出的观点，在西方文明世界引起了轩然大波，故后来在学术界称之为"林恩的争论"。

　　** 译者简介：刘清江，山西大学政治与公共管理学院老师，政治学理论博士，主要研究方向：权力生态学。林恩将生态危机的根源置于西方基督教的文化理念上，对于以基督教信仰为中心的西方不啻为一记重磅炸弹。但是在我国学术界却并没有引起足够的重视，直到近来才对我们的现代化进程进行反思。但是林恩关于生态危机的思考是基于自身文化背景的基础上进行的，所以他的结论还是没有脱出西方文化的窠臼。汤艳梅在翻译此文时，只是注意了西方基督教乃目前生态危机的历史根源，而对作者内在的替代价值寻求却没有关注到，故而在翻译中不能够恰当地对林恩的意图进行准确地把握，因而在翻译过程中，出现了一定程度的理解偏差。本译文主要是要纠正这种偏差，有一些译法还是遵照了汤艳梅的处理。

【关键词】 生态危机；人与自然的关系；科学技术的西方传统；基督教视角；圣方济各

与奥尔德斯·赫胥黎（Aldous Huxley）的会谈经常会呈现出一个难以忘怀的独白场景。在其憾然而逝的一年左右，他正谈论着一个热门话题，就是人类对自然的处理方式及其不好的结果。为了说明他的观点，他讲到了在一个初夏回到儿时度过幸福岁月的英格兰小山村时的情景。曾经那里到处是绿草如茵、令人愉悦的林间空地，现在却长满了杂乱无章的灌木。原因是：以前依靠兔子保持着生长的平衡，而今兔子大部分都患上了多发粘液瘤病（一种对欧洲兔具有毁灭性的传染病），这种病是当地农民为减少兔子对农作物的危害而故意引入的。当时有点情绪激动，他不再保持沉默，而是慷慨陈词。他指出兔子本身在 1176 年作为家畜带到了英格兰，大概是为了增加农民饮食中的蛋白质。

所有形式的生命都在改变其环境。最突出的、进入良性循环的例子毫无疑问是珊瑚虫。通过服务于自己的目的，它创造了一个广袤的海底世界，有利于其他成千上万种动植物的生活。自从人类变成一个庞大数量的物种，就开始显著地影响着环境。人类的火逐狩猎法创造了世界上的大草原，有助于消灭更新世时期遍布全球的怪兽。这一推断，如果没有被证实的话，似乎是真的。至少六千年，尼罗河下游两岸一直是人类活动的杰作而不是弥漫的、远离人类自然生成的非洲丛林。水库面积 5000 平方英里的阿斯旺水坝，只是此漫长过程中的最近杰作。许多地方的梯田、农田灌溉、过度放牧、罗马人因与迦太基人打仗造船亦或是为了解决十字军远征的后勤问题而导致的森林消减，这一切已经深刻地改变了一些生态环境。马克·布洛克（Marc Bloch）观察到法国两种截然不同的景观地貌，一种是北方的开阔田野，一种是南部和西部长着花草树木的丘陵山地景观，进而激发了对地中海农业措施的经典研究。人类方式方法的变化常常会完全无意识地影响非人类的自然。譬如，汽车的出现消灭了大量成群的麻雀，这些麻雀曾经以街道随处可见的马粪为食，而这一因果联系是专门指出来的，是在人类无意识状态下发生的。

生态变化的历史仍处于开始阶段，以至于真正发生了什么、结果是什么，我们知之甚少。晚至 1627 年的欧洲野牛灭绝归之于过度狩猎似乎有点简单。关于更复杂的关联，常常不能获得稳定的信息。一千多年来，弗里斯人和荷兰人一直在北海填海扩地，就须德海的再利用而言，这个过程在我们的时代正达到顶点。如果真是这样的话，有多少种类的动物、鸟、鱼、海岸生命、植物在此过程中灭绝了。在与海神史诗般的战斗中，荷兰人是不是已经忽视了生态价值，导致他们生命质量的下降？我未能发现这类问题曾被提出，更不用说是回答了。

人常常是所处环境的动力元素。而在目前的历史认知状态下，我们通常不能确切地知道由人类引起的变化在什么时候发生、在哪儿发生、导致什么结果。然而，当我们进入 20 世纪后 30 年，生态反弹（ecologic backlash）的问题逐步热了起来。致力于研究物质自然的自然科学在几个人的推动下几十年内发展起来了。同样，技术能力经过了漫长的积累，时而发展快速，时而发展缓慢。但是在大约经历四代人后，西欧、北美才促成了科学和技术的联姻，也就是理论和经验手段联合应用到我们的自然环境。18 世纪存在于化学工业领域的培根信条——科学知识是支配自然的技术力量，直到 1850 年才被普遍接受。信条成为人类行为的标准模式可能标志着自农业出现以来人类历史上的最重大事件，或许在非人类地球史上也同样重要。

几乎同时，新条件导致了"生态"新概念的出现。确切地说，"生态"这个词在英语语言中第一次出现在 1873 年。至少一个世纪后的今天，我们人类对环境的影响如此强大有力，以致环境实质上发生了变化。在 14 世纪早期，当第一批加农炮开射时，它们就通过运送工人深入到森林大山中为了获得更多的草碱、硫、铁矿石和木炭而影响了生态，导致侵蚀和森林采伐的结果。氢弹的影响就更不用说了，使用氢弹的战争可能会改变整个星球所有生命的遗传基因。到 1285 年，伦敦因为软煤的燃烧成为雾都，但是目前石化燃料的燃烧可能在整体上会改变地球空气的化学成分，还有一些我们仅仅才开始猜测的结果。人口爆炸、无序城市化的不可逆转、污物和垃圾的地质性沉积，确实除了人类没有其他生物如此迅速地不择手段地糟蹋自己的家园。

付诸行动解决问题的号召不甚其烦，但涉及具体的建议，尽管值得立项，却似乎太过偏狭、消极、着眼当前，如"禁止炸弹"、"撕下布告牌"、"给印度人避孕建议而告诉他们吃其奉为神圣的牛"。当然，对任何可疑变化最简单的解决办法就是"停了它"，或者，更好的办法是，回复到浪漫的回旧叙事，如使那些难看的加油站看上去像"安妮·哈瑟维的乡村小屋"亦或是"远西地区的鬼城沙龙"。"荒野保护区"的想法毫无疑问在倡导生态冻结，不论是圣基米亚诺，还是美国高山，就像是第一张克里奈克斯纸巾掉落之前的样子。但是，上述这些办法都不会解决生态危机。

我们要做什么？没人知道。一些特定的方法措施会产生更严重的新生态反弹，与那些用来补救的方法措施相比，结果更甚。除非我们能够触及到问题的根源。

一开始我们就在一定历史深度的视角下通过审视强调科学技术的假定来试图阐明我们的思想。传统意义上，科学就是贵族化的、思考性的、智力取向的，技术是低级的、实证性的、行为取向的。到19世纪中期，二者突然融合了。确切地说，这与略微在先的民主革命有关。民主革命通过减少社会阻力，倾向于主张脑与手的功能统一。生态危机就是完全新奇的、新兴民主文化的产物。问题是民主的世界是否能够使其内在的主张延续下来。答案大概是否定的，除非重新思考我们的公理。

技术与科学的西方传统

有一件事是可以确定的，说起现代技术和现代科学是西方独有的话题显得多么愚蠢乏味。曾经我们的技术吸收了全世界的成果，尤其是中国。而今不论是日本还是尼日利亚，在任何地方，成功的技术就是西方的。我们的科学继承了过去所有的科学，尤其可能是中世纪伟大的伊斯兰科学家们的成果。他们在技能和洞察力方面常常超越了古希腊的科学家，例如，药学领域的阿尔-拉齐（Al-Raze）、光学领域的伊本-阿尔-海赛姆（Ibn-al-Haytham）、数学领域的奥马尔·海亚姆（Omar Khayyam）。事实上，这些天才的一些成果在原来的阿拉伯文本中似乎并没有消失，而是仅仅残存于中世纪的拉丁语译本中，为西方科学技术的发展奠定了基础。今天，遍及全球，无论是科学家的实验流程①还是科学家的语言，所有重大的科学在风格和方法上都是西方的。

另一件事情因为最近才被史学界提出来而鲜有人知。就是西方处于科学技术的领导地位远比所谓的 17 世纪的科学革命和 18 世纪的工业革命早。科学革命和工业革命的提法已经过时了，它们遮盖了其所尽力描述的，科学和技术长期独立发展这一重要阶段的本质。最迟至公元 1000 年，或许要略早 200 年，西方开始将水能用于工业过程中而不只碾磨谷粒，随之就是 12 世纪末期的风能利用。虽然只是简单的开始，却具有明显的风格一致性，西方迅速扩展了在动力机械、省力装置和自动化发展的技能。那些尚在怀疑的人们应该考虑一下自动化历史上最具有里程碑的成就：14 世纪早期出现的两种重力驱动机械钟表。不单在手工艺方面，而且在基础技术能力方面，中世纪晚期的拉丁西欧文明远远超过了其精细的、先进的、壮美华丽的拜占庭和伊斯兰姊妹文明。1444 年，一位著名的希腊牧师贝萨里翁（Bessarion）到了意大利后给在希腊的王子写了一封信。他为西方的船、武器、纺织品和玻璃的优越所惊讶，更让其震惊的是水轮锯木和泵抽高炉风箱的奇观。很显然，他在近东地区从来没有看见过那些东西。

在 15 世纪结束之际，欧洲技术的优越致使欧洲相互存有敌意的小国能够在世界其他地方进行征服、掠夺和殖民。技术优越的象征性事实是，作为西方最弱国家之一的葡萄牙，能够成为并保持着一个世纪之久的东印度群岛霸主。我们一定记得瓦斯科·达伽马、阿尔伯克基的技术是纯经验基础的，几乎没有一点来自科学的支持和启示。

---

① 此处翻译没有遵照原文，"色素沉淀"是一个具体的技术流程术语，本文并没有指向具体的专业流程，而是从普遍意义上进行阐述的，故文中，改变了原来的直译形式，而以"实验流程"代替"色素沉淀"。——译者注

在目前的语言叙述中，科学本该开始于 1543 年哥白尼和维萨里伟大著作问世之时。他们的成果无可非议，然而，要指出的是像《人体的构造》、《天体运行论》这样的划时代巨著不可能一夜之间出来。实际上，科学明显的西方传统，开始于 11 世纪末将阿拉伯和希腊文的科学作品转变成拉丁文的大规模翻译运动。除了一些如泰奥弗拉斯托斯（Theophrastus）所著的名作逃离了西方对科学饥渴的扫荡，在不到 200 年的时间，整个希腊和穆斯林的科学有效地存在于拉丁文献中。在新出现的欧洲大学中掀起了热渴的阅读、评判之风。对这些作品的评判引起了新的观察视角和思考以及对古代权威的质疑。到 13 世纪末期，欧洲从伊斯兰颤崴的手中取得了全球科学的领导地位。否定 14 世纪诸如布里丹（Buridan）或奥雷斯姆（Oresme）等经院科学家的成就就像否定牛顿、伽利略或哥白尼具有深远意义的原创成就一样荒唐。在 11 世纪前，科学几乎不存在于操拉丁语的西方，甚至在罗马时代也是如此。从 11 世纪开始，西方文化的科学成分逐步稳定地增加。

自从我们的技术和我们的科学在中世纪起步后，形成了自己的特色及世界支配地位，在没有检查基础性的中世纪假定及其发展，似乎我们并不能理解其本质及目前对生态的影响。

人与自然关系的中世纪视角

直到近来，甚至在"先进的"社会，农业就已经是主要的职业。因而，耕作方法的任何变化都很重要。早期由两头牛拉的犁通常翻不起泥土而仅仅是浅层划拉。这样，十字形耕作是必需的，田地倾向于方块形状。在近东和地中海地区的轻壤和半干旱气候条件下，这种犁就很实用，但是在北欧的湿重气候和黏性土壤的条件下失去了作用。到了 7 世纪后期，在前人耕作的基础上，一些北方农民开始使用一种全新的犁，配备一把垂直的犁刀切割出犁沟线，一把水平的犁刀切到土壤下面，用犁板将切割的土壤翻过来。这种犁与土壤的摩擦阻力大到要需八头公牛而不是通常的两头。十字耕犁不需要这样粗暴地对待土地，新式耕法的田地趋向于长条状。

在划犁时代，田地一般以能够供养一个家庭为单位进行分配。相应的农活也可作预期安排。但是使用新的更有效率的犁时，没有一个家庭拥有八头牛。农民们通过将各家的牛集中起来组成犁田队，犁成条状以利于根据贡献的比率进行分配。这样，土地分配不再根据家庭需要，而是根据耕地工具的能力，人类与土壤的关系发生了深刻的变化。以前的人类是自然的一部分，现在的人类是自然的剥削者。世界上没有任何地方的农民们会另辟蹊径。对待自然的现代技术大部分是这些北欧农民的后代所产生，这难道只是一种巧合？

这种粗鲁的开发态度在公元830年略前一点的西方插图版日历中得以显现。老日历中，月份视作为消极意义上的人格化，而具有中世纪风格的新法兰克日历却完全不同。犁地、收获、砍树、屠猪，显示了人类对其周围世界的强制性。人类和自然是两码事，人类是主宰。

新奇事物似乎与认知模式是一致的。人们对生态做什么在于他们与其周围事物的关系中将自己想为什么。人类生态学深受我们自然和命运的观念限制，也就是为宗教所限制。这样说来，在西方人的眼里，印度和锡兰（现斯里兰卡）这样的情况就非常明显。其实，我们自己和我们的祖先同样如此。

基督教对异教的胜利在我们文明的历史中是最伟大的精神革命。现在流行的一种说法是：无论好坏，我们生活在"后基督时代"（the post-Christian age）。当然，我们的思维形式和语言形式大部分已经不是基督徒的形式。但是，在我看来，本质上仍与过去惊人地相似。例如，我们日常的行为习惯在不断前进的途中为一种潜在的信仰所支配，是通向古希腊—罗马，还是东方，我们并不知道。它植根于犹太—基督神学，又似乎游离于犹太—基督神学。我们现在就像大约1700多年前一样继续生活在基督教公理的背景下。

基督教告诉人们："他们与环境是什么关系呢？"

当世界上许多神话讲述了创世的故事，希腊—罗马的神话也不例外。像亚里士多德一样，西方古代的智者否认现实的世界有一个开端。事实上，在他们时间循环概念的架构下，创世观念是不可能有的。形成鲜明对照的是，基督教从犹太教那里继承了不重复的线性时间观念，还有引人入胜的创世故事。仁爱、万能的上帝先后创造了光明和黑暗、天体、地球及所有的动植物。最后，上帝创造了亚当，随后为了避免男人孤单又创造了夏娃。人给所有的动物起了名，这样就确立了他对动物的支配权。上帝明确地为人的利益和统治计划好了这一切：所有创造物除了为人服务外并无他用。尽管人的身体是由泥土制成的，但他不仅仅是自然的一部分，他还是上帝根据自己的形象创造出来的。

基督教，尤其是西方形态的基督教，是世界上最以人类为中心的宗教。早在 2 世纪，德尔图良和里昂的圣爱任纽都一直认为当上帝创造亚当时，他就在预想着基督化身的形象，即第二亚当。在很大程度上，人类享有着与上帝一样的对自然的超然存在。基督教与古代的宗教和亚洲的宗教是截然不同的（或许除了拜火教之外），它不仅建立了人与自然的二元认知体系，还认为人类利用自然为其自身的目的是上帝的意志。

在普通大众中，人与自然的关系会以一种有趣的方式表达出来。在远古时期，每一棵树、每一眼泉、每一条溪流、每一座山，都会有自己的守护神，即保护精灵。这些精灵似人非人，半人马、半人半羊农牧神、美人鱼纷纷显示了精灵们的混合心态。在砍树、开矿、筑坝之前，安抚主管的精灵并使其得到安抚是很重要的。通过摧毁异端的泛灵论，基督教始能漠视自然客体的感受，肆意开发自然。

人们常说，基督教以圣徒祭拜取代精灵祭拜，的确如此。但是，圣徒祭拜在功能上完全不同于精灵祭拜。圣徒不属于自然客体，有其专门的神殿，而且是天堂中的成员。然而，圣徒又完全是一个人，他能够以人类的方式进行接触。除了圣徒，基督教当然也有天使和魔鬼。天使和魔鬼的说法源于犹太教，或许，更远一点，是源于拜火教。但他们像圣徒一样来去自由。以前保护自然免受人类戕害，属于自然客体的精灵，消失了。人类对世界的精神控制权得以确立，对自然开发的旧禁令也就随之消失。

当然，不能概而论之，需要细化分析。基督教是一个复杂的信仰，在不同的背景下会产生不同的结果。我所说的可能很好地适用于中世纪的西方，那里事实上技术取得了辉煌的进展，而在希腊东部，一个同样信仰基督的具有高度文明的王国，自从 7 世纪晚期希腊火药发明之后，似乎并没有发生标志性的技术革新。形成对比的关键是虔诚和思想的差异，这是比较神学的学者在希腊教堂与拉丁教堂的比较研究中发现的。希腊人认为罪是智慧的盲点，要通过启示获得拯救，正统的说法，那就是以清晰的思维获得拯救。而拉丁人认为罪是道德邪恶，以正确的行为获得拯救。东方神学是理智主义的，而西方神学是唯意志论的。希腊圣徒崇尚沉思，西方圣徒崇尚行动。对自然征服的基督教暗示更容易出现在西方的环境中。

位于教义之首的基督创世说教对于当今生态危机的理解具有另一层含义。通过启示，上帝赐予人类圣经、圣经的书。因为上帝创造了自然，所以自然也就必须显示上帝的神意。为了更好地理解上帝，对自然的宗教研究称之为自然神学。在早期的教堂中，总是在希腊东部，自然被认为是上帝对人类进行传话的象征系统。譬如，蚂蚁是对懒汉的布道，冉冉升起的火焰是灵魂渴望的象征。具有自然属性的这种观点实质上是一种艺术而不是科学。尽管拜占庭保存和复制了大量的古希腊科学文本，但是我们想之为科学的东西几乎不可能在这种环境下繁荣起来。

然而，操拉丁语的西方，到了 13 世纪早期，在自然神学方面与希腊东部具有不同的取向。自然神学不再是上帝与人沟通时物理象征的解码器，而是通过逐渐努力发现万物如何运行来理解上帝的意志。彩虹不再是大洪水过后带给诺亚的希望象征。罗伯特·格罗斯泰克（Robert Gresseteste）、弗里亚尔·罗杰·培根（Friar Roger Bacon）、弗莱堡的西奥多里克（Theodoric）创作了关于彩虹光学举世震惊的优秀著作，但是他们将他们所做的视之为有助于宗教理解的一种事业。从 13 世纪开始，直到包括莱布尼兹、牛顿，每一位重要的科学家实际上都在宗教方面解释他们的动机。事实上，如果伽利略不是精通神学的业余爱好者，他就不会遭遇太多的麻烦，专职神学家憎恨他对他们领域的入侵。而牛顿似乎更多的是认为自己是神学家而不是科学家。直到 18 世纪晚期，对许多科学家来说，上帝的假设才不再变得必要。

对于历史学家，常常很难判断：当人们解释他们为什么正在做他们想做的事，他们是否在提供真正的原因，还仅仅是文化上可接受的原因。在西方科学长期形成的过程中，科学家们一致认为，科学家的工作和报酬就是为了思考其背后上帝的想法。这会致使人们相信这才是科学家们的真正动机。果真这样的话，那么基督神学就是现代西方科学的基质。由犹太—基督创世信条形成的、宗教奉献的精神动力，推动了西方科学的发展。

一个可替换的基督教视角

本文似乎要得出一个令许多基督教徒不愉快的结论。由于科学和技术在当代的词汇中是神圣的，具有祝福意义的词语，一些人可能会欣赏这些观念：第一，从历史的角度看，现代科学就是自然神学逻辑的延续发展；第二，现代技术至少部分被解释为是西方的、人类超越和支配自然的基督信条的唯意志论体现。

我个人对仅仅依靠应用更多的科学技术解决问题的手段来避免灾难性生态反弹的发生深表怀疑。我们的科学技术是在关于人与自然关系的基督教态度中发展起来的，不管是基督教徒、新教教徒还是将自己称为"后基督教徒"的那些人，普遍持有自然是以人类为中心的态度。不管哥白尼太阳中心学说，所有宇宙都是围绕着我们的小行星运转；不管达尔文的进化论，在内心中，我们并不是自然进程的一部分。我们凌驾于自然之上，对其轻慢，哪怕是不值谈的怪念头也要利用它。一位新近选举出来的加利福尼亚州长，像我一样是个教士但却没有我的困扰，当他说到"当你看到一株红树，你就看到了它们的全部"时，不言而喻代表了基督教传统。对于一个基督徒来说，一株红树不只是一株红树的事实。圣林观念与基督教精神和西方的特质是格格不入的。近乎 2000 年的基督教教士们一直在不断地砍倒承载自然精神的受到偶像崇拜的圣林。

我们对生态的所作所为取决于我们关于人类—自然关系的观念。更多的科学、更多的技术并不会使我们从目前的生态危机中摆脱出来，除非我们找到了一种新的宗教或者重新思考原有的宗教。作为我们时代主要革命力量的遁世派，显示了一种健全的天性，类似于禅宗佛教，这在人与自然的关系上被认为近乎与基督教观念一样的一种佛教。然而，禅宗佛教具有深厚亚洲历史背景，基督教却与西方实践活动相随而行。因而，对于遁世派在我们的世界中能否存续下去表示怀疑。

可能我们应该仔细考虑自基督诞生以来基督教历史的最大极端分子：阿西西的圣方济各。其最重要的奇迹是没像他的许多左翼追随者一样死于炮烙之刑。他是如此的异类以至于圣方济各的秘书长，一位伟大的、智慧的基督教徒圣伯纳文图尔（Saint Bonaventura），试图压制圣方济各会（Franciscanism）早期的言论。理解圣方济各的关键是对谦逊品质的信仰——不仅是个人的谦逊品质，还包括整个人类。他试图移除人类对万物的统治地位，建立一个万物平等的民主秩序。在他看来，蚂蚁不再单单是懒惰的说教，火焰不再是灵魂与上帝发生联系的推动信号；现在它们是蚂蚁兄弟、火焰姐妹，它们就像人类一样也以自己的方式颂扬创物主。

后世的评论家们说到圣方济各对鸟类予以训诫就如对罪人予以谴责一样。文献记录不是这样的：他督促小鸟颂扬上帝，在精神欢快的情况下，小鸟们扑腾着翅膀，发出愉快的啁啾声。圣徒的传说，尤其是爱尔兰的圣徒传说，已经长篇累牍地讲述了他们对待动物的方式。而我总认为这些方式显示人类对动物的支配。而圣方济各是不同的。圣方济各会的圣徒传说所言，亚平宁山脉中古比奥周遭的土地正遭受一匹凶残恶狼的糟蹋，圣方济各与狼交谈，指出其方式方法的错误，并予以衷衷劝服。最终狼悔悟了，在神圣的气氛中死去了，被葬于圣地。

史蒂芬·卢奇曼（Steven Ruciman）爵士称之为圣方济各修会的动物灵魂学说很快就偃旗息鼓了。不论有意还是无意，更可能这种灵魂学说部分受到纯洁派信仰再生的启示，纯洁派在那时的意大利和法国南部地区蓬勃发展，这个宗派大概最初来自印度。值得注意的是，恰恰同时，大约1200 年，在作为西方犹太教一枝的普罗旺斯人犹太神秘哲学（Cabbala）中，亦可发现轮回再生的信仰痕迹。但是，圣方济各既不信奉灵魂的轮回转世，也不信奉泛神论。他关于人的、自然的观点在于唯一的一种泛灵论，包括所有有生命的和无生命的，都在赞颂他们卓越无比的造物主。他们的造物主在宇宙中始终保持谦逊的姿态，以肉身的形式，无助地躺在马槽中，吊死在绞刑架上。

我并不是在建议很多关心生态危机的美国人要能够去也愿意去劝诫狼和鸟。而是说，目前日渐增加的全球环境破坏是动力技术和科学的产品，而科学和动力技术起源于西方中世纪社会，从那时圣方济各就一直处于反对的立场。从历史的角度看，除了深深植根于基督教条针对自然的鲜明态度，圣方济各的成长很难理解。大部分人们认为自己的态度不属于基督的事实并不与此相关。在我们的社会还没有一套新的基本价值已经被接受以替代基督教的价值。因此，我们将继续存在着日渐恶化的生态危机，除非我们拒绝"自然存在的原因只为服务于人类"的基督教义。

在西方历史中，最伟大的精神革命者圣方济各提出，他的思想是关于人与自然关系的一个可替代的基督视角。他试图以包括人在内众生平等的观念代替人对万物绝对统治的观念。最后他失败了。我们目前的科学和技术保持着正统的基督色彩，对自然的轻慢致使其无法独自解决生态危机。由于生态危机的根源主要是宗教的，解决的办法在本质上也必须是宗教的，不管我们是否称之为宗教。我们必须重新思考、重新感受我们的自然、我们的命运。抛开异端之说，原初的圣方济各所有万物的精神自治，具有浓厚的宗教意味，可能指出了一个方向。我提议圣方济各作为生态学家的保护圣人。CPS

The Historical Roots of Our Ecologic Crisis

Lynn White　Liu Qingjiang

Abstract：Through review of conversation with Aldous Huxley, the topic that our ecologic crisis result in Man's unnatural treatment of nature is brought up. Present ecologic crisis which lead to the huge change of our environment mainly lies in science and technology with western tradition. In view of the other cultures source of western science and technology, the western tradition will be traced back to Christian axioms. in hence, it is pointed that Christian culture is the historical roots of our ecologic crisis. in end, the measure of the ecologic crisis will be put forth：it is not the measure of other cultures, but Saint Francis in the context of Christian culture.

Keywords：Ecologic Crisis；Relation of Nature and Man；Western tradition of Technology and Science；Christian View；Saint Francis

网络媒体对政策议程设置的作用模式研究

陈中润　周幼平[*]

【内容摘要】 媒体与政治之间的关联是一个重要的现象。在西方竞争性的政治系统框架下，关于政策议程设置的众多理论研究，揭示了媒体在其中能够发挥的重要作用。媒体在政策议程设置中扮演的角色，既作为政治沟通的通道，使特定的政治信息能够输入政治系统并施加影响，成为政策议程设置的起点；又作为特定意见的倡导者，通过"自反馈"的作用，使带有倾向性的"公意"经过放大后呈现在公众和政府面前，影响和引导其态度和偏好。现实中，媒体容易受到商业或政治力量的影响，成为其表达政策诉求、影响公众意见和引导政策议程设置的工具。网络媒体由于具有的去中心化、互动、开放、即时特征，对政策议程设置呈现出不同的作用模式，主要体现在议题选择权的转移、网络精英和利益团体的形成、民意的放大，以及政策议程的建构等四个方面。通过对厦门"PX 事件"和"孙志刚案"的分析可以看出，网络媒体让公众具备了选择讨论议题的能力，以及聚成群体，形成更大力量，推动权益诉求获得关注的渠道；而社会精英的介入，让政策议程设置的尝试

---

　　* 陈中润：上海交通大学国际与公共事务学院博士研究生；周幼平：上海师范大学哲学与法政学院讲师。

更具有科学性和影响力。

【关键词】网络媒体；政策议程设置；作用模式

自大众传媒兴起以来，媒体就在政策议程的设置中扮演着至关重要的角色。通过对公共问题的筛选和加工处理，媒体事实上重构了公共问题。就此而言，媒体对政策问题的报道其实是一个人为构建的过程。因此，戴伊指出："媒体的关注可以创造问题和人物。媒体的冷遇也可能使问题和人物变得暗淡。"① 他还进一步指出："巨大的权力来自于对社会传媒的控制。在政治游戏中，媒体既是表演者又是仲裁人……作为一个精英集团，他们和更加传统的领袖集团诸如商业、劳动、政府和其他社会部门一起为权力而竞争。"② 当前，研究媒体特别是网络媒体对政策议程设置的作用模式就成为公共政策研究中必不可少的重要环节。基于此，本文尝试研究网络媒体对政策议程设置的作用模式，以抛砖引玉。

一、传统媒体对政策议程设置的作用模式

（一）传统媒体对政策议程设置作用的理论框架

在西方竞争性的政治系统框架下，关于政策议程设置的众多理论研究揭示了媒体在其中能够发挥的重要作用。其中，有的研究侧重于关注大众传媒所具有的为社会大众设定关注议题的功能。比如，美国传播学家麦库姆斯（McCombs）和肖（Shaw）开展的"教堂山研究"③，显示大众关注的政策议题与新闻媒体报道的议题具有高度相关性，媒体借助对特定内容的报道的持续曝光，使公众心目中产生对其重要性的认识。有的

---

① 〔美〕托马斯·R. 戴伊：《理解公共政策》，彭勃译，华夏出版社 2004 年版，第 34 页。
② 〔美〕托马斯·R. 戴伊：《理解公共政策》，彭勃译，华夏出版社 2004 年版，第 34 页。
③ McCombs, M. E., Shaw, D. L., "The Agenda-Setting Function of the Mass Media", *Public Opinion Quarterly*, Vol. 36, 1972, pp. 176 – 187.

研究侧重关注媒体在影响人们对特定政策问题的立场、态度和意见倾向性方面的作用，比如，有研究者在联合国关于核能使用的民意调查中发现，当媒体着重报道核能使用可以作为应对全球气候变化的一种解决方案，公共的支持率就随之升高。[①] 也有的研究侧重考量媒体描绘具体问题所采用的方式乃至措辞，对公众的政策偏好起到的引导性作用，比如，当媒体以"你是否认为国家在社会福利上投入太少"进行调查，仅有 20% 受调查者表示同意；而当问题表述成"你是否认为国家在帮助贫困民众方面投入太少"，就有 65% 的受调查者表示同意。[②] 将这些现象置于政策议程设置的框架之下进行考察，不难发现，当政策建议者能够将社会问题的发生和利益群体的政策诉求联系在一起，使这种相互关联的印象影响决策者的思维，则将能够有力地推动政策议程的设置。[③] 在此过程中，媒体扮演的角色，一是作为政治沟通的通道，使特定的政治信息能够输入政治系统并施加影响，成为政策议程设置的起点；二是作为特定意见的倡导者，通过"自反馈"的作用，使带有倾向性的"公意"经过放大后呈现在公众和政府面前，影响和引导其态度和偏好。

1. 政策议程设置的起点：政治信息的原始输入与反馈输入

政策过程中，使政治系统做出反应和判断的信息来自于输入。各种要求和问题的输入是政策议程设置的起点，也是在政策过程中处理的对象。信息需要借助特定的渠道才能够进入到系统中，而信息的准确性则决定了政治系统决策的正确程度。根据信息来源的不同，可以将输入分为原始输入和反馈输入——初始信息从社会生活其他系统传入政治系统，这是原始输入；当政治系统做出反应后，媒体将政治系统的决策输

---

① Bickerstaff, Karen, Irene Lorenzoni, Nick F. Pidgeon, Wouter Poortinga, and Peter Simmons, "Reframing Nuclear Power in the UK Energy Debate: Nuclear Power, Climate Change Mitigation and Radioactive Waste", *Public Understanding of Science*, Vol. 17, 2008, pp. 145 – 169.

② Rasinski, Kenneth A., "The Effect of Question Wording on Public Support for Government Spending", *Public Opinion Quarterly*, Vol. 3, 1989, pp. 388 – 394.

③ Entman, Robert M., "Framing: Toward Clarification of a Fractured Paradigm", *Journal of Communication*, Vol. 43, No. 4, 1993, pp. 51 – 58.

出，而这种输出则会再次与环境进行交互，形成新的意见，再次输入系统，这就是反馈输入。

不管是在原始输入还是反馈输入中，媒体都有着举足轻重的作用。首先，在原始输入中，系统赖以做出决策和行动的依据大多通过媒体获得。其次，在输出中，公众用以判断政治系统是否对自己的利益诉求进行了考虑、其决策的效果又如何的信息，是经过媒体造成印象的。最后，在政治系统的决策实施的过程中，媒体的曝光率、评价侧重点，都会影响到公众对政策的评价。如果媒体的导向性是正面的，则政策可能得到公众的支持，反之则可能遭遇公众的反对。因此政党、政府和官员们往往都非常注意借助媒体的力量来争取社会民意。

因此，将媒体在政策议程设置中的作用以下图表示：

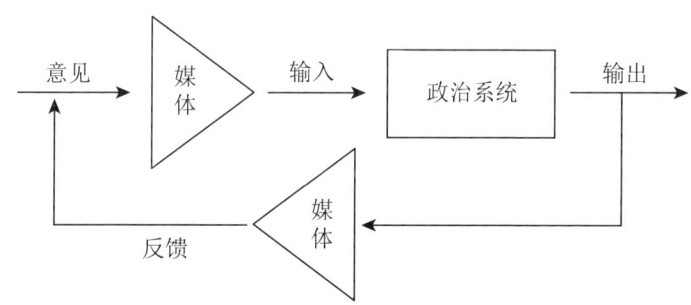

图1　媒体在政策议程设置中的作用

2. 政策议程设置的导向：议程设置中的媒体自反馈现象

事实上，公众本身并不一定真正了解社会舆论或大众倾向性意见，他们对"民意"的判断通常是由媒体所加予的。媒体在通过新闻报道、深度评论等信息传播方式，将关于公众意见的信息传递给政治系统时，也同时将其中所带有的意见和隐含的态度、立场传递给公众，从而对其立场和态度产生影响，使原始的民意发生偏向，并再次进入媒体通道。媒体因而经常体现出对态度和意见倾向的引导性作用，通过发布新闻资讯和时事评论，在影响公众和决策者对问题重要性和优先级的认识上发挥作用。西方政治学家和传播学家们在这方面的相关研究，大量与媒介效果的测量有关，包括对态度、信仰和意见的影响和改变。[①] 国内学者谢岳曾在著作中引用关于 1976 年美国总统提名期间民主党的若干个候选人，由于获得媒体不同程度的曝光，而影响了大众倾向性，使得特定候选人逐步占据有利位置的案例。[②] 同样，在美国的一些小党，由于缺乏较高关注度，难以引起公众的兴趣，媒体捕捉到公众的这种偏好，从而更多集中报道大党。这样的信息更加剧了公众对小党的忽视，使大党获得更多关注。这可以称之为媒体的"自反馈"现象。可以用图 4 来表示：

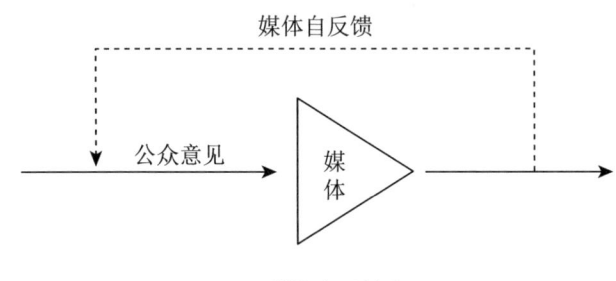

图 2　媒体自反馈作用

（二）传统媒体对政策议程设置的作用模型建构

综上，笔者将传统媒体对政策议程设置的作用模型用图 3 表示。从图 3 中可以看出，公众意见在环境中形成，通过媒体的公共通道进入政治系统；输出的政策产品经过媒体被传递给公众，并再次形成意见。

将这个过程进行具体描述如下：

第一，公众意见的形成。一是受到环境的影响，也受到政治系统前次输出的影响，在图中标示为实线箭头；二是被媒体自反馈效应所影响，在图中标示为点划线箭头。

第二，公众与媒体沟通，在媒体的自反馈作用下，意见被过滤、选

---

① McQuail, D. , *Mass Communication Theory: An Introduction* (3rd ed.), Thousand Oaks, CA: Sage, 1994.

② 谢岳：《大众传媒与民主政治》，上海交通大学出版社 2005 年版，第 124 页。

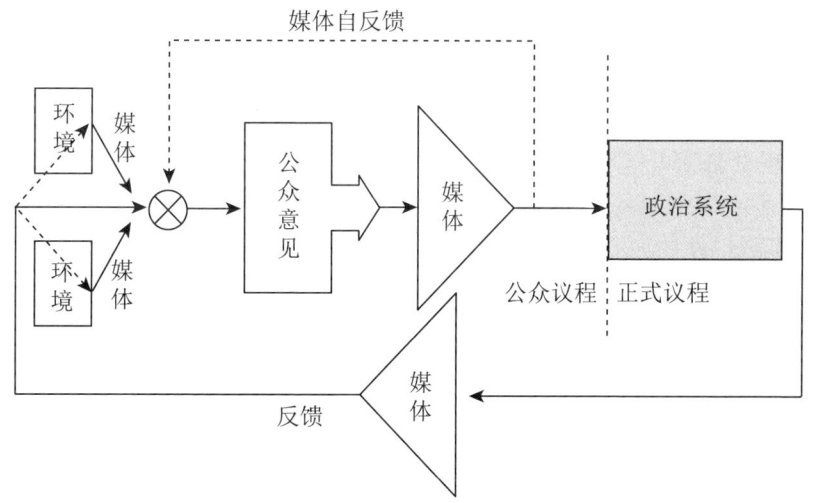

图3　媒体作用下的政策议程设置模型

择和放大，使其从一种公众议程输入政治系统，成为正式议程。政治系统的处理和决策形成是一个复杂的过程，其中一系列的内部交互和反复，在图中用标有阴影的"黑盒"表示，以说明这是不为外部所见的。

第三，作为政治系统输出的决策信息，与环境再次交互。一方面经由媒体渠道传递并影响公众意见，在图中标示为实线箭头；同时这些输出也"可能以某种方式再次形成环境"①，形成了新的议程要求，在图中标示为虚线箭头。

（三）传统媒体对政策议程设置的作用模型修正

社会大众参与政策问题的前提之一是要有获取信息的渠道。在传统媒体时代，广播、电视、报纸等大众媒体作为信息传播的主要渠道，拥有强大的力量。正因为如此，商业因素和政治力量会出于各自的考量对媒体施加控制性的影响。在西方垄断资本主义背景下，传统媒体由于被少数商业精英所控制，很难真正实现其所宣扬的中立。我国传统媒体虽

① 〔美〕戴维·伊斯顿：《政治生活的系统分析》，王浦劬译，华夏出版社1999年版，第36页。

避免了被商业力量所操控的弊端，但在"一元体制，二元运作"① 的模式下，政府出于意识形态和安全稳定等需要的考量，也会对传统媒体的报道施加影响。所以，有必要对传统媒体对政策议程设置的作用模型加以修正。图4显示了这一过程。

图4　传统环境下公共意见的形成

从图中可以看出，媒体成为连接（商业或政治）精英和社会大众的中介，来进行信息的传播或者灌输。在这种情况下，商业或政治精英实际上具备了引导公众的讨论，从而建构议题的能力。在这种现实情况下，能够影响甚至决定社会公众关注的议题和所持态度的媒体，其本身还受到政党、利益集团等的控制，其对政策议程设置的作用模式如图5所示。

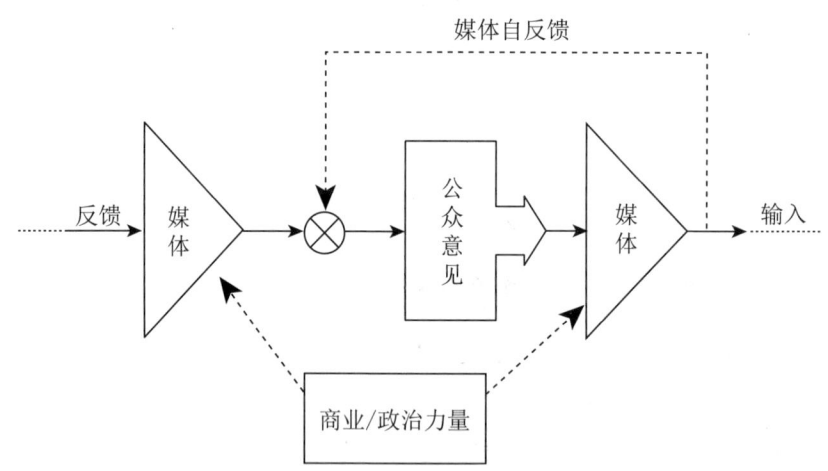

图5　媒体对公众意见形成的影响

---

① 一元是指媒介为国家所有制，二元是指传媒用国家所有制赋予的政治优势在市场上获取经济收入，又用这种收入完成意识形态领域需要完成的政治任务。参见陈力丹：《关于媒介经济的若干问题》，见人民网：http://media.people.com.cn/GB/192301/192359/192362/13817719.html。

二、网络媒体的特征及其对政策议程设置的影响

网络媒体对传统媒体影响政策议程设置的功能进行了补充，而其影响作用具有更加鲜明的特点，这些都是由网络媒体区别于传统媒体的特征所决定的。包括网络媒体的**去中心化、互动性、开放性和即时性**等特征。首先，网络媒体使知识的生产**去中心化**，并且使舆论的形成更民主化。有研究者指出，这样的去中心化使得技术能够通过管理信息的流动来阻止主流权威。[①] 在英国，许多提案建议政府通过为大学和学院提供互联网接入，来提高媒体的流行性，形成更通畅的沟通渠道。[②] 这些建议的核心就是权力的去中心化，因为提供更多的接入点就代表着公民们将有更多的机会参与到政治过程中，公民与他们的代表之间的沟通更强化，立法机关与行政机关之间的信息传递更清晰，对健康的自由民主就更有利。[③] 其次，网络媒体的**互动**特征，既促进了媒体与公众之间的互动，又推动了公众与公众之间的互动，使互动远离了传统媒体时代的浅尝辄止，保证了互动的充分性，有研究者指出，网络媒体能够鼓励更多公民参与到公共意见的讨论，推动政府治理和政策制定，既是一种沟通的渠道，更是对政治民主的革命性推动。[④] 第三，互联网的**开放性**，消解了国与国之间、社群之间、产业之间的边界，使得网络媒体得以跨越地域、行业和阶层的限制，各种各样的公民团体、组织可以方便的跨越国界协调活动。最后，互联网的非中心架构和开放性允许所有网民成为信息的发布者，同时网络媒体不需要复杂的剪辑和烦琐的后期制作与排版，以及数字技术低成本和即时性，使得信息可以在全球实现**即时传**

---

① Wheeler，M.，*Politics and the Mass Media*，Oxford：Blackwell，1997，p. 222.

② Graham，G.，*The Internet：A Philosophical Inquiry*，London：Routledge，1999，p. 87.

③ S. Coleman，J. A. Taylor，& W. Van de Donk，"Parliament in the Age of the Internet"，*Parliamentary Affairs*，Vol. 52，No. 3，1999，pp. 365 – 370.

④ Heather Savigny，"Public Opinion，Political Communication and the Internet"，*Politics*，Vol. 22，No. 1，2002，pp. 1 – 8.

播，比任何一种过去的传统媒体都更加迅速。随着新技术的开发以及应用的普及，信息发布平台的技术门槛越来越低，操作越来越简便，个性化程度越来越高——从需要较高网络技术能力的个人网站，到使用方便但信息混杂、随意性较大的网络论坛 BBS，到高度个性化、操作简便的博客、微博，以及越来越受青睐的手机媒体，几乎每个个体都拥有了自己控制的发布和交互平台。

与传统媒体的作用模式相比，网络媒体影响政策议程设置的功能，主要体现在以下几个方面：

第一，议题选择权的转移。根据议程设置理论的观点，媒体影响公众意见的方式，在于它能够为公众设置在一段时间内关注和讨论的主题。在传统的大众传播条件下，媒体的把关人们有意识的"选择"行为，影响到了何种议题将最终进入政策议程建构。网络媒体则将选择和决定讨论何种议题的权力一定程度上"交还"给了在网上参与讨论的社会大众，削弱了媒体及其把关人确定讨论什么问题的能力。同样的，什么问题才是重要的和当下亟须研究以解决的，由原先的大众媒体"说了算"转变为广大网民自行选择。在互联网上，某一个人发布的议题只要符合其他大多数网民的兴趣关注或利益需求，就能在短时间内获得大量点击和回复，引起更大范围的讨论，成为公众议题，为其进入正式议程形成舆论氛围。

第二，网络精英介入和利益团体的形成。美国社会学家阿尔文·托夫勒将力量分为三种基本形式：暴力、财富和知识；三者中知识最重要，它依靠引导、吸引和劝服来转化人的意志，具有更大的灵活性。[①]在网络空间，知识的力量更加凸显，能够掌握着信息的生产和传播的人在公众意见中就占据主导地位，具有倡议和影响公众议程的作用，成为新的网络精英（或意见领袖）。同时，个人和群体为了共同的目标，在虚拟空间结成新的利益团体，这类新兴的团体甚至可能都没有实体组织形式，它们通过网络媒体发出声音，在全球范围内进行信息共享和合作，

---

① 〔美〕阿尔文·托夫勒：《力量转移》，刘炳章译，新华出版社 1991 年版。

影响政府的政策与法律，推动特定事业的发展。

第三，民意的放大。传统媒体对民意的体现，在于通过对各种社会事件和社会问题加以不同的关注度和报道方式，使某些意见在讨论中占有优势地位。因此，在现实生活中，如果某项意见得到媒体的呼应，则有可能产生"自反馈"现象，从而扩大其影响，促成公共政策议程的创建。这里有一个关于民意与媒体的相互作用关系的特殊现象：到底是媒体的报道促成了民意的形成，还是广泛的民意影响到了媒体从业者的思想从而做出了有导向性的报道？应当说，这两者一定程度上是互为因果，相互作用的。与传统媒体相比，网络媒体的互动特质使其在舆论形成方面具有先天的优势，网络用户根据自己的关注偏好，选择引起自己兴趣的话题和议题，与发布者进行讨论，与其他用户交流意见观点，形成共同的看法。这个交流互动的过程，一方面促进信息扩散，另一方面形成意见集合，利益一致或意见相同的人们从而在网上结成群体，并且不断辐射和扩散，产生网络舆论的"滚雪球"效应。

第四，政策议程的建构。网络媒体使普通民众从信息的被动接受者转变为主动的搜集者、表达者和沟通者，政党和政府了解公共意见的渠道因而变得更加直接和通畅，不再是过去那样不得不依靠传统媒体的报道来判断民意，而导致"媒体常常声称自己代表了'公共舆论'"① 的后果。不少政治精英和政府官员开始亲自上网直接了解民众的言论，搜集第一手信息，不少政府领导人甚至自己也成为其中的一员，直接与公民展开完全平等交流，进行讨论和对话，根据了解到的民意来决定政策议程的建构。从这个意义上看，网络媒体可以说对政策议程建构发挥了直接的推动作用。

---

① 〔英〕布莱恩·麦克奈尔：《政治传播学引论》，段祺译，新华出版社2005年版，第13页。

三、网络媒体对政策议程设置的作用模式

网络媒体作为传统媒体的补充，使得外部和内部的环境都发生了改变。从外部环境来看，互联网突破了国界的限制，构成了一个世界性的虚拟空间，极大地丰富了人们的信息来源，社会公共意见也随之被导向多元化。从内部环境来看，互联网为人们提供了自由发表意见的平台，使社会内部的各种不同声音都有了"说话"的空间，社会舆论具有了更加丰富的内容。互联网的出现对传统媒体在议程设置中的功能形成了补充，使得媒体和信息都不再像传统的沟通通道那样受到扭曲，公众意见的自由表达成为可能，因而使政策议程设置发生重大改变。为了便于分析，本文以厦门"PX 事件"[①] 和"孙志刚案"[②] 为例进行说明：

1. 厦门"PX 事件"

厦门"PX 项目"是 2006 年厦门市引进的一项对二甲苯化工项目，计划建造年产 80 万吨"PX"的化工厂。由于担心化工厂建成后危及民众健康，市民中对项目产生了反对的声音。关于该项目，厦门当地媒体基本都进行正面和肯定的报道，如：《未来五年厦门百姓生活更美好》（《厦门日报》，2006 年 11 月 17 日）、《厦门将崛起世界级"石化巨人"》（《厦门日报》，2006 年 11 月 18 日）、《海沧 PX 项目高标准保护环境》（《厦门日报》，2006 年 12 月 9 日）。而网络媒体成为人们激烈讨论的空间，当地民众在"小鱼论坛"、厦门大学 BBS、"还我厦门碧水蓝天"QQ 群、连岳博客等网络媒体上表达意见，发出抗议。2007 年 3 月，在全国"两会"上，中科院院士、全国政协委员赵玉芬协同百余名委员，联名提出项目

---

① 鲁先锋：《网络背景下的政策议程设置研究》，苏州大学博士学位论文，2014 年，第172 页；赵民、刘婧：《城市规划中"公众参与"的社会诉求与制度保障：厦门市"PX 项目"事件引发的讨论》，载《城市规划学刊》，2010 第 3 期；邵芳卿：《厦门 PX 项目所涉环评规划征求公众意见》，载《第一财经日报》（上海），2007 年 12 月 6 日。

② 徐俊霞：《网络传播中的政治沟通研究》，武汉大学硕士学位论文，2005 年，第 32 页。

迁址的建议，认为该项目的设计没有考虑到应与居民区保持足够远的距离，万一发生极端事故，或者遇到战争、恐怖主义攻击、自然灾害威胁等，将产生极为严重的后果。网络媒体不仅成为人们意见表达的渠道，也成为人们集体行动的串联。2007年6月1日至2日，近万名群众陆续到厦门街头"散步"，表达了对"PX项目"的强烈抗议。随着事态的发展，政府开始正视民众的意见。厦门市政府通过召开新闻发布会、组织座谈会等，公开征求市民意见；重新组织区域规划环评；启动"公众参与"程序，举办网络公众投票活动；最终决定迁建。

2. "孙志刚案"

2003年3月17日晚上，在广州工作的外地青年孙志刚因缺少暂住证，在外出途中被警察作为"三无"人员，进行收容处置。在收容人员救治站，孙志刚遭工作人员殴打致死。一个月后的4月25日，该事件被《南方都市报》曝光。但当地的传统媒体很快被压制，没有引起更大范围的关注。但当人民网和中青论坛等网络媒体相继转载这条新闻，并建立网络虚拟纪念堂后，引发了数万网民的大讨论，形成要求彻查此案、严惩凶手、呼吁司法公正的浩大舆论声势。在媒体和部分法学界人士的推动下，两个月后，国务院宣布废止已经实施了20多年的"收容遣送制度"，并公布《城市生活无着者流浪乞讨人员救济管理办法》。短短两个多月，新法出台，旧法废止。

对这两个案例进行深入分析，可以归纳出网络媒体影响对政策议程设置发生作用的一般模式：

第一，某些在其他沟通渠道未能得到足够重视的议题，或关于某个议题的倾向性意见被选定，通过网络媒体进行报道或论述。在以上两个案例中，厦门"PX项目"上马之时，传统媒体的报道体现出明显的倾向性意见，基本以正面和肯定的态度出现，发挥的是宣传、引导、说服作用，当网络媒体发出反对的声音时，传统媒体则大都保持沉默；"孙志刚事件"发生后，传统媒体主要报道的是经宣传部门审核的通稿，对此议题大都缺乏深度报道和深入反思。简单地说，前者缺乏足够的引起公众反面思考的导向力，后者缺乏足够的引起公众重视的影响力，两个事件在传统媒体的作用下都不具备进入政策议程的能力。而网络媒体的曝光使其进入公众视野，引起公众的关注或警惕。

第二，社会精英与网民群体产生互动，对议题从专业化的角度进行深度剖析和阐释，揭示社会事件背后的深层次问题，使其从单纯的现象揭露上升到对政策和制度的反思。社会大众来自各行各业，其中大部分人并非政策专家，对政治、经济、法律、科技等专门领域掌握的专业知识非常有限，普通个人所具备的知识往往不足以支持他们对特定问题进行深度分析。当网络媒体对具体事件进行披露后，部分领域内专家加入讨论，以自身掌握的专业知识，发表有理有据、有深度见解的言论，从而获得网民的认同和信服。在这些社会精英的参与下，公众对议题的本质认识更清楚，更加具有明确的共同行动方向。比如在上述两个案例中，对于厦门"PX 项目"可能造成的危害，大部分普通公众缺乏足够的化学化工领域专业知识，面对掌握优势资源的政府部门所展示的论据，并不一定能够提出充分的反对理由，而以赵玉芬院士为代表的社会精英则具备这样的能力。值得一提的是，厦门"PX 项目"迁址漳州古雷后，两年内连续发生两起特大爆炸事件，从反面印证了专家们提出的距离居民区过近、一旦出现极端事故后果将不堪设想的担忧[1]；"孙志刚事件"经过网络媒体曝光后，法律界专家们的介入，使公众对事件的讨论上升到关于我国收容遣送制度的反思，多名法学家向全国人大常委会上书提出违宪审查建议。[2] 可以看出，社会精英的加入，加深了对问题讨论的层次，使公众产生更强的行动愿望，使公共问题体现出其政策转化价值，赋予了公众议程强大的向正式议程转化的动力。

第三，网络媒体促成共同意见和一致行动，使得对特定议题要求得到回应、对特殊利益诉求要求得到关注的呼声进一步增强。社会中的普通大众有着各种不同的利益诉求。在传统社会，他们更多只能通过人际

---

① 来源：《古雷 PX 项目前世今生》，见网易新闻 2015 年 4 月 6 日报道，http://news.163.com/15/0406/22/AMI7DSN700014AEE.html。

② 来源：《孙志刚案件事件始末》，见杭报在线 2010 年 12 月 20 日报道，http://bay-hzrb.hangzhou.com.cn/system/2010/12/20/011131157.shtml。

传播发生接触，交流并不方便，因而缺乏有效的组织方式结成团体来发出共同声音。而网络媒体具有低门槛和普遍可进入的特性，其交互功能使具有共同利益诉求或意见相一致的人进行超时空的交流或组织活动非常容易，从而促成基于共同利益诉求、具有共同意见的群体的整合。从上述案例可以看出，厦门"PX项目"中的网络媒体已经发挥了比较重要的组织功能，不仅是将公众的声音传递出来，而且促成了具有共同诉求的民众的集体行动；"孙志刚事件"中的网络媒体则发挥了强大的意见聚合功能，使要求彻查案件的呼吁形成浩大的舆论浪潮，在社会上掀起了对收容遣送制度的大讨论。

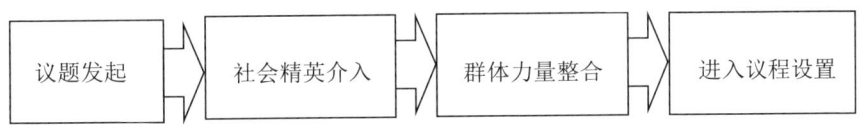

图6　网络媒体对政策议程设置的作用模式

第四，网络媒体"倒逼"政策议程设置。这里的"倒逼"，指的是网络媒体促成公众议程向正式议程转化，具体问题从而进入政策议程设置。但这种转化并非完全通过制度化的或者政府可控的渠道实现的，可能带有一定的强制性，因此称之为"倒逼"。比如上述厦门"PX事件"中，公众意见经过网络媒体传播和整合，促发的集体"散步"事件，就是一种强制性进入政策议程设置的手段。

以上四个环节，构成了网络媒体对政策议程设置的作用模式。从分析中可以看出，网络媒体让公众具备了选择讨论议题的能力，以及聚成群体，形成更大力量，推动权益诉求获得关注的渠道；而社会精英的介入，让政策议程设置的尝试更具有科学性和影响力。

图7表示网络媒体推动政策议程设置的效果。在现实社会，由于各种原因的影响，某一事件或问题可能未能进入制度化的沟通渠道，也没有能够得到大众传媒的重视。"PX案"和"孙志刚案"都属于这种类型，前者中传统媒体被利用来作为官方喉舌和代言，后者中传统媒体被噤声。于是，公共意见转而寻求网络媒体的表达和沟通通道，通过发布

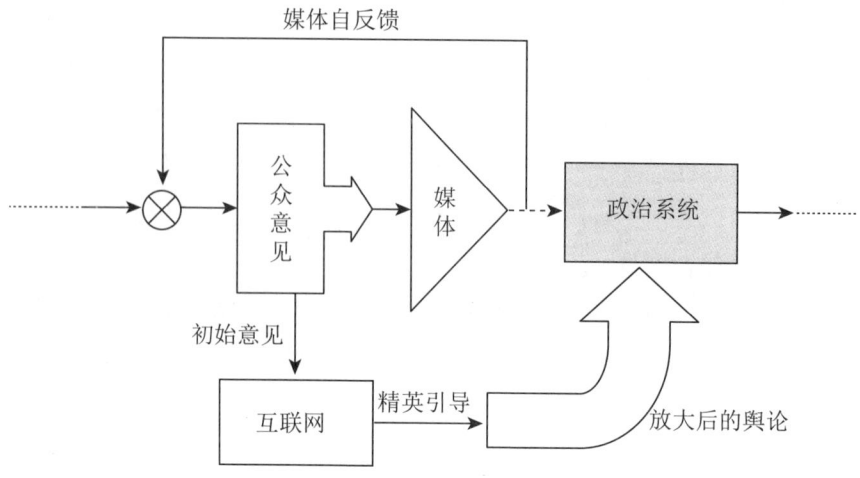

图7　网络媒体对政策议程设置的推动

与问题有关的网络言论和信息，在短时间内吸引大量网民展开激烈讨论，经过讨论形成接近的或一致的观点立场，并发出更大的要求的声浪，最终对政治系统产生压力，由公众议程进入正式议程。正如一位国内学者所说，不论是国内还是国际的重大事件，都能马上形成网上舆论，进而产生巨大的舆论压力，达到任何部门、机构甚至公众人物无法忽视的地步。①

四、结语

政策议程设置是政策过程的起始。关于政策议程设置的研究表明，媒体在影响政策议程设置方面具有比较重要的作用。这些作用主要体现在两个方面，一是为公众和政府选择特定的议题来进行思考和讨论，二是将带有倾向性的评论和报道展示在公众和政府面前，影响和引导其态度和偏好。

---

　　① 闵大洪：《网上舆论的形成及特点》，见新华网专栏：http://news. xinhuanet. com/new-media/2003 - 06/23/content_932693. htm。

网络媒体作为一种新兴媒体，具有跨时空的开放性、主体多元的草根性、强大的互动性及传播迅速等独特的魅力，考虑到传统媒体容易受到商业因素或者政治力量控制的现实情况，网络媒体在政策问题认定和政策议程设置方面具有不可忽视的重要作用。网络媒体的兴起，对传统媒体在议程设置中的功能形成了补充和改变，主要体现在议题选择权的转移、网络精英和利益团体的形成、民意的放大，以及政策议程的建构等四个方面。首先，某些在其他沟通渠道未能得到足够重视的议题被选定，通过网络媒体进行报道或论述。问题曝光之后，社会精英与网民群体产生互动，使其上升到对政策和制度的反思。在网络集体讨论的基础上，促成共同意见和一致行动，使呼声进一步增强。最后，促成公众议程向正式议程转化。可以看出，互联网跨越了原先由传统媒体作为不可或缺中介的唯一通道，削弱了传统媒体在政策议程设置中的地位。公众可以借助网络媒体来进行更加直接的利益表达；政府也可以更直接了解社会公众的需求；反之，政府的决策信息对社会大众来说也变得更加可以接近。CPS

A Study of Internet Media Influence on Public Policy Agenda Setting

Chen Zhongrun   Zhou Youping

Abstract：The association between the media and politics is an important thesis. In the framework of western competitive political system, there are lots of researches concerning public policy agenda setting, revealing the important roles played by social media. The media acts as a political messaging channel, inputting specified information into the political system and thus having an impact on it. Moreover, the media advocates particular views, displaying biased public opinions in order to influence people's attitudes and preferences by the way of self – feedback action. In practice, the media is exposed to the business and political power, becoming the tool of expressing policy demands, affecting public views and guiding public policy agenda setting. As internet media is decentralized, interactive, open and instantaneous, there are different impacting modes, including transferring topic choosing rights, forming internet elites and interest groups, amplifying public opinions and constructing policy agenda. By means of analyzing "Xia'men PX" and "Sun Zhigang incident", the internet media makes people capable of choosing topics, and thus forming a strong force on attracting attentions. On the other side, the intervention of social elites adds rationality and significance on policy agenda setting.

Keywords: Internet media; Policy Agenda Setting; Interaction Mode

比较视野下的中国政治

Comparative Politics Studies

科学执政与中国公务员制度的改革

毛桂荣[*]

【内容摘要】本文从比较的角度，探讨科学执政和国家治理现代化。以发达国家的政党执政的实践，特别是通过政治家职务、政治任命职务、常任公务员职务的人事任命探讨政党执政的科学之道。本文具体探讨调整中国共产党执政与公务员制度建设的关系，建议改革"党管干部"为"党管高级干部"，以期科学执政。

【关键词】治理；执政；政治家；政治任命；公务员制度

一、导言

2004 年，中国共产党十六届四中全会提出"坚持科学执政、民主执政、依法执政"的新观念以期完善党的领导方式和执政方式。2013 年，中国共产党十八届三中全会提出"推进国家治理体系和治理能力现代化"的新概念。本文探讨在推进国家治理现代化的过程中，如何实现科学执政的制度建设问题。本文从发达国家的政党执政与公务员制度的关系，特别是政府主要职位的人事任命的比较研究视角，探讨实现中国共

---

   * 毛桂荣：明治学院大学（日本）政治学系主任，教授。

产党科学执政的可能性，具体探讨执政党的执政制度的建构与公务员制度的改革问题。

在探讨本文的核心问题前，这里先做一些概念的解说，表明作者关于治理以及治理现代化的基本立场。

英文"governance"一词，作为学术用语，1980 年代在欧美开始流行。1990 年代末，日本也开始流行"governance"的概念。起初翻译成"共治"，也有翻译成"协治"。"共治"和"协治"在日语的发音是相同的。日本政府的部分审议会报告也使用这些汉字翻译用词。但是这些汉字用词（共治、协治）并没有能够普及，渐渐地"governance"的片假名表达（发音为"gabanannsu"）替代了汉字表达。2006 年日本的国立语言研究所，针对滥用外来语、滥用片假名词汇的社会现象，提出许多片假名词汇改称汉字表达的建议，其中包括改称假名发音"gabanannsu"（governance）为"统治"的建议。但是，这个建议没有得到任何的支持。因为"governance"所要表达的含义与政府（government）相异。

关于"governance"与"government"相异之处何在，欧美以及日本的学界，并没有一致的理解。日本行政学者今村都南雄（原日本中央大学教授）曾提出行政学是研究"governance"之学的见解，重视研究政府与社会（包括各类社会组织）的关系、中央与地方关系、政治与行政的关系。他认为研究"governance"的行政学主要探讨提供公共服务的制度性编制或安排（institutional arrangement for public service provision）①。这个"制度性安排"的概念中包括政府与社会各类组织的合作等问题（包括相关组织的协同等关系和网络）。同时值得注意的是，"公共服务"的概念包含行政服务在内，比行政服务更广。也就是说，"governance"的研究范围是以行政服务为核心的，但是又不限于行政服务。同时，"governance"更关心公共服务的各类相关组织、制度的编制或安排的过程，决策过程，合作过程。

在中国，1990 年代末开始有学者关注"governance"的概念。世纪交替之际，我的记忆中有使用"治道"来翻译"governance"的努力，但是没有普及。而且，很快"治理"成为普遍接受的翻译。政党和政府

---

① 参见〔日〕今村都南雄：《行政学の基礎理論》，三嶺書房 1997 年版，第 18 章。

的工作报告中使用"治理"也极为频繁。有中国学者认为"治理"与"统治"相比，在权威主体认知上有不同，"统治"的主体是单一的，也就是国家权力，而"治理"的主体则是多元的，在政府之外，包括各类社会组织等；其次，"统治"是强制性的，而"治理"可以是强制的，但更多是协商的。"统治"所涉及的范围以政府权力所及领域为边界，而"治理"所涉及的范围则以公共领域为边界，后者比前者要宽广得多。同时，一般认为治理的现代化需要完善公共权力运行的制度和规范，更需要推进政治的民主化和法治国家的建设。

"国家治理现代化"的提出是中国社会进步的政治表现，但是过分强调"治理"与"统治"的相异，甚至概念的相互"对立"，欠妥。"治理"（governance）概念的核心，在于"统治"（government）而不限于"统治"。[1]治理的概念更强调合作等的过程，但不排除政府的决策过程和政策实施过程。强调"治理"的现代化，而忽视"统治"制度和体系的现代化、也就是现代法治国家的制度和规范的现代化，不是一个明智的选择。本文探讨的是治理（governance）概念中的核心问题，也就是今村教授所说"governance"中的政治与行政的关系问题。再具体地说，是政党执政制度与公务员制度的相关问题。这个问题也是政府（government）的结构问题之一。

二、政治家与行政官

现代国家的统治（government）或治理（governance）的核心问题之一，是建构政治家和行政人员（行政官）的关系，或者说"政党"与"官僚"的问题、动态与静态的问题。福山说中国从秦始皇统一中国开始建设了"现代国家"（modern state）[2]。这个论断有许多值得探讨的方面，但是，在中国数千年改朝换代不断，分合相交的历史，承继中国文明的关键是

---

① Marc F. Plattner，"Reflections on Governance"，*Journal of Democracy*，Vol. 24，No. 4，2013，pp. 17 – 28.

② Francis Fukuyama，*The Origins of Political Order: From Prehuman Times to the French Revolution*，Farrar Straus & Giroux，2011.

"大一统"的官僚体系。这个官僚体系在导入科举制度后得以完善。科举官僚制是中国数千年文明国家的栋梁。

清末，在废除科举制度之后，近代文官制度的建设多有曲折。[①] 1949 年新中国成立，新政府废除了初见端倪的公务员制度。1949 年以后的中国，政府组织和人事运作极端政治化和政党化。很长一段时间，中国没有现代意义上的公务员制度。20 世纪 90 年代中国开始公务员制度的重建，2006 年《公务员法》实施。本文探讨如何在强化共产党执政的前提下建构或重建公务员制度，推进科学执政和国家治理现代化的齐头并进，同步发展。

（一）政治民主与行政官僚制的历史差异：动荡与稳定

这里先从比较行政的观点分析国家官僚制的作用。一般来说，英美国家发展的特征是，政治发展和民主建设先于行政制度的建设和发展。英美国家的资本主义发展在本质上是自生的资本主义，在自由市场经济下，所谓的"看不见的手"起作用。或者说，政府或社会期待"看不见的手"起到市场调节的功能。在早期近代，英国官僚制的作用很小，美国更不例外。在工业化、城市化的发展呼唤行政的积极干预和介入时，英美才开始建设近代公务员制度，建构近代官僚制。英国在 19 世纪 50 年代开始探讨近代公务员制度。美国从国家建设初期开始稳步地发展其民主政治体系，政府对市场和社会的干预较小，因而行政的规模和作用较小，对行政研究的需求也不大。美国在 19 世纪 80 年代通过《彭德尔顿法》开始近代公务员制度的建设。纽约市政调查会在 1906 年的设立，更标志着城市化对现代行政体系建设和行政研究的要求。[②]

事实上，欧洲大陆的行政建设非常早，研究水准也非常高。我们只要读韦伯的关于官僚制的社会学分析，就可以理解这一点。德法等大陆

---

① 参见陈之迈：《中国政府》，上海人民出版社 2012（原著 1946）年版；刘梅生主编：《中国近代文官制度史》，河南大学出版社 1994 年版；姬丽萍：《中国现代公务员制度的初创：1928—1948》，天津古籍出版社 2008 年版。

② Francis Fukuyama, *Political Order and Political Decay: From the Industrial Revolution to the Globalization of Democracy*, Farrar Straus & Giroux, 2014, chapters 9 – 11.

国家，作为资本主义的后起国家，在近代行政机构的发展以及近代公务员制度的建设上较早、较快。在这些国家，时代需要行政官僚制体系作为近代国家建设的主力和先锋。在这些欧洲大陆国家的发展早期，富国强兵需要强有力的行政官僚制与军事官僚制。因而，国立大学的建设和优秀人才的国家培养成为这些国家发展的共同特征。近代的资格任用制（考绩制）的公务员制度不是在英美国家，而是在德国和法国等大陆国家先行发展，就是很好的佐证。

由于历史发展的不同，欧洲大陆国家与英美的行政官僚制的地位和作用有许多差异。在近代发展过程中，英美国家的民主政治先行发展，而行政官僚制的初期作用较小，建设较慢。法国和德国等大陆国家虽然历经许多政治动荡，但其官僚制体系却具有稳定发展的特征。① 可以说大陆国家以稳定的官僚制作为近代国家支柱，从而推动近代资本主义的发展。大陆国家的行政官僚制的稳定作用相对突出。这一点在本文后述的政府职位的分析中可以进一步证实。

同样，后起国家日本在明治维新后为了建设近代国家，赶超欧美，参考了欧洲大陆国家的教育和行政等的制度。② 日本的近代历史与德法等大陆国家有许多相似之处，日本学者曾经把日本定位为"天生的行政国家"③，可见一斑。具体来说，比如日本在明治维新后的1871年即设立工部省，1873年又设立内务省，从事殖产兴业等国家政策的推进。1877年日本设立东京大学，培养国家人才。④ 至今，日本的高级官僚大多为东大法学部毕业，有其历史背景。战后日本政党内阁短命，而官僚

---

① Bernard S. Silberman, *Cages of Reason: The Rise of the Rational State in France, Japan, the United States, and Great Britain*, University of Chicago Press, 1993; Ferrel Heady, *Public Administration: A Comparative Perspective*, 6th edition, CRC Press, 2001.

② 参见毛桂荣：《石泰因（Lorenz von Stein）在日本》，载《山西大学学报》（社会科学版），2012年第5期，第39—46页。

③ 〔日〕井出嘉宪：《日本官僚制と行政文化—日本行政国家論序説》，東京大学出版会，1982年。

④ 参见毛桂荣：《行政及行政学概念的形成：中国与日本》，载《中国公共管理论丛》，2013年第1期，第1—19页。

优势是其政治体系的基本特征，有其历史渊源。[①]

工业化、城市化的发展要求建设现代公务员制度，建构现代官僚制。政治发展和民主建设先行的英美国家的行政规模和作用在其后发生了较大的变化。但是，上述不同的历史发展轨迹，在其后各国的统治或治理制度上依然可见。[②] 在本文分析的政治与行政、或者政治家与行政官（公务员）的关系上，也可以得到类似的结论。

（二）政治家与行政官的关系：理论与现实

现代国家的政治家与行政官相异，这是两个不同职业，不同的权力集团。在民主政治体制下，政治家与行政官有各自的特征与态势。政治家是具有代表、党派性的职业集团，通常组成政党组织。而官僚或行政官集团是以专业性、终身制（持续性）、中立性为特征的职业。政治家与行政官的规范性的相互关系可以理解为以下三个制度和规范。[③] 第一，控制的规范与服从的原则和制度。政治家基于民主政治的原则，在民主选举、党派政治合作等政治制度和规范下执政，行使对官僚的控制权，其中包括人事任命权。而官僚的制度性地位是在执政政治家的指挥下，专于业务。第二，政治与行政的分离规范与相互不介入的制度和规范。政治家的行动原理是选举，而职业行政官的原理是功绩制、专业和效率。政治家与行政官不同，各自形成相异的职业生涯。政治家有任期，行政官为终身制。第三，当然两者需要合作和协调，政治家需要提出政治目标，政治价值，明确政策目的，而行政官需要尽其专业才能，辅佐政治。两者之间存在指导和辅佐的合作关系。

当然，这些规范和制度只是一般而论。现实非常复杂。伴随国家权力的增长，战争动员，行政服务和各类公共服务的扩大，以及福利国家的建

---

① 东亚各国的共同特点是强有力的国家（官僚制）的存在，因而政治民主和法治国家的建设成为共通的课题。参见 Francis Fukuyama, *Political Order and Political Decay: From the Industrial Revolution to the Globalization of Democracy*, chapters 23 – 25。

② 毛桂荣:《跨越国境的行政管理理论：美国、日本、中国》，载《地方政府发展研究》，2009 年 4 月。

③ 参见〔日〕西尾胜:《行政学·新版》，毛桂荣等合译，中国人民大学出版社 2006 年版，第 2 章。

设，行政的作用增长，官僚指导政府的倾向更加明显。"行政国家"概念就是这个现象的理论表述。政治家与行政官的相互关系需要具体分析。

现代西方发达国家的政治家与行政官相互作用变化的经典性分析为我们提供探讨这个问题的线索。① 参见表1资料。这个分析基于决策过程中的不同作用，理论上设计四种不同的模式来描述政治家和行政官的相互作用。第一模式设想政治家决策和行政官执行的古典功能分工；第二模式设想以选举为基本原理的政治家重在价值理念的提示，而行政官擅长与专业知识和提供现实的客观认识和信息；第三模式认为政治家重于进步，改革与激情，而行政官重视安定和秩序；第四模式认为两者的作用越发接近，政治家趋向官僚化、专业化的发展，而行政官倾向政治化。

表1 政治家与行政官的关系

决策过程	第一模式：政治家决策，行政官执行	→ 第二模式：政治家重在价值理念，行政官擅长事实与专业知识	→ 第三模式：政治家重于进步改革与激情，而行政官重视安定和秩序	→ 第四模式：政治家趣向官僚化、专业化，而行政官倾向政治化
理念价值提示	政治家			共同参与
利益调整整合	政治家		共同参与	
政策分析成案	政治家	共同参与		
政策实施执行	官僚			
调查和考证	不符合现实	**比较符合现实**		过虑和担忧

在理论上，基于民主选举的政治家代表民意，在政党执政的情况下政治家指挥行政官，顺理成章。这也是建设近代公务员制度的最初设想和制度设计。但是现实发展与制度的基本设想出现偏差。上述四种相互关系模式的理论前提是官僚的作用越来越大。在第四模式中，从具体政策方案的分析到政治价值理念的提出，政治家和行政官共同参与。政治家与行政官的功能几乎没有相差。诚如是，民主政治岌岌可危。理由在于，行政官没有接受选举政治的洗礼。官僚治国，意味民主政治的终结。

---

① Joel Aberbach, *et al.*, *Bureaucrats and Politicians in Western Democracies*, Harvard University Press, 1981.

在发达国家，政党官僚化和行政官政治化的评论时有出现。在日本，打破官僚统治成为政府改革的基本目标，也成为政府与国民的共识。

这个经典性的学术调查分析发现，在西方发达国家，政治家决策和行政官执行古典模式虽然已经不存在，但是，民主政治终结的第四模式也是过虑和杞人忧天。现实上，更多的是政治家在提示政治价值、政策目标上发挥积极作用，而行政官则在专业知识的积累等方面发挥其专长。在选举中拼搏的政治家擅长于提示社会前进的方向，致力于改革。相反，行政官倾向于维持社会的稳定和安于现状。第二和第三模式是比较接近现实的描述。这个研究分析没有包括日本的调查分析，但一般认为，日本的现状与上述分析并无较大的差异。

总之，即便政治家决策和行政官执行的古典模式不复存在，但是政治家与行政官的相差，依然存在。这是两个不同的职业，拥有不同的价值趋向，其作用和功能相异。现代国家需要政党政治家提示社会前进的方向以及致力于改革，也需要行政官僚体系维持社会的稳定和坚守公共秩序。

三、执政的科学：人事制度分析

以下再具体分析发达国家如何在不同的岗位配置政治家和行政官，充分发挥各自的作用。在保证政治稳定的同时又保证社会的改革和前进。在保持政党执政的同时，保证现代公务员制度的运作。表 2 尝试列举了各国政府主要职位的人事任命。由于各国的政府体制的不同，政府机构以及职位设计的相差，所以比较也只是相对的。① 发达国家政府主要职位的任命，主要有三类人员，一是政治家（politician）；二是职业公务员或职业行政官（civil servant）；三是政治任命职位人员（political appointee）。

---

① 以下这一部分的分析，参照〔日〕毛桂荣：《政府と行政》，明治学院大学法学部政治学科编：《政治学の扉》，风行社，2015 年。

表2　发达国家政府高级职位任命的比较分析

	美国	英国	法国	德国	日本	参考:中国
政府结构	总统制	议会内阁制	半总统制	议会内阁制	议会内阁制	
主要官职的任命状况						
大臣(部长)	政治任命(国务卿等)	国会议员(兼职)	国会议员(辞职)	国会议员(兼职)	国会议员(兼职)	选任制
副大臣(副部长)	政治任命(副长官)	议员	国会议员(辞职)		国会议员(兼职)	
次官(事务次官)	政治任命	议员　官僚		议员　官僚	官僚	
政务秘书		议员			政务秘书官(议员秘书)	委任制(党管干部)
局长	外部/任命	官僚	官僚	官僚	官僚	
大臣幕僚等参谋人员	任命(长官参谋)	外部(特别顾问)	官僚(大臣官房/办公厅)	大臣办公室主任,秘书官等近乎政治任命	大臣事务秘书官为职业公务员	
政治家(包括外部与官僚的)政治任用,职业公务员的比较						
选举的政治家进入政府执政	几乎没有议员辞职进入政府执政	执政党议员100多人进入政府执政	大臣30人的大约70%—80%为议员(辞职)参与执政	执政党议员30多人进入政府执政	执政党议员70多人进入政府执政	(党和国家领导人,政府领导成员)
政治任命职务　总数	政治任命大约3000人	70多人为政治任命的特别顾问	局长级约600人,大臣办公室幕僚等约700人政治任命(官僚)	大约400人(官僚)政治任命	少数	(党政领导干部,党管干部)
政治任命职务　人才供给	外部(智库)	外部	在职的高级官僚	在职的高级官僚	外部或元高级官僚	内部,外部(社会选拔,调任)
政治任命职务　政权交替时的免职	大部分免职(共进退)	大部分免职(共进退)	部分局长级,全部幕僚共进退	部分共进退,免职	基本免职	(选任制,任期制)(党管干部)
职业公务员的最高职位	副局长	事务次官	副局长	副局长	事务次官	
基本特征	政治任命与职业公务员的双层结构	政党政治家与职业公务员的双层结构;政治任命幕僚为辅	政党政治家,政治任命高级官僚以及职业公务员的三层结构	执政党政治家与职业公务员的双层结构	选任制与考任制;党管干部	

注:政治家:政治任命者;其他:常任事务官。

（一）政治家，职业行政官，政治任命者

第一类是"政治家"。其中包括：（1）经过"选举"的执政党的国会议员。由执政党的党首或领导成员（总统、总理等政府首脑）任命为政府部长等职位，但是同时保留国会议员的职位。这类政治家在辞去政府部长等职位后，依然可以回到国会议员的位置。（2）政治家中，同样是经过选举的国会议员，但是由于制度规定立法机构的人员不得兼任行政机构职位的规定，在被任命为政府部长等职位时需要辞去国会议员职位。此类政治家在辞去政府部长职位之后，并不一定能够回归到国会议员的位置。如果没有任命为其他政府职位，可能失去公职。

第二类是职业公务员或行政官。现代国家的职业公务员一般以功绩制为基本原理。法国在 19 世纪初开始考试任用制度的建设，19 世纪中期基本完成其制度架构。以普鲁士为首的德国，在 18 世纪末开始建构比较完整的考试任用以及晋升等制度，并与德国统一后的 1873 年制定了一部完整的《帝国官吏法》。较晚建设现代行政制度的英国在 19 世纪 70 年代开始公务员的考试任用，而美国也在 19 世纪 80 年代开始以考试任用为基础的公务员制度建设。现代国家的特点之一是以考试任用为基础的公务员制度的确立。大量的政府雇佣人员经过考试任用，并依照一定的晋升制度，形成公务员的职业生涯。[①]

第三类是政治任命职位人员，简称为"政治任命者"。我们通常用"政务官"对比"常任事务官"，与上述"政治家"相比，同样是"政务官"的任命人事，这类政务人员不同于上述经过选举的政治家，其人事基于执政党或执政党任命的部长等的政治判断。这类政治任命职务又有两类。（1）首先是执政党领导成员依照其能力、政治忠诚、党派立场等从民间任命的。律师、学者、政党智囊人员、经济界等人员，经过政党的政治考量作为执行该党政策的重要人才任命为政府高官等。这类人

---

① 关于各国公务员制度的历史，资料比较丰富。参见〔日〕毛桂荣：《公務員人事行政機関の比較研究》，《比較のなかの日中行政》，風行社，2012 年，第 3 章。

员没有经过选举的洗礼。当然，这些人员中，在执政党选举取胜过程中尽力（包括财力、人力等）的民间人士为数不少。（2）如果说上述政治任命人员来自政府之外，另一类政治任命来自于政府内部，可称为"政治任命的高级公务员"。此类政治任命在德法有比较多的实践。在日本，为数甚少。其人才在政府内部，身份是高级"公务员"，也即是基于功绩制的公务员。这类人员由政府部长等根据政治判断，调任为局长或局长助理、部长助理、或部长办公厅幕僚等。政治任命职位的特点是随政党轮替而更替。来自政府之外的政务官在任期结束或政党轮替时，除非新的执政党或政府部长留用，原则上辞去政府职位。政治任命的高级公务员在任期结束或政党轮替时，原则上也要辞去所任职位。但是高级公务员的政治任命与政府外的政治任命的不同之处在于，高级公务员在政治任命时，保留公务员的身份。而且，在政治任命结束后，依然拥有公务员的身份，常常回归原职或另有他用。当然，在政党轮替的情况下，也有高级公务员就此退出公务员职业。对于各国的做法做一些具体的说明。

（二）各国的实践

在美国，总统和副总统是选举产生的。副总统同时兼任上议院的院长职位。政府各部的部长等管理人员几乎都是政府之外的政治任命。由于三权分立原则，立法机构的议员不得兼任行政机关职位（副总统除外），美国的国会议员几乎很少出任政府部长。如议员出任政府部长，将退出国会，辞去议员职位。如表2所示，美国政府的局长级以上的重要职位几乎都是政治任命职位，另外，美国的高级公务员（SES），大多为处长级的职位，一般在政治任命职务之下，服从政治的指挥。但是高级公务员（SES）中也有10%的职位为政治任命。可见美国的政治任命职位在政府的地位。政治任命职位人员的任命权限在总统，但是多数职位需要得到上议院的同意。美国政治任命的职位非常多，政权交替时大约有3000名以上的政府高级职位的管理人员随政权交替而轮换。其政治任命职位人才的来源主要是法律界、学界、经济界以及各类智囊组织（智库）。在美国，共和党和民主党都有其相应的智库，成为其储备政治任命的人才库。可以说，美国政府的高级管理职位是政治任命与职业公务员（官僚）的双层结构体制。政治任命高度渗透到职业公务员的世界。

英国和德国以及日本都是议会内阁制国家，执政党的国会议员兼任政府部长为共同的任命制度。在英国，内阁部长等政治职位全部有执政党的国会议员担任，体现执政党的政治责任。执政党（常常一党单独执政）的国会议员有 100 多人进入政府，担当行政机构的主要领导职位。在执政党的职位之下，是职业公务员。在英国，事务次官是职业公务员的最高职位。此外，英国政府的政府顾问（部长等职位的幕僚）的政治任命明显增加，这些政治任命职位人员不是国会议员，而是执政党或执政党的部长等根据需要，依照其专业能力以及政治立场等标准从民间选择任命的。特别顾问的人数常有变动，最近每届内阁任命 70 人左右，人数不少。但是这些政治任命职位，一般不是领导职位，而是领导职位的幕僚人员，这是英国的特征。总之，英国的政府高级职位是执政党政治家（国会议员兼职）与职业公务员的双层结构体制为基本，再加幕僚型的政治任命为辅助。

同为议会内阁制的国家，德国的实践有所不同。德国的部长大多为执政党的国会议员。大约 30 名的执政党（常常政党联合执政）议员进入政府担任部长等职位。总体上，进入政府担任行政职务的国会议员不如英国多。在政治家职位之下是政治任命的高级官僚。高级官僚的政治任命是德法共通的人事制度。在德国，大约有 400 名高级官僚（职业公务员）被执政党政府内阁以及部长任命为事务次官、局长以及部长秘书等幕僚。政治任命的高级官僚成为执政党和职业公务员的中介和桥梁。德国高级官僚的政党化倾向较各国明显，所支持政党执政时被重用。这些政治任命的高级官僚大部分随政党轮替而共进退。内阁更替时，或被新政府留用，或回归原职，或暂时离开政府（德国公务员有特别的休职制度）。总之，德国的政府高级职位是执政党政治家、高级官僚的政治任命职位，以及职业公务员的三层结构体制。

同为议会内阁制国家，日本的传统是官僚治国。日本宪法规定，大臣（即部长）需要有半数以上为国会议员兼职。实践上，非执政党议员或非国会议员的大臣非常罕见。战后，日本中央政府的各部（省）有大臣 1 名，政务次官（相当于副部长）数名，为执政党的政治家（大多为国会议员）。事务次官为职业公务员的最高职位①。政治家职位与官僚职位相比，政治家势力比较弱。在日本，增加政治任命，强化政治对于行政、或者政治家对于行政官领导的呼声很高。受英国政党执政实践的影响，1999 年日本立法废除了政务次官，而新设副大臣（副部长）、大臣政务官（相当于副部长级的幕僚）职位。此后，政府各部除一名大臣（部长）外，通常设 2—3 名副大臣，以及 2—3 名大臣政务官。在这个新制度下大约有 70 名日本执政党的政治家（国会议员），成为执政党政府的领导成员，政治职位得到强化。此外，内阁总理大臣现在有 5 名补佐官（幕僚），为政治任命职位，几乎都是执政党的国会议员。各部的部长设有政务的秘书官和事务的秘书官，政务的秘书官一般由该部长（国会议员）的秘书担当，其政治功能有限，事务的秘书官的地位相对重要。2014 年日本政府又增设大臣补佐官（幕僚），设想更多利用民间人力和智力，但是到 2016 年 1 月为止，只有 6 名大臣补佐官的任命，多为退休的官僚。可以说，日本并不推崇政府高级官僚的政治任命，吸收政府之外专业人才的政治任命也不多罕见。总之，日本政府高级职位是执政党政治家（国会议员兼职）与职业公务员的双层结构体制，政治任命罕见。

法国是半总统制的国家，政府内阁与国会的关系基本上与议会内阁制相似。但是，由于半总统制兼有总统制特征，行政机构人员不可兼任立法机构的席位（立法权与行政权的分立），所以，法国议会多数党的国会议员进入政府时需要辞去国会议员的席位。如表 2 所示，一般法国国会多数党（执政党）的 30 多名国会议员进入政府担当政府部长等职位。在政治家职位之下，是政治任命的高级官僚，担当局长级的职位和部长办公厅的幕僚职位。高级官僚的政治任命在法国非常普遍。法国政府大约

---

① 关于日本公务员制度，参见毛桂荣：《日本公务员制度及其改革》，载《中国行政管理》，2006 年第 5 期；毛桂荣：《日本没有职位分类制的公务员人事管理》，载《公共管理高层论坛》，2006 年第 4 辑；毛桂荣：《日本公务员人事管理的制度与运作》，载《复旦公共行政评论》，2007 年第 3 辑。

有 600 名局长级的职位，以及大约 700 名的部长办公厅的幕僚职位为政治任命。政治任命的高级公务员保留"公务员"身份。但是，其任职的判断标准及权限在政府和部长等执政党政治家，脱离职业公务员的人事调动程序和规范。一般来说，政治任命人员随政党轮替而共进退，回归职业公务员的世界或退出政府。事实上，法国政权交替时，局长等高级职位大部分更换，也有少部分被留用。而政治任命的幕僚则全部共进退。幕僚的替换比较严格。在法国，高级官僚存在一定的政党化倾向，其所支持政党成为执政党时，该高级官僚即可得到重用。副局长以下的职位是职业公务员的世界，依照职业公务员的晋升和调动程序。总之，法国的政府高级职位是执政党的政治家（辞去议员席位）、高级官僚的政治任命者，以及职业公务员的三层结构体制。

（三）比较分析

上述分析可见，德法的共同之处在于政府高级职位由政党政治家、政治任命高级官僚以及职业公务员的三层结构形成。政党政治家进入政府的人数与英国相比少得多。高级公务员的政治任命弥补了其功能，可以说是利用人才的一种方法。英国政府的主要职位是执政党政治家与职业公务员的双层结构，再加幕僚型的政治任命。美国的主要政府职位是政治任命者与职业公务员（官僚）的双层结构体，政治任命高度渗透到职业公务员的世界。日本政府高级职位是执政党政治家（国会议员兼职）与职业公务员的双层结构。

上文的对比分析，指出欧洲大陆国家与英美的行政官僚制的地位和作用的差异。在政府的职位分析上也可以看出同样的相差。德法的官僚制比较强，高级官僚的政治任命是在其影响力的一个侧面，反映大陆国家的行政官僚制在国家治理结构中的重要地位。但是，需要指出的是，这些高级公务员受命于执政党，在执政党的指挥下发挥专业特长。高级公务员的政治任命是政治（政治家）控制行政（行政官）的一个方法。如果说英美的政党执政是充分利用非公务员（议员或民间）人才的政治任命实现政党的政治主张或政策目的，相形之下，德法则是充分利用政府的

（考绩制的）职业公务员的人才，通过高级公务员的政治任命，辅助执政党政治家达到执政的目的。

政治家职位的多少以及政治任命职位的存在与否与各国的公务员制度有关，更与各国执政的方法问题相关。但是，一定的高级职位以上为政治职位，一定职位以下为行政职位，这种制度设计成为共同特征。同时，表2的比较分析可以看出，英国和日本的公务员的最高职位是事务次官（相当于副部长）。相比之下，美国以及德法的职业公务员的最高职位是副局长，在领导层次职位，除政治家之外，美国较多利用外部人才的政治任命辅佐执政，而德法则趋向高级公务员的政治任命，各有相差。

发达国家的政党执政制度和实践，各有千秋。但是，共同之处就是政党执政并不意味政党需要控制所有的政府职位。现代公务员制度的目的在于区分政治与行政，区分政治家与行政官。政府中有擅长并致力于改革的政治家，也有倾向于维持社会的稳定和安于现状的行政官。政府是"动"和"静"的结合。政治家与行政官相互拥有不同的价值趋向，其作用和功能相异，缺一不可。执政党的政治职位与职业公务员的世界相异成为共同的制度设计。

作为比较和参考，表2中标记了中国的实践。中国不实行政党轮替，但是，我们依然可以见到类似的人事任用结构。也就是，在政府的高级职位中，领导层职位（总理，副总理，国务委员，部长，副部长等）是选任制或任期制的"领导成员"（概念后述），其职位之下是高层管理职位或领导职位，有内部晋升的职业公务员，也有依照社会选拔和调任制度任职的人员。再其下，是一般的职业公务员，依照考试任用和功绩制，并按照一定的程序升迁或任职，形成公务员的职业生涯。基于选任制的领导成员，以及领导职位和非领导职位的区分等制度设计，基本上对应于（政治家的）代表原理和（职业公务员的）专业原理相区分的现代国家的基本制度。

基于上述分析，以下探讨执政科学化、国家治理现代化的问题，并具体分析中国公务员制度的改革问题。

四、党管干部原则下的公务员制度建设

（一）"国家机关工作人员"，"干部"和"公务员"

在探讨中国公务员制度之前，首先花一点笔墨介绍一下"公务员"相关概念和制度的历史。

1949 年中华人民共和国成立，共产党领导的政府废除了辛亥革命以后建立起来的公务员制度。1949 年以后的中国，"公务员"并不是常用的词汇。1949 年的共同纲领，其中第十九条偶尔两次出现"公务人员"一词，可以看作是近代公务员制度的唯一历史遗留。其后"公务员"以及"公务人员"的概念完全消失。1954 年宪法没有使用"公务员"词汇，取而代之的是"国家机关工作人员"。据查，1954 年宪法五次使用"国家机关工作人员"这一概念。至于现行的 1982 年宪法，"国家工作人员"出现五次，"国家机关工作人员"也使用两次。在宪法中，"国家工作人员"和"国家机关工作人员"两个概念基本上是同义。"国家工作人员"的概念也出现在中国的刑法条文中。现行《刑法》第九十三条对于"国家工作人员"的概念范围作了规定。可以说，在中国的法律中，"国家工作人员"或"国家机关工作人员"是相当于"公务员"概念的规范用词。

中国的政治生活中，"干部"的概念更为重要。1954 年宪法没有"干部"的用词，1982 年宪法使用"国家（机关）工作人员"概念，间接使用了"干部"一词。1982 年宪法规定积极培养妇女以及少数民族"干部"。但是，"干部"概念没有单独使用。包括其后的修改条文，1982 年宪法没有"国家干部"、"党政干部"概念的使用。政治生活中如此重要的概念没有在宪法中出现，这与宪法的基本法地位不相符。

与"国家（机关）工作人员"，以及"干部"或者"党政领导干部"相比，"公务员"是一个新概念。国家公务员制度建设在 20 世纪 80 年代开始探索时，原定是"国家机关工作人员条例"。"国家机关工作人员"是宪法的用词，顺理成章。在政治体制改革讨论高涨的时期，1986年末中共中央决定将探讨的《国家机关工作人员条例》改名为《国家公务员条例》。1993 年《国家公务员暂行条例》实施，而 2006 年《公务员法》付诸实施。从此，伴随公务员制度建设的深化，"公务员"概念在中国新生。[1] 从 1993 年《国家公务员暂行条例》至今，"公务员"概念的使用也只有 20 余年的历史。

公务员法规定，"党管干部原则"是公务员制度的基本原则。何为"干部"，法律没有具体的规定。1995 年中共中央制定了《党政领导干部选拔任用工作条例》。这个条例经 2002 年、2014 年两次修订，正在实施中。这个条例规定了"干部"，特别是党政领导干部的人事制度和具体运用。《党政领导干部选拔任用工作条例》与"党管干部原则"的《公务员法》相协调，可以说，中国的公务员制度"嫁接"了干部制度。[2] 如此一来，"干部制度"与"公务员制度"相交汇，"干部"与"公务员"概念重叠。再加上宪法（以及刑法等）的"国家（机关）工作人员"的概念，中国出现"国家（机关）工作人员"、"干部"、"公务员"三个概念（词汇）并存的状态。表 3 整理了现行法规和政策中"公务员"相关的概念。与"国家（机关）工作人员"、"干部"以及"党政领导干部"概念相比，"公务员"的概念基于《公务员法》，其功能是确定公务员考试的范围（主任科员以下职级人员的录用等），及其人事管理的制度化。可以说，"干部"制度是"公务员"制度的基础。

---

① 关于中国公务员制度的发展，参见刘俊生主编：《中国国家公务员概论》，中国政法大学出版社 1995 年版；徐颂陶、孙建立主编：《中国人事制度三十年》，中国人事出版社 2009 年版；张柏林主编：《中华人民共和国公务员法释义》，中国人事出版社 2005 年版。

② 关于干部制度与公务员制度的相关内容，可参见：John P. Burns, "Strengthening Central CCP Control of Leadership Selection：The 1990 Nomenklatura", *The China Quarterly*, 1994, No. 138, pp. 458 – 491；Hon S. Chan, "Cadre Personnel Management in China：The Nomenklatura System, 1990 – 1998", *The China Quarterly*, 2004, No. 179, pp. 703 – 734, Hon S. Chan and Edward Li Suizhou, "Civil Service Law in the People's Republic of China：A Return to Cadre Personnel Management", *Public Administration Review*, May/June 2007, pp. 383 – 398；毛桂荣、白智立：《中国公务员制度》，载武藤等编著：《東アジアの公務員制度》，法政大学出版会，2013 年，第 4 章（日语）。

表3 "公务员"相关概念的分析

法律等	用词	基本定义
中国刑法（2001年修改）	国家工作人员	国家机关中从事公务的人员。国有企业、事业单位，以及其他依照法律从事公务的人员，以国家工作人员论
中国宪法（1982年，2004年修改）	国家工作人员，国家机关工作人员	政党与政协，国有企事业单位的人员，军人是否包括在内不明
《公务员法》（2006年）	公务员	政党，政协，工商联，立法，行政，司法组织人员为公务员范围。部分事业单位，人民团体人员按许可参照公务员法管理。不包括国有企业等人员；军人也不包括在内
党管干部原则（《公务员法》第四条）	干部（国家干部）	官方统计国家干部4000万人，包括党政干部，企事业干部/技术人员，军队干部等
《党政领导干部选拔任用工作条例》（1995，2002，2014）	党政领导干部	相当于处级以上指导职务（干部）

（二）"公务员"的范围

依照《公务员法》第二条以及中央组织部2006年《公务员法实施办法》及其附件《公务员的范围规定》第十一条等规定，表4整理了中国公务员的概念范围。同时，大致分析了"公务员"与"国家机关工作人员"以及"干部"概念的相互关系。

《公务员法》第二条规定公务员是"指依法履行公职、纳入国家行政编制、由国家财政负担工资福利的工作人员"。组织部的《公务员的范围规定》具体列举了中国"公务员"包括以下各机构的人员：（1）中国共产党各级机关；（2）各级人民代表大会及其常务委员会机关；（3）各级行政机关；（4）中国人民政治协商会议各级委员会机关；（5）各级审判机关；（6）各级检察机关；（7）各民主党派和工商联的各级机关。也就是说，公务员的范围可以分为两大类。第一是国家机关的工作人员，包括立法、行政、司法等机构的工作人员。第二是非国家机关的人员，包括共产党、民主党派和工商联的各级机关，以及政治协商会议各级委员会机关的工作人员。此外，中国还有一部分"参公管理人员"，也就是参照公务员制度管理的人员，其中有依照《公务员法》第一百零六条以及实施细则审批的事业单位人员，以及部分人民团体的人员。人民团体的参公管理没有《公务员法》的依据和规定。在法律意义上，事业单位和人民团体的参公管理尚有区别①。

上述中国公务员概念的分析可以看出以下几点：

第一，与许多发达国家相同，中国公务员包括（立法、行政等）国家机关的工作人员。

第二，与许多国家相异，中国的公务员概念包括了政党和工商联以及政协的工作人员。这是中国公务员概念的特征之一。在各国，一般政党等组织的人员不是公务员，只有在其担任公职时才分类为公务员。中国宪法前言规定，中国共产党领导的多党合作和政治协商制度是中国的基本政治制度②。中国的公务员范围规定，体现了这一中国政治的特色。

第三，部分事业单位和人民团体工作人员的人事管理参照《公务员法》执行（参公人员），可以称为"准公务员"。这部分人员的工资福利基本上是国家财政负担的。

第四，参公管理之外的事业单位，国有和公有（集体所有制）的企业单位组织的人员，不在公务员的概念之中。这些人员不是"公务员"，但是其工资福利，部分是国家财政负担的。当然，比如事业单位的法人化改革正在进行中，情况比较复杂③。

第五，"公务员"不包括军事组织的人员（军人）。中国公务员基本

---

① 关于人民团体的参公管理，参见〔日〕毛桂荣：《人民团体と公務員制》，载明治学院大学《法学研究》97 号，2014 年 8 月。

② 参见〔日〕毛桂荣：《中国政治協商会議の位相》，载明治学院大学《法学研究》100 号，2015 年 1 月。

③ 参见〔日〕毛桂荣：《公共サービス提供の制度構築：中国事業単位の改革》，载明治学院大学《法学研究》90 号，2011 年 1 月；毛桂荣：《日本公共服务法人的改革：对中国的启示》，载明治学院大学《法学研究》91 号，2011 年 8 月（中文）。

上是"文官"。

总之，中国的"公务员"概念，包括了非国家组织的人员在内，而不包括军人和企事业组织的人员，这是中国"公务员"概念的显著特征。

从上述分析可以发现，"公务员"与宪法的"国家工作人员"的范围相交叉。宪法的"国家工作人员"是"公务员"。但是，中国"公务员"的概念包括非国家机构，即政党（共产党以及民主党派）以及政协等机构的人员。这些机关的工作人员（即公务员）是否为"国家工作人员"，以概念的定义而变化。同样，参公管理的"准公务员"是否为"国家工作人员"有待讨论。但是，依照刑法，包括人民团体在内的行使公共管理职能的人员包含在"国家工作人员"的刑法概念中。反过来，不是"公务员"的军人，以及既不是"公务员"也不是"准公务员"的国有公有企事业单位的人员是否为宪法以及刑法的"国家（机关）工作人员"，这一点需要具体分析。

同时"公务员"概念与"干部"概念有重叠（参见表4，表5）。国家机关的"公务员"是"干部"。政党、政协等组织的"干部"也是"公务员"。但是，并不是所有的"干部"或"党政干部"都是"公务员"。国有企事业单位组织的"干部"是"党政干部"，但不是"公务员"。军队"干部"也不是公务员。可以说，"干部"的概念超越了"公务员"概念的范围。在通常理解的"干部"概念范围中，部分"干部"不是《公务员法》的"公务员"，也不是宪法规定的"国家（机关）工作人员"。

总之，在中国，"国家（机关）工作人员"、"干部"以及"公务员"三个概念并存，部分重叠。同时，中国的"国家工作人员"、"干部"以及"公务员"的概念，都不是包括所有政府雇佣人员的概念。①

---

① 毛桂荣：《公务员概念的比较分析：中国与日本》，载《公共管理与政策评论》，2014年第 2 期，第 77—85 页。

表4 中国"公务员"的范围及其相关概念的比较

分类	公务员组织	法规以及政策根据	与"国家(机关)工作人员"概念的关系	与"干部"概念的关系
国家机机构	立法(人大)、行政(国务院)、司法(检察院、法院)的常勤工作人员	《公务员法》第二条,以及细则:中央组织部2006年《公务员法实施方法》及其附件《公务员的范围规定》第十一条	这些组织的人员为"公务员",是宪法规定的"国家(机关)工作人员",也是刑法规定的"国家工作人员"	"干部"、"国家干部"
非国家机构	共产党各级组织的人员	同上,《公务员的范围规定》第十一条。	这些组织的人员为"公务员",是否为宪法规定的"国家(机关)工作人员"有待讨论	"干部"、"国家干部"
	民主党派、政协、工商联的各级组织的工作人员			
参照《公务员法》管理的组织(参公人员)	共产党以及国务院直属的事业单位(需要审批)。2008年为止中央以及国务院共19个事业单位为参公组织	《公务员法》第一百零六条。《中华人民共和国公务员法实施方法》附件"参照《中华人民共和国公务员法》管理的单位审批办法"。中央组织部《关于事业单位参照公务员法管理工作有关问题的意见》(组通字〔2006〕27号)、《关于印发参照公务员法管理的党中央、国务院直属事业单位名单的通知》(组通字〔2006〕33号)等	是否为宪法规定的"国家(机关)工作人员"有待讨论。(担当公共事务的)部分人员适用刑法规定的"国家工作人员"规定	管理人员为"干部"或"国家干部"
	工、青、妇等21个人民团体	《公务员法》无具体根据。按中央组织部《关于印发工会、共青团、妇联等人民团体和群众团体机关参照《中华人民共和国公务员法》管理意见的通知》(组通字〔2006〕28号)	是否为宪法规定的"国家(机关)工作人员"有待讨论(担当公共事务的)部分人员适用刑法规定的"国家工作人员"规定	"干部"或"国家干部"
参考	军人	非《公务员法》规定的公务员	是否为宪法规定的"国家(机关)工作人员"有待讨论	"军队干部"、有别于士兵
	国有企业/集体所有制企业	非《公务员法》规定的公务员	部分人员适用刑法规定的"国家工作人员"	管理人员、技术人员为"干部",区别于一般职工

（三）公务员制度的设计

中国的公务员制度，在公务员的概念问题上具有如上的特征。这里进一步探讨公务员的制度，然后再分析制度改革的问题。

首先，中国公务员制度的设计，基于误解排除了"政治行政二元论"，以及"政治中立"的原则。中国没有采用"政务官"和"事务官"分类制度。但是，在制度设计上，我们可以看到类似的区分。如表 5 所示，在党管干部的原则下，中国政府的领导层职位是选任制或任期制的"领导成员"。在其下，大多为内部晋升的职业公务员，依照考试任用和功绩制，并按照一定的程序晋升任职，形成公务员的职业生涯。

表5 "公务员"的职级与"干部"概念

公务员的职务与级别		代表性职位 （领导职务）	与"干部" 概念的关系
领导职务	综合管理类的 非领导职务		
国家级正职		国家主席，全国人大委员长，国务院总理，全国政协主席	"党和国家领导人"
国家级副职		国务院副总理，国务委员	
省部级正职		省长，直辖市市长，国务院部长，主任	除党和国家领导人之外，处级以上在领导岗位上的干部，统称为党政领导干部。 （选拔任用副调研员以上非领导职务，程序等同党政领导干部）
省部级副职		同上副职	
厅局级正职	巡视员	国务院个部委的局（司）长	
厅局级副职	副巡视员	同上副职	
县处级正职	调研员	国务院部委的处长，县长	
县处级副职	副调研员	同上副职	
乡科级正职	主任科员	国务院部委的科，乡长	这个层次人员也可称为干部。 办事员以上都是干部或国家干部
乡科级副职	副主任科员	同上副职	
	科员		
	办事员		

表6 整理了《公务员法》的任用和晋升的规定条文。现代公务员制度的核心是考试任用，这一点在中国公务员制度中得到体现。《公务员法》规定"主任科员以下及其他相当职务层次的非领导职务公务员"的录用，采取公开考试、择优录取的办法（《公务员法》第二十一条）。简单

的说，基层公务员严格执行"凡进必考"的原则。中层或管理层的公务员大致有四种方法任职，其中包括（1）内部晋升；（2）同为内部（同系统内）的晋升，但是实行"竞争上岗"；（3）"社会公开选拔"；（4）"调任"，即是将国有企事业单位、人民团体中从事公务的人员调进公务员制度体系，给予"公务员"身份。这四种方法，特别是社会公开选拔和调任的人事任用是新采用公务员，《公务员法》和相关细则都有更详细的规定。此外，公务员的任用还可以采取短期聘任的方法任用，《公务员法》第十六章（第九十五条至第一百条）做了详细规定。但是，这部分人员不是公务员的主体或核心任用制度。

表6　公务员的任用和晋升的规定

层次		《公务员法》的规定
领导成员（除内设机构领导职务）为任期制、选任制		领导成员是指机关的领导人员，不包括机关内设机构担任领导职务的人员（《公务员法》第一百零五条）。领导成员职务实行任期制（《公务员法》第三十八条）。选任制公务员在选举结果生效时即任当选职务；任期届满不再连任，或者任期内辞职、被罢免、被撤职的，其所任职务即终止（《公务员法》第三十九条）
管理层公务员	调任	国有企业事业单位、人民团体和群众团体中从事公务的人员可以调入机关担任领导职务或者副调研员以上及其他相当职务层次的非领导职务（《公务员法》第六十四条）
	社会公开选拔	厅局级正职以下领导职务或者副调研员以上及其他相当职务层次的非领导职务，可以面向社会公开选拔产生任职人选（《公务员法》第四十五条）
	竞争上岗	机关内设机构厅局级正职以下领导职务出现空缺时，可以在本机关或者本系统内通过竞争上岗的方式，产生任职人选（《公务员法》第四十五条）
	内部晋升	公务员晋升职务，应当逐级晋升。特别优秀的或者工作特殊需要的，可以按照规定破格或者越一级晋升职务（《公务员法》第四十三条）
一般公务员（考试任用，功绩制）		录用担任主任科员以下及其他相当职务层次的非领导职务公务员，采取公开考试、严格考察、平等竞争、择优录取的办法（《公务员法》第二十一条）
附：聘任制		机关根据工作需要，经省级以上公务员主管部门批准，可以对专业性较强的职位和辅助性职位实行聘任制（《公务员法》第九十五条）。聘任公务员可以参照公务员考试录用的程序进行公开招聘，也可以从符合条件的人员中直接选聘（第九十六条）

注：考任制、内部晋升以及竞争上岗部分形成公务员的内部劳动市场。

总之，中国的公务员制度在基层采用"凡进必考"，而在中层采取部分开放的人事制度（社会公开选拔和调动）。竞争上岗也是内部晋升的一种方式，因而，基层的考任制公务员以及内部晋升、竞争上岗职位的公务员为公务员制度的核心人力资源，形成公务员的内部劳动市场。在各个组织的领导职位，《公务员法》规定除内设机构的领导职务，以及领导成员（《公务员法》，第三十八、三十九、一百零五条）实施任期制或选任制。比如各部的部长实施选任制，副部长实施任期制。

中国公务员制度的设计，依照科层制结构，大致可以归纳为三类职位的人员，即是一般基层公务员、中层管理人员，以及领导成员。一般公务员（主任科员以下），采用资格考试任用（功绩制），而（科处级到厅局级）中层人员，除正常晋升之外，采用竞争上岗，以及（由外部）社会公开选拔和调任等任职方式，基本上也采用任期制。而领导成员实施任期制、选任制。各个层次的人员，采用不同的制度，充分发挥各个制度的优势。可以说中国公务员制度是封闭型人事制度和开放型人事制度的合理集合，有其优越性。

在制度设计上，社会公开选拔和调动的制度有利于政府从政府外部选用优秀人才，适材适用。但是，过多的社会公开选拔和调任会冲垮公务员的内部晋升秩序。在科层制结构下，处级到局级的职位越来越少，外部人才的中途引进会减少内部晋升的机会，对于公务员职业生涯的设计是一个干扰因素。更重要的问题是，如何在共产党执政，或"党管干部原则"的框架下，具体设计科学执政。在此基础上，重新设计社会公开选拔和调动的制度。以下具体探讨这个问题，建议修改公务员制度的基本设计，改"党管干部"为"党管高级干部"，以期科学执政，推动国家治理现代化。

五、科学执政和公务员制度的改革

中国公务员制度建设之初，曾有政务官与业务官（常任制）分类的设想，但是没有采用。各类公务员制度的研究强调中国公务员制度拒绝了"政治行政二元论"的思想，排除了公务员"政治中立"的思想。我们可以这样解释，因为《公务员法》第四条强调"党管干部原则"。如上分析，《公务员法》规定的所有"公务员"都是"干部"。"党管干部原则"就是"党管公务员原则"。所有的公务员都要接受党的领导。

（一）党管干部的"原则"与"制度"

但是，上述公务员制度的分析告诉我们，中国公务员制度在制度设计上，基层公务员（主任科员以下）采用资格考试任用（考任制），而（科处级到厅局级）中层人员，除由（外部的）社会公开选拔、调任等方法的任职之外，公务员依照正常（基本按照年功）的内部晋升以及（系统内的）竞争上岗任职。按照《公务员法》第三十八条规定"公务员职务实行选任制和委任制"，第四十条规定委任制公务员"应当按照管理权限和规定的程序任免其职务"。一般公务员是委任制的公务员，依照公务员制度规定的任用、晋升等规定管理即可，无需"政党"具体干预。建设公务员制度的目的在于此。如果一般公务员的录用、任用、晋升还是需要"党"做具体的操作，那么保存传统的"干部人事管理制度"即可。

那么具体如何管理呢？事实上《公务员法》以及相关规定已经非常明确。如《公务员法》第十三条规定公务员"非因法定事由、非经法定程序，不被免职、降职、辞退或者处分"。再如第五十四条规定："公务员执行公务时，认为上级的决定或者命令有错误的，可以向上级提出改正或者撤销该决定或者命令的意见；上级不改变该决定或者命令，或者要求立即执行的，公务员应当执行该决定或者命令，执行的后果由上级负责，公务员不承担责任；但是，公务员执行明显违法的决定或者命令的，应当依法承担相应的责任。"这些都是具体的公务员管理的制度。其他诸如录用规定，录用考试规定，录用考试健康检查规定，试用期间管理规定，任职级别规定，职务任免与升降规定等制度的建设正是为了具体管理一般公务员。事实上，党在一般公务员的录用和任用上并没有具体的管理规定。《党政领导干部选拔任用工作条例》规定的是领导干部，而不是一般的基层干部。可以说，"党管干部原则"在一般基层公务员层次上，没有需要制定特别的党（执政的共产党）的具体的人事制度规定。

（二）"党管领导干部"的制度：《党政领导干部选拔任用工作条例》

至于（科处级到厅局级）中层人员，除由（外部的）社会公开选拔、调任等任职之外，公务员依照正常（按照年功）晋升以及（系统内的）竞争上岗任职。公开选拔和调任的制度赋予公务员制度一定的开放性。但是，这些制度在《公务员法》中都有具体规定，同时与此相关的公开选拔和竞争上岗制度的实施细则类条文也形成。按照《公务员法》的规定，这些人员（包括调任在内的人员）都不是选任制的职位，可以依照功绩制任用，并按照一定的程序升迁或任职，形成公务员的职业生涯。这些制度，如若按照制度设想和规定运转，执政党没有必要干预，否则制度就可能变形，脱离制度的基本原则。

《党政领导干部选拔任用工作条例》是"党管干部原则"在这个层次上的具体规定。可以说，"党管干部原则"的具体化，事实上只有"党管领导干部"的制度。该《条例》第四条规定该《条例》的适用范围，包括公务员对象组织的所有机构（包括内设机构等）的领导职务人员（领导成员），以及（包括非参公管理的组织在内）事业单位，人民团体的领导职位、非中共党员领导干部、处级以上非领导职务的干部。简单地说，处级以上的所有领导职位的公务员都是该《条例》的管理的对象（参考表 5 所示公务员与"干部"以及"党政领导干部"的关系）。

但是具体分析就会发现，该《条例》的规定是公务员制度的具体化和完善。也就是说，这些规定可以看作是公务员制度的具体规定。比如该《条例》第八条规定："（1）提任县处级领导职务的，应当具有五年以上工龄和两年以上基层工作经历。（2）提任县处级以上领导职务的，一般应当具有在下一级两个以上职位任职的经历。（3）提任县处级以上领导职务，由副职提任正职的，应当在副职岗位工作两年以上，由下级正职提任上级副职的，应当在下级正职岗位工作三年以上。"这些规定都是公务员晋升的规定，与政党的政策方针无关。政党执政并不意味政党需要控制所有的政府职位。中层领导干部的管理应该有公务员制度具体规定来管理，并由具体专业性的管理机构依照《公务员法》规来管理。

这里有必要对于公务员制度中的"政治中立"原则做一些说明。"政治中立"是指公务员本身没有特定的政治立场、自我的政治主张，而是接受执政党的政策和立场。在政党轮替的政党政治之下，执政党的立场成为公务员的立场，在执政党的领导层（内阁等政府职位）的领导下掌管政府事务。在共产党是中国执政党的前提下，"政治中立"意味公务员忠诚和执行作为执政党的中国共产党的政策方针。在这个前提下，需要构建制度和机制确保公务员执行执政党的政策方针。

公务员制度改革需要渐渐缓和内设机构的领导职务的党管（领导）干部制度。可以设计淡化内设机构的厅局级层次以下公务员管理的政党介入。或具体设计在内设机构的副局级以下排除政党介入，强化功绩制原理，提高行政的专业水平的制度改革。同时，强化局级以上职位的政党人事管理制度和功能，依此强化执政党的地位，保证政党（执政党）对于行政的控制。这是科学执政的基本思路。也就是说，追求"党管高级干部"的制度和机制的建构。

（三）科学执政的方向："党管高级干部"的制度改革

《公务员法》第一百零五条规定，"领导成员"实行任期制。《公务员法》第三十九条规定"选任制公务员在选举结果生效时即任当选职务；任期届满不再连任，或者任期内辞职、被罢免、被撤职的，其所任职务即终止"。如国务院的部长是选任制的职位，也是任期制的职位。党的《条例》规定的领导干部中，（除去内设机构）部分是《公务员法》规定的"领导成员"。

一般公务员没有任期的问题，而领导成员实施任期制，以及选任制。同时中国《公务员法》第八十二条规定"领导成员因工作严重失误、失职造成重大损失或者恶劣社会影响的，或者对重大事故负有领导责任的，应当引咎辞去领导职务。领导成员应当引咎辞职或者因其他原因不再适合担任现任领导职务，本人不提出辞职的，应当责令其辞去领导职务"。中国公务员制度中没有"业务官"和"政务官"的分类制度。事实上，委任制与选任制（《公务员法》第三十八条）的区分具有同等的含义。

如果中层领导干部的管理交由专业性的管理机构依照公务员法规等具体化的制度和程序来管理，如何强化执政党的执政地位，保证执政党的政策方针得到具体执行，其方法就是强化政党对于组织领导层次职位（领导成员等）的控制。如表7的"党管高级干部"（建议）所示，公务员制度改革需要确立执政党任命"高级干部"原则和制度。

表7　公务员的人事管理和改革建议

主任科员	科级	处级	局级		领导成员
现行：党管干部原则和公务员制度					
考试任用	内部晋升				选任制 任期制
	竞争上岗				
	社会公开选拔				
	调任				
改革	科学执政的制度改革（科学执政与公务员制度建设）				
考试任用	内部晋升（竞争）至副局级 （副局级为职业公务员最高职位）		正局级以及幕僚职位为领导成员任命。实行任期制		选任制
			③党管高级干部（建议）		
	②党管领导干部（制度＝条例）				
	①党管干部（原则）				

如果参考英国和日本的做法，比如在部委机构的领导职位，部长、副部长、部长助理，以及部长办公室主任等幕僚职位由执政党掌管任命。而副部长中的一位，可以设计其为常任事务的副部长，为职业公务员的最高职位，接受其他部长和副部长的指挥。如果参考德法等国的制度和实践，可以设计在局级划分不同的人事管理制度。也即是，部委机构的副局级以下职位由一般的职业公务员担任，其晋升依照公务法的规

定实施，其中不排除竞争上岗的制度。因为从科、处级到局级（副局级），职位越高，所需领导人数越少，公务员的职务升迁内在机制之一就是竞争，在这个前提下，可以制度化竞争上岗。至于局级以上以及部长办公室等的幕僚机构，需要具体设计政党任命，政党的直接干预。

具体操作可以如下，总理，副总理，国务委员以及各部部长（副部长），主任（副主任）为执政党提名，征得立法机构（人大以及人大常委会）同意，是为选任制职位，实行任期制（现行制度5年）。而其下职位直至局长人事由执政党的领导人员任命，具体可由部长、主任提名，国务院常务会议同意下任命。这部分的人才可以是，副局级以下的公务员（如前述高级公务员的政治任命的方式），也可以是社会公开选拔，更可以是调任的外部人才。这部分人员的职务实施任期制，同时与部长（主任）共进退。政治任命的公务员可以在任期后保留公务员身份，回归原职或辞职。当然，这些设想还是初步的，可以再进一步地具体化和制度化。但是这里需要再次明确这个改革的目的，即是确保执政党的执政，确保执政党的政策自上而下得到执行，同时发挥职业公务员的专业才能。

六、结束语

现代国家需要代表社会各阶层利益的政党，架构国家和社会的桥梁，同时需要专业的人才维持公共服务的持续。政党和公务员是不同的职业，各有不同的规范和使命。中国共产党坚持"三个代表"重要思想，而一般公务员更需要专业化的知识和效率追求。2001年中国开始实施MPA教育，其培养目标是公共管理机构的高层次、应用型专业管理人才。不同职业需要不同的知识。

强化执政党的地位需要建构现代化的公务员制度。改革和重整中国公务员制度（重整中国官僚制）可以强化共产党的执政地位，同时达到"科学执政、民主执政、依法执政"的目的，更可以"推进国家治理体系和治理能力现代化"。CPS

比较政治学研究　第 10 辑
Comparative Politics Studies No. 10

Restructuring Chinese Civil Service for Good Governance

Meijigakuin University (Japan)　　Mao Guirong

Abstract: This article, from a comparative point of view, explores the design of Chinese CCP's governing style. In the developed countries, politicians of ruling party, political appointees, and permanent civil servants, with different arrangement, compose the government positions. This article gives suggestion to adjust the "Party (CCP) controlling cadres" principle to the "Party (CCP) controlling senior cadres", with restructuring Chinese civil service system.

Keywords: Governance; Ruling Party; Politicians; Political Appointees; Civil Service

综述

Comparative Politics Studies

民主化、政治发展、比较历史分析研究评述

李路曲　　李晓辉[*]

本文对 2013—2015 年[①]中国学界在民主转型、政治发展、比较历史分析领域的研究进行了追踪和评述。由于世界范围内民主转型的失败或失效，以及东亚尤其是中国的崛起，这一课题不仅引起了国际学界的关注，而且也引起了中国学界的高度关注，发表了较多的成果。在政治发展领域尽管传统的研究不多，但从比较各国的国家治理尤其是国家兴衰的视角仍有有分量的研究，有其独到的视角。在比较历史分析领域，由于历史制度主义的引入而增强了其解释力和生命力，也使人发现它对中国模式有很强的解释力。总体来说，这三年的研究没有改变我国比较政治学界仍处于解读国外比较政治学的成果和知识积累的阶段。因此，最后介绍了几篇比较政治学的学术评论，供读者对中国比较政治学发展的

---

[*] 李路曲：上海师范大学哲学与法政学院教授；李晓辉：上海师范大学哲学与法政学院中外政治制度专业研究生。

[①] 本文是课题组对比较政治学研究进行系列评述的一部分。这里对这些领域的研究采取了较狭义的理解，主要表现在：第一，对于国别研究，只有明确运用了比较方法或对两个及以上国家进行比较的成果才会进入本章的范围。第二，只对传统的政治发展和民主化领域进行了介绍和评述，而对也属于政治学理论或政治学其他学科的内容，例如政治制度、政党政治、国家治理、国家权力、法团主义、社会运动等，尽管有些文章有比较政治的主题词，但缺乏直接明确的比较，也没有收录。相反，如果是有两个以上个案的直接而明确的比较，则可能收录。第三，只对中国大陆学者在大陆发表的研究成果进行评述。

理解。

【关键词】民主化；政治发展；比较历史分析；评述

一、民主转型：质量评估、族际民主、转型模式

这一部分主要围绕着四方面的问题展开：一是当前民主的衰落问题；二是民主的测量方式；三是族际关系与民主模式之间的关系；四是转型模式。

1. 民主的衰落与民主的发展

这一部分主要讨论了两个问题：一是陈尧对民主的衰落问题提出了看法，认为民主的发展是曲折向前的，当前一些国家民主的衰落和一定程度质量的下降是民主发展中的问题。二是包刚升探讨了民主崩溃的原因，认为社会的分裂和国家能力的下降是民主崩溃的主要原因。

陈尧[①]对如何理解当代全球民主衰落问题提出了自己的看法，他指出，就单个政体而言，民主衰落可以包括两个过程：一个是民主政权的解体或崩溃，即从某种民主政体转变为威权政体的过程；另一个是民主质量的下降，既包括原先较高水平的民主质量出现下降，例如从自由主义民主退化为选举民主，或从选举民主退化为混合政体的过程。

随着全球民主衰落国家日益增多并发展为一种较为普遍的现象时，一些分析家开始将民主衰落置于多个政体的背景下加以考察。例如，亨廷顿首次以"民主逆转"的概念指称截至 1991 年全球范围内发生的两波多国民主政体集中崩溃的现象；戴蒙德以"民主回落"的概念指称截至 2008 年全球范围内普遍发生的民主腐蚀现象；鉴于全球民主衰落存在程度的差别，可以将全球民主逆转理解为大规模的民主政体出现解体或崩溃；而全球民主回落则指除了少数国家出现民主解体或崩溃外，国

---

① 陈尧：《理解全球民主衰落》，载《复旦学报》（社会科学版），2015 年第 2 期，第 158—166 页。

际社会民主质量下降的国家超过民主质量提升的国家，即全球平均民主质量出现净减损。

通过对"第三波"民主化进程中不同地区的国家民主发展状况在时序上进行梳理后，我们可以得到一些基本的判断和结论。民主转型在很大程度上是政治精英领导、设计或不同精英之间互动的结果，但转型后民主发展和民主质量的提升是一个长期的过程，不可避免地面临着反复。从这一角度来讲，"第三波"民主化仍然在进程中，这一时期出现的少数国家的民主崩溃和全球性民主质量的下降属于一种正常范围内的回落，尚未出现全球性的民主逆转。很多研究者的判断方法出现了一定的偏差，即将长期的变革过程放在较短时间内审视，就必然会得出全球民主面临整体性的衰落甚至逆转的结论。

西方老牌民主家中人们对民主的信任出现了一定程度的下降，但这种整体性下降只是由于人们对政府治理绩效和政府责任履行产生的不满，没有根本改变对民主价值和民主制度的看法。正如福山所言，老牌民主国家中不存在系统性的"治理能力的危机"。同时，西方自由主义民主体制日益显示出其难以适应社会发展的趋势。西方国家普遍面临着政府功能失调、缺乏远见的问题。在长期的发展过程中，以代议制为形式的自由主义民主日益精英化，通过政党组织和官僚结构，将大众对政治生活的影响压缩为对选举过程的参与，将民主政治化约为选举政治，忽略了民主政治的其他主要内容如共识、平等、宽容、法治等价值，最终走向了少数精英的垄断而背离了民主精神。

新兴民主国家之所以选择民主制度，是希望替代性的政治体制在国家治理方面带来明显改善。民主变成了选择政府的替代形式，而不是一种确保选举政府以反映不同利益集团之间妥协的政策机制。当民主制度和国家制度日益融合在一起后，国家所面对的治理问题也就成为民主不得不面对的问题。不可否认，治理不佳的民主政府将丧失合法性。但显然，诸多的治理问题绝非民主能够应对的。当人们对民主体制在治理方面的表现失望后，新生的、脆弱的民主政权便处于风雨飘摇之中。

不管是老牌民主国家还是新兴民主国家，首当其冲的是需要建立一套有效的政府制度，使得国家治理者能够制定有效的政策并承担相应的责任。有效的现代政府应当在强大的、有能力的国家与约束国家并使国家根据公民的普遍利益进行行动的法治和责任之间实现平衡。

包刚升在对国外关于民主崩溃的研究进行总结的基础上提出了自己的观点，指出民主政体的崩溃通常都起源于国内政治的某种紧张关系，这种政治紧张关系愈演愈烈，无法在现有的民主政体框架内解决时，很可能会导致民主政体的崩溃。因此，解释民主政体下政治危机的起源和激化，是解释民主崩溃的关键问题。政治危机的形成和激化通常需要两个条件：第一个条件是国内存在某种较为严重的政治冲突，表现为两个或数个政治集团之间激烈的政治对抗，这种政治冲突是国内不同选民集团存在严重政治分裂的反映。第二个条件是民主政体下国家或政府没有能力去缓和平息或解决这种严重的政治冲突。

这一观点立足于对两个因素的考察，一是选民政治分裂，高度的选民政治分裂通常都会引发严重的政治冲突；二是政治制度安排的类型，离心型民主政体会严重地削弱国家能力。当两者结合并持续时，就会导致民主政体的崩溃。在《民主崩溃的政治学》中，包刚升[1]提出了一种新的因果机制解释：选民政治分裂程度的不同会给民主政体施加不同的政治压力，一个得以维系的民主政体必须对这种政治压力做出有效的回应。高度的选民政治分裂会给民主政体制造巨大的政治压力，离心型民主政体无法塑造有效的国家能力来对此做出有效的回应，民主政体就有可能崩溃。

现有的主流观点较为忽视民主政体下的政治制度安排对国家能力的影响。对于一个特定的民主国家而言，国家构建的过程固然构成了该国民主政体创建和运行的背景条件，而民主政体下的政治制度安排对国家能力的影响则更为直接和重要。[2] 因此，在政治制度建设上要坚持三个原则：一是中央与地方的关系上的首要原则是要有助于强化国家统一和

---

[1]　包刚升：《民主崩溃的政治学》，商务印书馆 2014 年版，第 466 页。

[2]　包刚升：《民主崩溃的政治学——选民分裂、政治制度与民主崩溃》，载《公共行政评论》，2013 年第 5 期，第 171 页。

民族认同，在此基础上再考虑如何兼顾社会结构的复杂性和多样性。特别是对多族群、多宗教的民主国家来说，适度强化中央集权的制度安排几乎是民主政体建设的必需。与联邦制或单一制这样的制度符号相比，中央与地方的实际政治分权安排更为重要。其次，选择选举制度的首要原则是有利于塑造强大的政党和有效的政党制度。最后，政府形式的首要原则是塑造行政权与立法权在政治行动上的适度一致性。①

2. 民主的质量与民主的测量

这一部分讨论了着民主质量的测量问题，李辉改进了西方民主测量的方法，并对东亚七国进行了民主测量；楚成亚对西方的"民主价值观"测量进行了系统的分析。

李辉②在比较了各种民主测量指数后，认为莱文和莫琳娜对拉美国家民主质量测量的最新方法更为合理，并针对东亚民主化的特征和数据的可操作性做了一定程度的调整，最终使用选举质量、政治参与、责任性、回应性和文武关系作为测量的主要维度，对东亚"第三波"民主化以来的七个国家和地区的民主质量进行的一项测量研究，并给出了测量结果。

他指出，对于民主质量的测量不能等同于对民主本身的测量。民主的质量强调民主的实质性，而大多数对民主的测量侧重于其程序性要素。民主质量的研究关注在一个具体的政权内部安装了民主程序之后，究竟在多大程度上实现了这些要求。通过对这两大指标体系的综合，认为民主质量的测量所关注的问题包括：第一，关注选举的程序，但更关注程序实施的实际效果，表现在"选举质量"指标的设计上；第二，关注政治参与中选民的实际活动和议会的代表性对于民主质量的影响，表现在"政治参与"指标的设计上；第三，尤其重视民主化之后或正处于民主化之中的政体的"法治"程度和"清廉"程度，表现在"责任性"指标的设计上；第四，重视公民对于政府回应性的评价和满意度，表现

---

① 包刚升：《民主崩溃的政治学》，商务印书馆 2014 年版，第 478—479 页。
② 李辉：《东亚民主的质量：测量与比较》，载《开放时代》，2014 年第 5 期，第 129—141 页。

在"回应性"指标的设计上；第五，重视公民对政府的控制是否受到外部势力或者军事力量的干预，表现在"主权"指标的设计上。这些维度对于衡量一个政体的民主质量来说都是同等重要的，因此也没有对其赋权重。

　　在测量指标体系的选择上，除了在理论上对于民主"质量"有完整深入的认识之外，另外一个重要的标准就是"可操作性"，也即用来衡量不同维度的操作化指标是可以获得的和得到公开承认并被广泛采用的数据。本文对提到的五个维度进行了指标化的分解，并且提供了将这些分解过后的指标进行操作化测量的具体方法和资料来源，这些数据较易获得，且被广泛承认和采用，这就在最大程度上避免了测量者的主观意愿。

　　根据以上测量指标和方法，对东亚七个国家和地区的民主质量的测量结果与 Polity IV 2010 年的分数排名基本相当。台湾地区和蒙古国的民主质量依然排在前两名的位置；韩国、印度尼西亚和菲律宾有所不同，虽然在 Polity IV 中的分数都是 8 分，但是由于印度尼西亚和菲律宾在责任性、回应性和文武关系上得分较低，因此落在了最后两名的位置上。出人意料的是，虽然马来西亚这两年的民主得分有所下降，在政治参与、责任性和回应性三个指标上的表现都非常平均，没有出现大的落差，总得分反而要稍高于印度尼西亚和菲律宾，主要原因得益于其长期以来的高经济增长率，国民对政府的信任和满意度评价都较高，部分弥补了其在程序上得分的落差。泰国的情况类似，在责任性和回应性上其评分都不低，但是其之所以总体民主质量排名无法靠前，主要原因在于其文武关系问题——动荡的国内政治局势、频繁更替的政府和议会，以及发生军事政变的巨大潜在可能性，使其离迈向稳定的民主化进程还有相当的距离。

　　楚成亚①对西方"民主价值观"测量的方法进行了评价，指出用实证方法测量大众的民主价值观是西方政治学的一个重要领域，测量方法

---

　　① 楚成亚：《西方"民主价值观"测量的方法与启示》，载《国外理论动态》，2015 年第 6 期，第 121—128 页。

主要包括"政治宽容测量"和"对民主的一般性支持的测量";研究类型包括对特定国家的个案研究和跨国比较研究。西方研究的启示在于,民主价值观的测量与比较必须以对民主准则的一致界定为前提,而且设问的方法直接影响测量的准确度,另外还应当更多地关注民主诉求背后的动机。具体表现在以下四个方面:

第一,大众的民主价值观是政治民主的文化条件,但是,走向民主的民主价值观与保持民主的民主价值观并不完全相同,因此,对"老牌"民主国家进行的测量与对转型国家进行的测量自然应有不同的侧重点。第二,对民主价值观进行测量与比较,要求研究者对"民主"的准则有基本一致的界定。也就是说,既然测量的是民主价值观,其变量设计就应当以民主的规范含义或理想模型为依据,而不应以本国特色的"民主"概念为依据,否则,就失去了测量与比较的意义。当然,变量的具体问题需要充分考虑各国国情,避免出现对于被访者来说过于敏感或难以理解的条目。第三,设计的变量越具体,越能准确地反映被访者的真实想法。在对民主价值观进行测量时,询问被访者是否同意"民主"所得到的数据与询问被访者是否同意"民主"的某些具体准则所得到的数据、与询问被访者在特定的情景下是否同意"民主"的某些具体准则所得到的数据会有明显差别。其原因在于,在表达对"民主"这个抽象概念的态度时,呈现在人们脑海中的往往只是"民主"的红利;而当设置了具体情境时,人们不得不对选择"民主"所需要付出的代价进行计算。第四,已有的测量方法没有充分考虑民主诉求动机的重要性。实际上,人们对民主的诉求可能是基于对民主准则本身的信仰,也可能仅仅是把民主作为达到其他目的的手段。如果人们仅仅是把"民主"作为获取物质利益或泄愤的工具,那么这种民主价值观可能非常脆弱。只有把自由本身作为目的的民主价值观才是稳固的。

徐刚[①]对中东欧国家25年的转型进程进行了评论,他指出,每个五

---

① 徐刚:《中东欧转型研究25年来的文献评价》,载《俄罗斯学刊》,2015年第6期,第70—83页。

年和十年的时候，国内外学者均会对转型的重大事件作出一些"总结"，目的是考察转型到了什么阶段以及转型的正负效果是什么。

从国内学界的研究看，剧变五年后，主要是对中东欧走向市场经济的情况进行叙述；剧变十年后，研究向政治、经济、外交等各学科拓展。相比来说，国外学界的研究成果更多更细。例如，法国学者玛丽·拉维妮对西方学者十年来的相关研究进行了评述，重点对转型初期的"衰退"、"后华盛顿共识"、转型是否结束以及加入欧盟对转型的作用等问题进行了讨论。转型 20 周年前后，国内外中东欧学界又掀起了一个研究小高潮。尤其是国外学界的研究具有更高的理论层次和较强的学科意识。例如，匈牙利学者克里斯蒂安·乔普拉尔－德戈维奇等学者 2010 年出版的《二十年之后——中东欧转型的原因和结果》论文集中对东欧转型的理论体系的变化、各国政治经济转型的模式以及东欧各国转型进程的不同特点做了历史和现实的考察。人们往往从政治、经济、外交三个层面将"民主化"、"市场化"以及"欧洲化"归纳为这些国家转型的目标。

该文以问题为导向对与转型相关的重要领域进行归纳和评述。第一，过往的研究经常不加区分地使用"转型的初始条件"与"转型的约束条件"这两个概念。转型的初始条件包括经济改革的历史、经济发展水平、政治文化传统、宗教及地缘政治经济条件等，而转型的约束条件则涵盖转型的目标模式、转型的外部约束及大国影响等。在这些研究中，从整个区域和国别进行的研究都有。其中，从路径依赖层面来讨论转型的初始条件成为一个重要视角。

第二，转型的路径与方式。由中央计划经济向市场经济的转型，一般有两种方式：激进方式或渐进方式。不过，无论实行"休克疗法"还是渐进改革，中东欧国家经济转型的内涵并无多大差异。大卫·李普顿、萨克斯等人认为，中东欧国家从中央计划经济向市场经济过渡的三个要素是宏观经济的稳定化、价格及国际贸易的自由化和国有经济的私有化。孔田平则指出，经济转型也是一个制度化的过程，除了前面三个要素外还应包括制度化。

第三，中东欧国家通过转型建立起了何种类型的资本主义？不同的学者根据不同的要素分析将中东欧国家的资本主义类型化。一些学者称，如果以自由市场经济和协调的市场经济为出发点，只有爱沙尼亚和斯洛文尼亚可以被明确纳入自由市场经济或协调的市场经济范畴，而其他中东欧国家则处于两者之间。虽然将资本主义类型理论套用到中东欧国家并不完全恰当，但是对中东欧国家的转型进行分类是可能的。在观察和理解中东欧国家的转型时，学者们已经从早期的双重转型（政治民主化、经济市场化）扩展到三重转型（加上国家性），至于西巴尔干国家则还要延伸至四重转型（再加公民国家建设）。

第四，转型进程中的市场化与民主化的关系。在转型即将进入第一个十年之际，匈牙利学者贝拉·格雷什科维以亲历者的视角对中东欧国家的政治经济转型进行了观察和分析，进而提出了"低水平均衡论"。他认为，在中东欧，民主参与机制与排他性的经济决策机制在这里形成一种微妙的平衡，民主制度与市场经济被同时引进。但经济转型只有以低速、温和的方式进行才是可行的，才不会对民主制度产生巨大冲击，经济转型的一些缺陷与不足也得以包容。其次，市场化与民主化孰轻孰重？第二种观点认为民主制度使市场经济具有正当性，而不是相反。胡安·林茨和阿尔弗莱德·斯泰潘在对比南欧、南美和后共产主义欧洲的民主化转型之后指出，只有当民主国家中的大多数人不去质疑私人所有权的产生方式的时候，尽管这种质疑可以通过合法的方式进行，私人财产才受到了保护。与非民主制度相比，民主制度还拥有合法性以及可变更的选举体制两种宝贵资源，使其与持续的经济低迷摆脱干系。最后一种观点指出，市场化和民主化之间是相互作用的。民主化决定市场化的方向及制度边界，推动或阻碍市场化进程。市场化的动力是民主化的一大诱因，市场化的发生、发展及其结果，又直接牵制或推动着民主化进程的发展。中东欧国家是民主化先行方式的转型，在此前提下，实现经济制度和体制的市场化转变，并实现了民主制度与市场经济的较高水平的均衡。

汪仕凯①选择在南美地区长期以来就有着重要影响、民主巩固和民主质量有着较大差距的巴西、阿根廷、智利、乌拉圭作为案例，试图阐释威权政体的类型是决定民主巩固和民主质量状况差异的关键性因素。

林茨和斯泰潘在解释民主转型与民主巩固的问题时提出了一个观点，即初始政治类型对于民主巩固有重要影响，因为不同类型的初始政体有着不同的制度结构与领导精英，进而导致了不同的转型道路和政治任务。在此基础上，汪世凯认为威权政体的类型是决定民主巩固和质量的关键性因素，因为威权政体的类型直接决定了转型之后的政治社会的状况，而特定国家的民主巩固和质量只不过是这个国家政治社会状况的反映。具体来说，政治社会是政治制度与政治行动者互动状态的总和，换言之，政治社会是指一个国家主要的政治力量围绕政治体制（主要是选举制度、立法制度）而进行的博弈状态，也就是政治组织围绕如何对公共权力和国家机器实施合法控制而进行的竞争所导致的状态。由此可见，探求威权政体与民主巩固和质量的关系，实际上就是要理解威权政体是如何影响民主体制设计和各方政治力量对比的。

威权政体的类型可以从三个方面加以透视，即组织化程度、威权政体的核心利益方达成团结的程度、公民社会中的民主力量在遭受分化和压制后实现团结和联合的程度。通过特定的政治组织（政党、军队）以等级控制的方式掌握国家权力是组织化程度较高的威权政体，通过少数政治精英以协商的方式掌握国家权力是组织化程度中等的威权政体，而通过领袖个人掌握国家权力是组织化程度低的威权政体。所谓核心利益方的团结程度是指统治集团形成长期稳定的合作的状态，具体而言，是指军方同支持军方的政治势力之间形成的合作状态，组织化程度高的威权政体能够形成长期稳定的合作，组织化程度中等的威权政体难以形成长期稳定的合作，而组织化程度低的威权政体可以形成不稳定的合作。所谓公民社会中的民主力量实现团结和联合的程度，是指在遭受威权政体

---

①　汪仕凯：《威权类型与转型后民主：南美四国比较研究》，载《国外理论动态》，2014年第 6 期，第 102—111 页。

的控制、分化、压制的情况下，政党和利益集团为了抵抗旧政治势力而在多大程度上能够联合起来一致行动。

根据上述论述，他提出了如下假设：

假设 1：威权政体组织化程度决定了统治集团控制民主转型的能力，也即决定了统治集团在何种程度上能够操纵政治体制的设计。组织化程度越高，威权政体越是有能力控制民主转型的进程，从而越不利于民主巩固和民主质量的提高。

假设 2：核心利益方团结的程度影响到旧的政治势力在民主转型和巩固的过程中作为一种政治力量进行博弈的能力，旧政治势力越是能够形成长期稳定的团结，就越是具有政治博弈的能力，也就越是不利于民主巩固和民主质量的提高。

假设 3：公民社会中组织化的民主力量越是能够形成联合，就越有利于民主巩固和民主质量的提高，而威权政体对政党、利益集团的分化和压制越是激烈，就越是不利于民主巩固和民主质量的提高。

据此，他认为巴西、阿根廷、智利和乌拉圭在民主巩固和民主质量方面呈现出重大差异的关键性原因是四国在转型之前有着不同类型的威权政体，后者在组织化程度、核心利益方团结的程度、公民社会中的民主力量被分化和压制的程度等方面存在差别。

3. 族际关系与民主的模式

佟德志对当代西方族际关系与民主模式的关系进行了比较研究，指出战后发展起来的几种民主模式都与族际关系的变化联系在一起。佟德志对当代西方族际关系与民主模式的关系进行了比较研究，指出，战后发展起来的几种民主模式都与族际关系的变化联系在一起。[①]

在处理族际关系时，需要解决的第一个问题就是主体问题。关于族际关系主体的基本分歧就在于个体权利与群体权利的争论。自由民主强调了族群中的个体，而结盟民主、协商民主则在一定程度上是从族群的

---

① 佟德志：《当代西方族际民主模式的比较研究》，载《民族研究》，2013 年第 6 期，第 1—13 页。

角度考虑问题。一般来讲，族际关系同化论只承认个体权利，极力反对任何形式的群体权利；而新兴的多元文化主义者则针锋相对地大力提倡群体权利。

公民民族主义强调国家作为政治共同体与民族共同体是同一的，这是现代国家建构的基本要求。人们发现"最适合民主生长的环境是那些国家与'民族'重合的社会，或那些尽管存在不同种族和文化差别，但人们依然具有共同民族认同的社会"。

在多民族多文化等多元群体国家的民主建设中，结盟民主创造了一种非常有建设性的民主模式。这种国家的特点是，存在着特色鲜明的多元文化，在缺乏自由民主需要的共同文化基础的情况下建立了稳定的民主制度。结盟民主的实践极大地挑战了自由民主的前提：一致的公民文化。结盟民主提出了一种所谓的区块多元主义，这是一种群体权利的变体。结盟民主理论有一个隐含的前提，就是把宗教的、意识形态的、语言的、地域的、文化的或民族的群体引入到民主过程中来，不再考虑他们内部在数量上的区别，而是把它们视为平等的主体，这实际上是规避了自由民主中的个体单位概念，主张一种群体权利。

如果说结盟民主是自由民主的一种平行模式的话，那么协商民主则是对自由民主的补充。在主体权利理论方面协商民主也是以个体为单位的，但协商民主强调的个体与自由民主强调的个体并不相同，它主张的个体权利实际上是通过协商实现的。在协商民主的理论和实践中，个体不再是给定的，也不是自由民主意义上的原子式的、普遍主义的，而是通过主体间的交流获得的，在这一过程中，民主的主体会通过协商主动地进行对话、学习、理解，甚至会自愿地消解自身的主体地位。这种主体，我们可以称之为协商主体。协商民主的主体理论是在哈贝马斯等人提出的主体间性理论的基础上奠定的。

协商民主模式更重视民主过程中的协商制度设计。它有一个共同的内容是对多元性或多样性的尊重，而这正是协商民主与族际关系相吻合的地方。哈贝马斯阐述了协商民主的过程："我们努力寻求一种公平的解决办法，而这样的解决办法必须得到所有参与者深思熟虑的赞同。只有在互相承认的对等条件下，通过非强调性的对话，我们才能获得这样的赞成。"

民主是以达成共识而获得合法性的，对于族际关系来讲，民主的价值导向就在于找到各个民族之间的共识。就各种民主模式与共识之间的价值导向关系来看，存在着四种基本的模式。一种是同化共识，即族群之间的意见出现了包含的情况；一种是交叠共识，即族群之间的意见出现交叠；一种是底线共识，即以族群之间意见的底线为标准；还有一种是协商共识，即经过协商，族群之间的意见发生变化，形成了新的共识。

从整个西方国家民主政治发展的历史来看，最初的民族国家建构更多集中在同化上，这就决定了其民主模式更多依赖的是自由民主的同化力量；随着文化多元化的发展，西方的族际关系逐渐走向多元，对应这种多元的族际关系模式，尤其是文化多元主义的兴起，结盟民主得到重视，协商民主突飞猛进，这反映了当代西方民主对于族际关系的关照。

4. 转型成本与转型模式

这一部分主要是讨论了政治转型的问题：冀天对不同转型路径的成本进行了分析，指出渐进而坚定地转型是成本最低的转型；汪仕凯通过对拉美四国的比较分析，指出威权政体的类型是决定民主巩固状况的关键性因素；肖克对西班牙和缅甸的民主转型进行了比较，认为选择不同领域改革的先后顺序决定着转型的成败；傅军、张振洋对印尼和菲律宾的政治转型进行了比较分析，指出它们转型的原因并非结构性因素，而是经济危机和国家建设的落后。

冀天[1]对转型成本与民主化路径进行了比较分析。他指出，阿塞莫格鲁和罗宾逊将政治发展分为三种路径：第一条是从非民主渐进地但坚定不移地走向民主的道路；第二条是民主得以创立，但创立之后却迅速瓦解的道路；第三条是保持非民主或者民主化在很大程度上被推迟的

---

[1]　冀天：《转型成本视角下民主发展模式的比较研究——基于俄罗斯、日本、阿根廷、韩国的经验》，载《当代世界与社会主义》，2015 年第 6 期，第 146—155 页。

道路。

　　具体来讲，第一和第二条路径主要是从速率和民主的稳定性两个方面讲的，第一条速率是缓慢而渐进的，民主是巩固且质量较高的，这种道路比较符合早期发展的民主国家。第二条路径在推进民主发展上的速率较快，但民主制度是不稳定的，这种类型比较普遍，大多发生在后发国家的民主化之中。第三条路径主要关注于民主发展的基础条件和精英的主观意识。其中的路径一是指民主发展基础较为雄厚，贫富差距较小，且经济繁荣，只要精英在主观意识上有力地推动，民主的发展不会遇到太大的困难，民主的质量也可能较高；其中的路径二是实现民主发展最为困难的方式，因为从民主发展的基础条件看，社会缺乏共识的基础，各阶级与阶层之间的对立十分尖锐。

　　他指出，民主转型成本包含过程成本和结果成本两个层次，利用类型学可将民主发展模式划分为四种类型：模式 I（高过程成本与高结果成本）、模式 II（高过程成本与低结果成本）、模式 III（低过程成本与高结果成本）、模式 IV（低过程成本与低结果成本），这四种类型不仅可以有效涵盖之前提到的民主发展类型，而且能够容纳更多的民主发展类型。具体来讲，鉴于民主发展的第二条路径较为困难，它很有可能成为模式 I。第二条路径是一种典型的攫取性体制，如果强行推动，执政精英集团必定使用镇压策略，这就有可能造成严重的流血冲突，过程成本可能会非常巨大。即使通过暴力革命的方式建立了民主体制，如果攫取体制未有改变，公民文化未发育完全，结果成本也会非常高。模式 II 是一种比较特殊的模式，在民主发展的传统分类模式中，并没有与之准确对应的道路，究其原因，这可能与共线性问题有关。由于过程成本与结果成本有极强的相关性，因此过高的过程成本会造成社会元气大伤进而影响民主制度的运转，导致结果成本的升高。民主发展第二条路径基本对应模式 III，从"第三波"民主化国家来看，妥协选举和非暴力，是"第三波"民主化的共相，这些国家的民主化过程异常迅速，而且在整个转型过程中由于具备上述特征，因此并未产生很高的过程成本。但是这些国家却普遍面临着民主巩固和提升民主治理绩效的压力。第一条路径类型可以对应模式 IV。第一条路径采取的渐进民主发展方式为降低过程成本奠定了基础，在渐进发展的过程中如果能够有效培育民主发展的基础条件并成功转型为开放的权利型秩序，那么结果成本也可能会降低到较低水平而路径一虽然与路线一存在很大的差异，但是它已经具备了很好的基础性条件，只要精英具有主观推动的意识，并积极推动社会秩序的转型，那么其民主转型成本也可能会维持在较低水平。

依据以上四国的民主转型成本比较，笔者认为模式 IV 是一种比较理想的模式，它既带来了稳定而高效的民主制度，又很大程度上降低了民主转型成本。模式 III 是一种普遍模式，虽然转型过程中成本较低，但是其结果成本较高，这样一种民主发展模式是一种较坏选项。模式 II 是一种特殊模式，这种状态一般发生在外部势力干预的情况下，虽有成功案例，但其过程不可复制，不具备可以操作的条件。模式 I 可以称之为变态模式，在这种模式下，社会生产力会遭到严重损害，政治秩序完全失控，这种模式是应当有意识地避免的。

肖克①对西班牙和缅甸的政治转型问题进行了比较分析。他指出，之所以选取缅甸为研究对象，一是因为缅甸转型过程几乎涉及了一切影响转型的复杂因素，如强人政治、民族分离势力、军队势力强大、转型由政府主导和国际压力等；二是因为缅甸作为新近进入民主转型过程的亚洲国家，其民主化过程刚刚起步，远未完成，分析其转型困难，吸取别国经验，具有宝贵的现实意义。之所以选取西班牙作为与缅甸转型的比较对象，是因为西班牙作为 20 世纪 70 年代"第三波"民主化浪潮中转型成功的"样板"，其转型过程也几乎涉及了一切影响转型的复杂因素，如强人政治、民族分离势力、军队势力强大、转型由政府主导等。"西班牙是协议民主转型与迅速民主巩固的典型个案。"对二者的比较也可以看出这一阶段欧洲与亚洲转型路径选择的不同。

西班牙的民主转型起始于 1975 年统治了西班牙 36 年的独裁者佛朗

① 肖克：《亚洲威权国家民主转型的可行路径选择：基于西班牙和缅甸的比较》，载《比较政治学研究》，2014 年第 6 辑，第 93—121 页。

哥将军的去世。佛朗哥在执政晚期尽力将军政分开，避免军队对政治过多干预。对外关系上，佛朗哥利用冷战中美苏对抗局面，成功将自己纳入美国阵营，先后与美国签订"合作互防条约"和"军事合作协定"。这些都为后来西班牙平稳转型奠定了基础。缅甸也是在军政府的主导下开始了政治改革。1993 年缅甸启动了制宪进程，2010 年军政府"还政于民"，2012 年反对党全国民主联盟大获全胜。两国转型的起点都是威权主义，都是威权政府领导的自上而下的改革，改革的结果之一都是给予原政权体制和人员相当利益与权力保留，西班牙至今仍实行君主制；缅甸 2008 年宪法的设计也是最大化保留了军队对政治的影响力。

对于涉及全面的改革来说，依次选择的领域顺序与轻重缓急绝不是个无关大局的问题，在某种程度上甚至可以决定转型的成败。任何国家的政治体系都需要在决策规则、制度安排的建立、政治参与障碍的移除、选举的必需要素等方面达成共识、谅解或者默契。在这方面，两国都选择了首先集中于政治、其次经济、再次社会文化问题，在政治领域首先关注整体结构性问题，然后民族区域性问题的大致序列。而且，两国民主转型的起点标志和制度支撑都是新的宪法（1978 年的西班牙宪法和 2008 年的缅甸宪法）。

通过西班牙与缅甸民主转型的过程比较，该文认为，民主转型要获得成功，需要具备以下条件：

第一，相对稳定的政治制度。具备一个在维持最起码的政治秩序和执行最起码的政治功能上有作用的政府和文官系统，对于转型过程的稳定具有决定意义，也有利于转型后的民主巩固和各方利益的协调与公共资源的重新分配。

第二，尊重法治的政治文化。转型过程往往伴随制度弱化甚至崩溃，会出现大量权力真空。此时，转型领导者面临复杂多变的情况，不可能时刻兼顾各方，此时公民个体的"自我约束"就尤为重要。而自我约束正是尊重法治的政治文化的体现。

第三，活跃而理性的公民社会。历史多次证明，没有民众支持和参与的转型很难获得成功，而民众的参与又有导致无政府混乱的可能，这些都需要一个活跃而理性的公民社会的支撑。

第四，发达的市场经济对民主巩固还是具有正面作用。

第五，由军政府启动的转型，如果军队的影响力在逐步下降，民主转型就相对顺利。因为尽管军队启动了转型，但由于其管理方式是威权型的，与民主的目标格格不入。

第六，国家认同要高于民族认同。民主转型是以国家为单位的，对国家认同程度的高低将直接决定转型获得内部支持的程度，如果民众对所属民族的认同高于对国家的认同，这种转型就不稳定或缺乏效力。

傅军、张振洋[①]对印尼与菲律宾民主转型的原因进行了比较研究，他们指出，结构性因素并非印菲两国实现民主转型的共同原因。首先，经济发展不是两国发生民主转型的原因。尽管苏哈托的威权体制确实使印尼经济飞速增长，国家实力稳步增强，人民生活水平有了较大提高，步入了中等收入国家行列，表面上接近了亨廷顿设置的民主转型的上限。但实际上，由于美元贬值，印尼发生民主转型时，人均国民生产总值严重缩水，人民收入减少，可见经济因素在印尼的民主转型中不是决定性因素。

20 世纪 70 年代，虽然菲律宾的经济有了一定程度的发展，但石油危机波及全球，菲律宾也未能幸免，遭受了严重的经济危机。马科斯统治的最后几年，菲律宾经济甚至出现了负增长，因此，菲律宾的民主转型在一定程度上可以说是经济危机和政治危机的产物。

其次，中产阶级在两国民主转型中发挥的作用不大。中产阶级在上述两国的民主化运动中近乎"隐形"，教徒和学生分别扮演了中产阶级应该扮演的角色。1997 年的亚洲金融危机却严重地削弱了印度尼西亚中产阶级的实力，原本家境殷实的中产阶级在经济危机中受到严重冲击，不得不关注自己的温饱问题，越来越糟糕的经济条件将严重影响中产阶

---

① 傅军、张振洋：《印尼与菲律宾民主转型原因之比较研究》，载《国际论坛》，2013 年第 5 期，第 14—19 页。

级在政治变革中的决心和承诺。在马科斯的独裁统治下，生活水平得以提高的是马科斯家族以及与其亲信，普通中产阶级的实力并不强大。两国的民主转型虽然有一定数量的中产阶级参与其中，但是所起到的作用远远不是决定性的。

他们认为，印尼和菲律宾实现民主转型的原因在于：威权体制本身缺乏足够的能力度过经济危机，当经济危机无法得到解决时，就会危及到政治体制本身，最终发展成不可逆转的政治危机。具体来说，当人们在经济危机中无法继续生存时，便会走上街头，要求威权领导人下台。在镇压的过程中，军队对于反对派的同情态度起到了决定性的作用。军队的反叛使得威权领导人失去了镇压反叛的强制性力量，在关键的时刻无法继续保持领导权。在威权领导人众叛亲离之际，国际社会（主要是美国）也撤回了对他们的支持，这就导致了威权政治的彻底垮台，而民主派领导人接管政权则保证了政权向民主体制过渡。

印尼和菲律宾两国转型艰难的一大原因在于其落后的民族国家建设，公众心中的共同体意识薄弱，他们更多地认同自己所属的地区或者庇护者，而非国家。人们在政治生活中重视等级关系，投票时只会投票给自己的直接庇护人，以获得短期的回报。更为重要的是，在一个严重缺乏认同的社会实行民主制度，甚至有可能加深社会的分裂。所以，印尼和菲律宾在转型过程中的混乱实际上是民族国家尚未形成的结果。

二、政治发展：模式政治、精英自律与政治秩序

这一部分主要有三方面的内容，一是对后发展国家的政治发展模式进行了分析；二是对政治发展理论的内涵及其时代意义进行了阐述；三是对福山的政治发展与政治秩序理论进行了分析。

总体来说，我国学术界在 2013—2015 年对政治发展理论的研究热度不高。这一阶段对政治发展理论的研究可以分为三部分，一是对政治发

展理论的总体性研究，其中以魏玮、刘邦凡《浅论政治发展理论的变数与可能》为代表；二是对以往西方学者政治发展理论的再探求，期望发掘政治发展理论的现实时代意义，其中以李路曲、张飞龙的《略论亨廷顿政治发展理论的时代意义》和刘远亮的《派伊政治发展理论的逻辑建构及其对当代中国政治发展的现实镜鉴》为代表；三是对西方政治发展理论中具体议题的研究，例如对政治发展路径或政治发展模式的研究，对政治发展中政党的研究等；四是对福山的政治发展与政治秩序理论的研究，由于该理论比较前沿，并契合我国政治发展的现实需要，这方面的文献资料相对较多，例如高力克的《国家与社会的协奏曲——福山政治秩序理论的逻辑结构》、包刚升的《"福山的菜单"与政治现代化的逻辑——评〈政治秩序与政治衰朽〉》、任剑涛的《政治衰败的福山式错位分析》等。

福山的政治发展与政治秩序理论是近几年学术界相对热门的话题，综合来说，对福山的理论研究分为三大类别：一是对福山政治发展与政治秩序理论的总体性概括总结，以包刚升的《"福山的菜单"与政治现代化的逻辑——评〈政治秩序与政治衰朽〉》为例；二是对福山政治发展与政治秩序理论及其具体部分的批判性分析，如任剑涛的《政治衰败的福山式错位分析》；三是借用某种方法或理论对福山政治发展与政治秩序理论进行梳理分析，如李月军的《比较历史分析视野下政治秩序的起源、变迁与终结》、高力克的《国家与社会的协奏曲——福山政治秩序理论的逻辑结构》。另外，也有学者受福山政治发展理论中"国家构建"、"政治衰败"的启发，论证我国国家治理相关议题的。

1. 模式政治与路径比较

这一部分有两个内容，一是叶麒麟对发展中国家政治发展的模式政治进行了探讨，认为模式政治已成为全球化背景下发展中国家发展问题的一个研究领域和视角。二是李路曲对新加坡与中国的政治发展模式进行了比较分析，认为两国在渐进式改革的"度"上的差异影响着两国的发展水平。

叶麒麟①对发展中国家政治发展的模式政治进行了探讨，认为模式政治已成为全球化背景下发展中国家发展问题的一个研究领域和视角。

他指出，发展中国家和发达国家的政治和社会精英是模式政治的主体。在发达国家主导的全球化发展秩序中，对于某一发展中国家而言，有意插手其发展模式选择问题的主要是本国和发达国家的政治和社会精英。

模式政治的客体是发展中国家的发展模式。通俗地说，发展模式就是解决发展问题的方式。而从学理上而言，发展模式是人们在进行发展实践时所选择及实行的理念、途径、原则与结果的统一体，或是人们对社会发展的道路、经验和结果等的归纳总结所形成的学理抽象。发展模式是由经济、政治和社会文化等要素构成的，其中，政治要素尤其是政治体制要素在发展中国家发展问题中的地位和作用更为突出，从而成为某些群体对发展模式的评判依据，因而由此也体现出发展模式选择问题的政治性。

发展问题是第二次世界大战后发展中国家所面临的核心课题，而在发展全球化的背景下，发展模式选择问题也成为发展中国家的重要政治议程，因此由发展中国家发展模式选择纷争而形成的模式政治便应运而生。模式政治在于发展中国家和发达国家的政治、社会精英关于发展中国家发展模式的选择纷争，其实质是发展中国家发展的主导权之争。模式政治的理论依据主要有现代化理论、依附理论、世界体系理论以及文明冲突论等。另外，作为模式政治主体的行动策略，模式政治形态主要有民生政治、安静政治、恐怖活动、武装战争以及军事政变等。由此可以看出，模式政治是发展中国家发展问题的一个研究领域和视角。

需要加以补充的是模式政治模型中的发展模式主要有本土模式和外来模式两种。其中，本土模式不限指纯本土的发展模式，也包括在发展

---

① 叶麒麟：《模式政治——发展中国家政治发展道路研究的一种路径》，载《比较政治学评论》，2014 年第 1 辑，第 63—76 页。

中国家内部施行了或者被本土化了的与发达国家不同的其他发展模式。而外来模式主要是发达国家的发展模式，而不包括其他发展中国家的发展模式。不可否认，现实中有些发展中国家的发展模式，被其他发展中国家所借鉴和移植。此时，发展模式选择纷争就集中在发展中国家内部的亲本土模式和亲外来模式之间，而作为外来模式拥有者的那些发展中国家，一般不会主动输出自己的发展模式。而当今国际经济政治秩序是由西方发达国家主导的，因而产生了发展中国家和发达国家之间的矛盾问题。因此，有意对某个发展中国家输入外来模式的，往往是发达国家。正基于此，模式政治模型中的外来模式主要是发达国家有意向发展中国家输入的。被视为不同的发展模式，并不意味着它们之间没有共同的要素，发展模式之间在某些要素方面可以相互借鉴，从而凭借不同的要素组合形成新的发展模式。例如，中国特色社会主义模式中的社会主义市场经济要素，与西方模式中的资本主义市场经济要素具有市场经济的共性。

发展中国家所施行的发展模式，都有其稳定存在的某一历史时段。某一发展模式若未能带来实际的良好发展绩效，那么拥护该发展模式的模式政治主体将不得民心，该发展模式迟早就会被替换掉，模式政治也就由此发生变迁。

李路曲[①]对新加坡与中国的政治发展路径进行了比较分析，指出新加坡与中国都是后发展国家，两者在文化传统、体制形式、发展模式等方面具有很大的相似性，而且都是当代较为成功的发展案例，因此，与新加坡进行直接比较，有利于阐明中国政治发展模式的向度以及治理方式变革的速度和深度的效果，当然也有利于阐明发展中的问题。从政治发展进程来看，两国都是先进行政治理性化建设，然后是理性化与民主化并进。在1960年代末和1970年代末，新加坡执政的人民行动党和中国共产党先后开始了国家战略中心从以政治斗争为中心向以现代化建设

---

① 李路曲：《新加坡与中国政治发展路径的比较分析》，载《政治学研究》，2015年第3期，第3—14页。

为中心的转变，此后，两国政治的现代性和理性化建设相继得到了不同程度的推进。自 1980 年代初以后，新加坡的政治发展在坚持其理性化和政治稳定的基础上从强国家向体制内的多元民主发展，中国几乎与新加坡在同一时期开始了民主化进程，不过中国更加注重政治稳定，并在这一过程中始终以政治理性化建设为主，当然中国的政治理性化建设正在为民主化即中国特色的协商式民主的发展创造条件。

新加坡与中国的渐进式转型和改革的共同之处是它们都保证了国家的稳定性和现代性，所以在相当程度上保证了国家的有效治理。在社会基本共识和国家领导层的主导下，两国对经济、社会、文化和政治体制进行了持续的调整和改革，使其与经济和社会的发展和转型相适应，保证了经济和社会持续较快的发展，两国或许已经形成了一种特有的体制内的渐进式的政治转型模式。两国的市场化均快于民主化，这与一些国家的民主化快于市场化有所不同。两国的差异之处表现在，虽然同为渐进式改革，但中国更为渐进一些，具体来说就是中国的市场化和民主化进程在同一历史时期要慢于新加坡，这一方面是由于中国在建国后近 30 年实行了计划经济体制，另一方面中国对传统的路径依赖较为强烈。当然，对于中国来说，正是由于传统的因素较强，因此其市场化和民主化慢一些与它的现实是有适应性的，在相当程度上也有利于治理的有效性。当然，这也为进一步的发展留下了隐患，这表现在传统的经济体制、利益集团和意识形态对进一步改革尤其是政治改革有潜在的阻碍。

2. 精英自律与国家治理

这一部分有三个内容，一是储建国认为精英自律的程度对国家治理的水平有很大影响；二是任剑涛从比较历史的宏观视角探讨了国家兴衰的治理方式，认为国家要有效区分公私领域的不同事务，要建构一个有规可循的治理状态，还要保持国家的学习能力；三是李路曲对新加坡与中国国家治理的方式进行了比较，认为强国家与强社会的治理模式是两国的发展方向。

储建国[①]指出，过去的比较政治研究忽视了一个重要的主题，那就是精英自律在现代政治生活中的作用。这种"忽视"是现代政治科学乃至整个现代社会科学去道德化的自然后果。在精英自律程度高的国家和地区，政治发展就较为成功；反之，政治发展就较为失败。

公民文化研究相对冷淡了一个重要的传统命题，那就是政治人口分为精英部分和大众部分。如果说大众部分的文化对民主起着重要的作用，那么精英部分的文化在某种程度上更加重要，因为他们才是不断做出政治决定或对政治决定产生重要影响的人群。如果公民德性是重要的，那么精英德性在某种程度上更加重要。政治精英的行为在很大程度上能够脱离民众的控制，脱离制度的控制。同时，脱离民众和制度控制的精英行为并不必然是放纵的行为，他们还有自我约束的一面，这种约束对于民主的良好运行是至关重要的。精英自律就是其中之一。

在西方国家中，英国精英的自律品质是比较高的，但这种品质并不是现代民主制度的产物，而是该国传统的产物。英国精英群体的品质在向现代民主转型过程中发挥了重要的作用。1215年抵制国王的那些贵族从国王那里索取到的写进《大宪章》中的约定保护了教会和社会中广泛的权利和自由，而不仅仅是自己的利益。从这个事件我们可以看到，在近代以前的英国所成长起来的自由意识，是一种有德性的自由意识，它逼迫那些精英为了共同的利益而承担责任。英国议会常常被奉为现代民主发展的标本，然而，如果没有那些在追求自身利益的同时，仍然关注公共利益的议员们的小心维护，民主是不可能的。与近代英国贵族相比，同时期的法国贵族则以浪漫游戏的态度谈论着官职的买卖和荒淫的生活，腐败的精英只能成为专制的奴仆或工具，近代的法国印证了这一点。

学者们对中日近代政治转型同样充满兴趣。这两个文明古国都是被迫向西方敞开大门，又被迫启动政治革新。然而，革新的结果迥然不

---

① 储建国：《近代英法政治革命前精英自律的比较及其理论意义》，载《社会科学战线》，2014年第5期，第161—169页。

同，一直影响到今天的局面。清朝皇室与日本皇室相比，政治自律处于一个较低的水平，腐败成为公开的常态。就像法国国王带头公开腐败一样，慈禧太后也是如此，一个公认的事实就是她为了修建颐和园而挪用海军经费。几乎在同一时期的日本，发生了截然不同的事实。明治天皇为了建立强大的海军，拿私家的钱来用作海军经费。日本天皇发挥了表率作用，谕令一发激发了全国精英阶层，华族富豪竞相效仿天皇，纷纷解囊捐款。这两项事实对于中日近代政治转型具有非常重要的比较意义。日本通过天皇的表率作用保持精英的政治自律，并将这种自律转化成推动现代化的强大力量。中国通过慈禧的表率作用恶化了精英的政治自律，并听任腐败放纵行为阻碍中国现代化事业的发展。但日本的精英自律与英国有明显不同的地方，日本精英都生活在高度等级化的秩序之中，他们的自律是以等级服从为基础的，其自律的首要条件就是对上的忠诚。这就是日本的精英自律带来了经济和社会的现代化，但没有带来进一步的政治民主化的原因，并在特殊情况下走向了军国主义政治。

现代民主就是通过大众在政党间的选择而约束精英的行为。政治发展的比较研究也重点关注政党竞争的自由、公开、公正的程度，而忽视了政党在培养和选拔精英、促进精英自律方面的差异。这种差异对于"二战"后走向现代化的新兴国家来说尤其重要。这些国家的政治发展道路与西方国家有着非常大的不同。西方国家现代政治发展走了一条"社会造国家，国家造政党"的道路，而很多非西方国家现代政治发展则走了一条"政党造国家，国家造社会"的道路。后面的"政党"与前面的"政党"在功能上有着本质的不同，它承担着打造一个全新国家的任务，而前面的政党则主要是起着表达和整合社会某部分人口利益的任务。担负打造新国家任务的政党是一个具有强烈使命感的政党，它们对成员的素质提出了更高的要求，要把该社会最优秀的分子吸纳进来，加以培养，不断补充到各种政治岗位上去。这种改造党能否取得成功，主要取决于政党自身的素质，而关键内容就是政党自律的水平。在以现代化为目标的政治发展过程中，那些自律程度高的政党无一例外地比自律程度低的政党要表现得更为成功。日本人有效地通过一党独大的体制将这种自律传统在自民党内保存了下来，实现了精英自律传统与西方民主体制的创造性对接。新加坡的精英自律之路在非西方国家具有很强的代表性和示范意义。

任剑涛[1]指出，一个国家的强盛，既需要这个国家心存壮志凌云的雄心，也需要这个国家建构和治理得法，还需要举世的公认甚至是全力的追随。一个国家，首先需要提供给公民们有序的日常生活所需要的精神观念和超越动力，他们才会具备寻求集群生活更高目标的垫脚石。如果将国家极为高尚的追求与公民的寻常生活打为两截，那么，就会陷入国家的权力自闭与自负和公民埋首蝇营狗苟的私隐生活的双重危机之中。在国家权力与公民相互欺骗以维持国家存续的情况下，国家对公民只需要其服从即可。不管这种服从是真是假，国家权力已经无心追究，也无从追究了；至于公民一方，不是全无公共关怀，但因为这样的关怀被国家权力高度提防，甚至直接镇压，因此不约而同地将公共关怀转换为私下物议，大多以笑话、段子对付国家严肃的治理问题，借此发泄自己对权力当局和领袖人物的不满或反感。国家的内伤由此注定：权力一直在高呼登顶世界的口号公民只当是右耳进左耳出的噪音。

通观现代国家的兴衰史，岂止苏联的衰败令人浩叹。"二战"前曾经一派欣欣向荣的德国与日本，由于不懂得国家兴盛的根本所寄，因此，一时的兴盛竟然将国家引向彻底灭亡。想当年德国和日本依靠军国主义战略，发达的军事工业所呈现的工业化奇迹，一时让人不知道有多么兴奋。但这两个国家对公民基本权利的漠视，对国家权力一马当先引领发展的模式无比崇尚，让国家完全兜不住有效整合国家认同的底线。因此，为一时奇迹的兴奋所激动，国家权力当局以为寻求或扩大国家的生存空间对国家进一步发展具有决定性作用，因此悍然发动对外侵略战争。结果，本来就缺乏稳定秩序供给的国内政治，加上对外的疯狂侵略造成的国际反击，让两个国家在"二战"后都陷入国家倾覆的泥淖。

---

① 任剑涛：《国家何以避免衰败：比较政治学的国家主题》，载《社会科学战线》，2015年第3期，第182—189页。

一个健全的国家，要想避免衰败，做到下述几方面至关重要：首先，在国家建构上，需要有效区分公私领域的不同事务，让两个领域既有效分割，又相互制衡和积极互动。这样的划分，对现代国家而言，是一个涉及国家兴盛与衰败的决定性问题。以个人的生命、财产与自由权利为分界线，一方面，公民个人拒斥国家权力对自己建立在这三种基本权利基础上的私人生活进行干预。另一方面，公民以自己交付国家的公共权力，来有效限制国家权力的恣意妄为，保证国家公权有效服务于公民的公共利益。在这样的国家结构中，公私领域分化的界限，是非常清楚明白的。但这并不意味着公私两个领域绝无干系。公私两个领域的有效互动机制，是维持公私两个领域各自效能的前提条件。

其次，在国家运作过程中，需要建构一个有规可循的治理状态。有规可循，首先是让国家权力运行富有规则。国家权力循规蹈矩，社会公众才会遵纪守法。一个铤而走险的社会，背后总有一个肆意妄为的国家权力。紊乱的社会与无法的国家两相作用，国家必然兜不住衰败的底线。国家权力的各种形态，必须被置于一个相互制衡的有效平衡机制中。不能让主要权力形式中的任何一种权力独大，也不能让其中两种甚或多种权力有私下结盟的机会。再次，在制约国家状态的社会机制上，需要整个社会提住向上的精神。一个社会的向上状态，并不是指这个社会处在一种精神上十分亢奋、无法自我调整的疯癫状态，这是混乱的革命时期或紊乱的社会情景中才会出现的现象。一个令人期待的向上社会，足以让社会成员安心于日常生活，谨守内心秩序和法治秩序，但不失追求高尚的内心冲动和心存追求卓越的韧劲，并且愿意以组织化的方式积极介入公共事务，从而凸显一种公私生活兼得的良性局面。

最后，在国家间竞争的状态中，需要保持国家的学习能力，保证国家在国际社会纵横捭阖的行动能力。

李路曲（2015:）① 对新加坡与中国的国家治理方式进行了比较分析，

---

① 李路曲：《新加坡与中国国家治理方式变革的比较分析》，载《比较政治学研究》，2015 年第 8 辑，第 9—49 页。

指出新加坡的治理方式与我国有基本的相似之处，而且也走过了一条渐进式转型与改革之路，因此，这种相似案例的比较是在相关的案例设计和比较框架中最容易离析出量性差异或可操作性经验的。两国国家治理方式变革的相同之处表现在：两国都是以强国家的形式，在保持政治稳定的前提下进行现代国家建设，在体制内交互推进政治的理性化和民主化建设；同时，两国都持续地推行市场化和社会多元化的进程，并坚持政府的主导作用。两国国家治理方式的不同之处表现在：在国家治理体系的现代化，包括建立责任型政府、民主化、法治化、市场化和社会组织的发展方面，新加坡的改革更早也更为深入和成熟，其特点是从强国家弱社会向国家与市场和社会相平衡的方向发展。这对于正在这些领域沿着这一方向进行改革的中国来说有着重要的参考价值。

国家治理方式的现代化主要是指提高国家治理的现代化水平或增加治理的现代性含量。对于现阶段的中国来说，主要是指治理方式从传统向现代的转变，这既是后发展国家独立之后在国家治理中所面临的基本问题，也是提高国家治理能力的主要内容和基础。从治理内容上来看，后发展国家在独立之后的几十年间主要面临着国家治理方式从传统向现代的转变，近年来，尽管在一些领域还未完成这种转变，但主要是面临的是在现代化初期形成的具有一定现代性的治理方式的基础上进一步提高现代化水平的问题，甚至需要构建适应后现代化发展的治理方式。这些是阻碍后发展国家提高治理效率和治理能力的主要问题，因此，只要实现治理方式的现代化，就可以大大提高这些国家治理的效率和能力。这也是提高国家治理能力的基本路径和基础。

一般来说，后发展国家都经历了一个强大的政党建立起强大的全能主义或威权主义国家的发展阶段，在这一时期的治理方式都是强大的国家对"体制外"的政治力量和软弱的市场与社会进行严格的管控，以国家为主导来推动经济和社会发展。从维护秩序的角度和当时的政治和经济发展水平来看，这种国家体制或治理方式有一定的历史合理性。然而，随着国家市场经济和社会的进一步发展，要想保持发展的活力，就要对强大的国家权力及庞大的政府机构进行限制，使其运作更加合理化和规范化，减少对社会和市场的干预。在这一背景下，政治体制及国家与市场和社会的关系要随着经济与社会的发展而变化，其趋势是政治体制的民主化和国家对社会的干预相对减少，国家主要是规范而不是参与社会和市场的运作，以保证社会和市场有足够的自主性和活力。当然，每个国家的国情并不完全相同，国家与市场和社会的关系也并不是简单地不断弱化国家的权力，而是适度而为，尤其是新加坡和中国两国的特色是政府在经济发展和社会治理中都发挥了较大作用并取得了显著的效果，这方面既有经验也有教训，值得深入地反思和探讨。

从新加坡和中国的情况来看，由于两国的发展和国家治理有着基本的相似性，因而尽管两国疆域的大小和人口的多少相差很大，但从比较政治的角度来看，这主要是一种量性而不是质性的差别，要比量性相当而质性差异更大的国家来说更具有相似性。在国家治理方面，量性的差异政治共同体的规模和治理方式的相似性之间的差异；质性的差异主要是指政治体制的结构，以及与此相关的治理方式的差异，例如民主与集权之间的差异。对于前者来说，政治或权力输出和输入的过程及其相关干预因素只有数量多少而没有性质不同的差别；对于后者来说，政府权力运作虽然没有大小的区别，但干预权力运作的相关变量的差异很大，因而会使其权力运作的方式有很大的差异。

新加坡政府在应对巨大的社会变迁过程中稳定而持续地推进国家治理方式的改革，建立了高度现代化的国家治理体系，是后发展国家最成功的范例之一。这与它能够随着经济发展、社会变迁和各种政治力量的此消彼长有效地调整和重新配置政治资源是分不开的，与它在国家与社会之间以及在不同的精英群体之间营造了一个广泛而相互支持的政治联盟网络是分不开的，这是它提高政府的治理能力的政治和社会基础。实际上，中国与新加坡提高国家治理能力的改革或发展的基本趋势是相似的。自 1980 年代初改革开放以来，中国一直在不同程度上和不同领域把新加坡作为学习的对象之一，几代国家领导人都很重视新加坡的治理经验和发展模式。从 1980 年代对其政治集权化与经济市场化的二元结构的重视和肯定，到 1990 年代从革命党向执政党的领导方式的转变和推行社会主义市场经济，到对新权威主义发展模式的重视，以及近十年来对新加坡政府与国有企业的关系的研究和借鉴等，在实践上和理论上都作了很多学习新加坡经验的努力。

3. 政治发展与政治秩序

这一部分主要是对福山的政治发展理论进行评析。任剑涛指出福山的民主立场和论证政治秩序时缺乏严谨性；包刚升指出福山强调了有效国家和民主的衰败，但他没有解释出不同社会的政治发展与制度绩效之间的对应关系及其背后的逻辑。高力克认为福山强调了强大国家、法治和民主负责制三位一体的文明政治秩序实质上是追求强国家与强社会的现代政治秩序。

任剑涛[1]指出，认识福山政治发展与政治秩序理论需要把握三点：从生物进化的理论视角审视政体或国家的进化；政治秩序与政治衰败解释，是一个宏大的、综观性框架。对其进行学科定位，有些困难；福山政治理论论述的切入点是站稳民主立场，却又尖锐批评民主政制的缺失。

就福山政治发展与政治秩序理论及其具体部分的理论性分析而言，有学者认为福山的政治发展与政治秩序理论严谨性不足而跳跃性有余，例如，福山将中国作为第一个现代国家尚有讨论余地，一方面，他将现代国家的总体建构切割为三个单列指标，有点让人无法判断现代国家之"现代"的总体标准。另一方面，以此对中国的国家建构进行论述，似乎也有一种模糊中国现代建国史实的嫌疑。另外福山在解释政治发展"三要素"时，采取一种游移解释的策略存在不严谨性：需要解释现代国家行政建制时，把中国作为第一个现代国家；解释走向法治的缘由时，选择印度之类的国家为例证；说到民主问责制终于将现代国家完型的时候，落到了18世纪的西欧。另有学者从三方面对福山的政治发展理论做出批判：福山没能为不同社会在政治发展——有效国家、法治与民主问责制——方面的差异提供理论解释；福山也没有解释出不同社会

---

[1] 任剑涛：《政治衰败的福山式错位分析》，载《财经》，2015 年第 17 期，第 16—20 页。

的政治发展与整体绩效之间的对应关系及其背后的逻辑；从体系上讲，福山的政治秩序与政治衰朽的内容结构与他的解释框架并没有构成严格的对应关系。

就借用某种方法或理论对福山理论进行梳理分析而言，有学者认为福山的政治秩序理论就是以国家与社会互动关系为依据的理论框架，在政治秩序演化的过程中，国家与社会二元力量既相互竞争，又相互协作。在福山的政治发展理论中，国家、法治和民主负责制是三大制度要件，福山理论围绕三大制度的演进而展开。福山把中国作为一种国家早熟的强国家政治发展模式，把欧洲作为一种法治先行的强社会政治发展模式。福山提出的强大国家、法治和民主负责制三位一体的文明政治秩序实质上是追求强国家与强社会的现代政治秩序。另有学者从比较历史分析方法的角度分析福山的政治发展与政治秩序理论，认为福山的著作是运用比较历史分析方法，从国家与社会视角、制度变迁视角探讨了世界主要地区政治秩序模式起源与变迁等重大议题。福山在对不同地区政治秩序的具体研究中，除注意以求异法探求不同政治秩序的内在机制外，还注意到不同政治秩序的相似性，并将两种比较逻辑结合起来，解释政治制度发展的多变性和复杂性。[1]

就福山政治发展与政治秩序理论的内容而言，包刚升[2]提出福山政治发展与政治秩序理论分为以下几点：首先，政治发展或政治现代化的标准配置是有效国家、法治和民主问责制。国家在三种基本政治秩序中居于首位，对有效国家来说应该包含三个要素：一是合法地垄断暴力，这意味着国家具有控制暴力冲突的能力；二是发展一套韦伯意义上的官僚制度或行政系统，这是国家的物理载体；三是实际运行规则实现对世袭制和庇护主义的超越，整个系统能基于非个人化的一般规则来运转。三种制度之间的关系为一方面，国家要拥有足够的权力与能力来确保和

① 李月军：《比较历史分析视野下的政治秩序起源、变迁与终结》，载《国外理论动态》，2013 年第 7 期。

② 包刚升：《"福山的菜单"与政治现代化的逻辑——评〈政治秩序与政治衰朽〉》，载《开放时代》，2015 年第 3 期，第 214—223 页。

平、执行法律和提供必要的公共产品；另一方面，国家的权力在法治和民主问责制的制度框架内受到有效制约。第二，是政治发展的次序论，福山认为有效国家优先于民主制度而建立要好于民主先于有效国家的发展。第三，是福山的政治衰败理论，他认为任何政治制度都是对特定环境做出回应的产物，但环境总是在变化，而社会在整体上是趋于保守的，因此政治制度不能适应变化的外部环境是政治衰败研究的核心。福山着重以美国政治制度的衰败为例加以阐明其政治衰败理论。

高力克①认为福山的政治秩序理论就是国家与社会互动关系的理论，国家、法治和民主负责制是其三大制度要件，其理论围绕这三大制度的演进而展开。福山把中国作为一种国家早熟的强国家政治发展模式，把欧洲作为一种法治先行的强社会的政治发展模式。他提出的强大国家、法治和民主负责制三位一体的文明政治秩序实质上是追求强国家与强社会的现代政治秩序。

4. 理论内涵与时代意义

这一部分讨论了政治发展理论的内涵及其时代意义，及政治文化对政治发展的影响。

魏玮、刘邦凡②对西方政治发展理论的总体性研究。从政治发展理论的内涵来看，它缘起于对不发达国家政治发展问题的研究，是美国现代化思潮的一个分支，同时也是比较政治学中的一种重要的研究范式。政治发展理论不只研究政治现代化，同时也关注政治衰败问题。从政治发展理论的外延来看，政治发展理论分为六大主题，一是与民主、政治变革与发展以及政治发展危机相关的政治发展问题，二是与民族主义相关的政治发展问题，三是与阶段论、社会衰败论以及现代化政治论相关的政治发展的现代化问题，四是分为马克思主义和非马克思主义的不发达论，五是被广泛用于亚非拉的政治比较分析中的依附论，六是帝国主

---

① 高力克：《国家与社会的协奏曲——福山政治秩序理论的逻辑结构》，载《华东师范大学学报》（哲学社会科学版），2014 年第 4 期，第 41—48 页。

② 魏玮、刘邦凡：《浅论政治发展理论的变数与可能》，载《中国社会科学研究论丛》，2013 年第 1 辑，第 131—135 页。

义主题。

从政治发展理论的范式来看，分为主流范式和替代性理论范式。主流范式来自于西方发达国家，替代性理论范式来自于第三世界国家和社会主义国家，两种研究范式在方法论和价值观上都存在分歧，前者是马克思·韦伯式分析，后者是遵循卡尔·马克思的指点而建立，在以上六大主题中，前三种构成主流范式，后三者构成替代性理论框架。

就政治发展理论的现状和发展趋势来看，单一的理论框架不足以达成政治发展的共同目标，因此政治发展理论的两种不同范式应该在相互吸收的基础上确保持久的张力。值得注意的是，有学者提出我国也在探索政治发展理论，例如孙中山提出的军政、训政和宪政的三阶段理论，建国后的毛泽东思想、邓小平理论、"三个代表"重要思想等都是立足于我国实际的探索。

李路曲、张飞龙[①]对以往西方学者政治发展理论的再探求，期望发掘政治发展理论的现实时代意义。以亨廷顿的政治发展理论为例，有学者指出形成于20世纪60年代末的亨氏政治发展理论在今天对发展中国的政治发展依然具有现实指导意义。亨氏政治发展理论以政治稳定和政治民主为目标指向，从发展中国家的政治现实出发，提出发展中国家在追求政治现代化的道路上建立并维持政治秩序比实行民主化具有优先性，而高水平的政治制度化是实现政治稳定的关键所在，尤其是政党在政治制度化建设中发挥着至关重要的作用。就政治发展的路径而言，亨廷顿更赞成的是费边式与闪电式相结合的改革路径。就亨廷顿政治发展理论的评价和意义而言，有学者认为亨廷顿并没有对所有与政治发展相关的重大问题进行系统的研究，比如没有深入系统地结合殖民遗产和文化传统对发展中国家的政治发展进行论述，但亨廷顿敏锐地洞察了政治发展的关键问题，直接阐明了政治发展与政治秩序和政治稳定的关系，这体现出其对后发展国家的政治发展的剖析是独特而充满着创造性和启

---

① 李路曲、张飞龙：《略论亨廷顿政治发展理论的时代意义》，载《新视野》，2015年第1期，第37—38页。

发性的，这在福山的著作中得到印证。

刘元亮①探讨了派伊政治发展理论。派伊的政治发展理论是从政治文化的角度研究发展中国家政治发展，就其逻辑建构而言，派伊现代民族国家的建构看作是发展中国家政治发展的目标，而发展中国家政治发展的核心内容是平等的精神或态度、政治体系能力的提高、政治结构和功能的分化，发展中国家向现代政治体系的转型必须克服一系列的发展危机（认同危机、合法性危机、贯彻危机、参与危机、整合危机以及分配危机）。总之，派伊的政治发展理论从政治文化的角度研究政治发展，提出传统、过渡和现代三阶段的过渡社会分析模型以及政治发展的危机理论，对发展中国家政治发展具有很强的适用性，但是其在看待发展中国家政治发展模式和发展目标上却存在一定的历史局限和意识形态偏见。尽管如此，派伊的政治发展理论仍然是研究发展中国家政治发展的重要理论依据，对当代中国的政治发展也具有重要理论价值和实践意义。

三、比较历史分析：共时性、历时性与中国关怀

这一部分围绕两方面的内容展开：一是关于比较历史分析的讨论；二是用比较历史视角来分析政治发展和政治转型问题。

1. 微观与宏观、"共时"与"历时"

杨光斌指出，历史制度主义的引入增强了比较历史分析的解释力，它尤其适合于分析中国的发展模式。张学艺则对历史制度主义进行了系统的解读。

杨光斌②对比较历史分析进行了较为系统的论述，认为历史制度主义使得比较历史分析不再等同于"回到历史"或过去的"过程回溯"式

---

① 刘元亮：《派伊政治发展理论的逻辑建构及其对当代中国政治发展的现实镜鉴》，载《湖北行政学院学报》，2013 年第 2 期，第 31—35 页。

② 杨光斌：《复兴比较政治学的根本之道：比较历史分析》，载《比较政治评论》，2013 年第 1 辑，第 1—39 页。

的历史分析，甚至也不能再说比较方法不是理论了，因为历史制度主义中的路径依赖范式下的自我强化机制、反应序列、时间性等都不再等同于传统史学的历史研究，而是使比较分析更具世界观价值和科学方法意义。

历史制度主义之核心要素"路径依赖"的引入使得如何比较具有了认识论性质，从而使案例的比较方法具有了更强的理论性。在詹姆斯·马赫里看来，比较历史分析就是运用系统比较和事件的时间过程分析去解释大规模事件的结果，如大革命、政体、福利国家、公民社会、国家建设等，寻找事件的必要和充分条件以及其内在的因果关系的机制，因此比较历史研究在某种意义上又被定义为重大案例内部的事件序列分析即过程分析。过程分析在一定意义上使得研究者能够通过检验自变量作用于因变量的结果而发现具体的因果关系机制，从而能证明、证伪或修正既有的结论或假设。在这个意义上，我们才说历史制度主义之后的比较历史分析有了更多的理论性。

在诺斯、皮尔森和马赫里等人研究的基础上，杨光斌试图提炼出可供操作的研究路径：时间过程—关键点—时间顺序—自我强化与反应序列。

"时间过程"意味着路径依赖范式具有宏观历史和宏观结构的特征。历史制度主义研究的对象是人类历史上的重大问题，而重大问题的出现都是长时间演化的结果，因为社会研究中的很多事情都发展缓慢，是一个从量变到质变的缓慢过程，只有到一个质变的程度才会发生突然的重大变化。"时间过程"关怀并不是简单地寻求事件的历史背景，而是要从过去某个时间点上发生的事件一直在持续性地发挥作用，以及诸多事件如何不同地发挥作用。这是不同于传统历史分析的"历时性回答"，将制度变迁视为一个连续性过程，而且是因果关系的机制。例如，就连最著名的《专制与民主的社会起源》和《国家与社会革命》都不能回答为什么面临相同的国际环境、对立的阶级结构，印度没有像中国或俄国那样发生革命？不能回答为什么作为制度创新形式的革命都仿效西方即为什么西方的革命具有原创性从而带来社会—政治结构的大转型？而将

"时间性"引入大革命研究的艾森斯塔德，将大革命的制度创新的起源追溯至东西方的轴心文明时代形成的文明结构：作为一神论的基督教文明的"救赎"情结，改变世界成为一直的追求；同样是一神论的印度文明，其宗教和俗世政治彼此分离，结果信奉来世的印度文明的人总是在等待中；而作为哲学或生活方式的儒家思想内化在"天下观"的秩序之中，历次"变法"都不具有革命性，王朝更迭只不过是改朝换代，而没有制度创新，"救赎"文明的介入才引发真正意义上的革命。"时间进程"的引入使得对于改变世界的大革命的历史更加丰富了。

詹姆斯·马赫里对"关键时刻"或历史节点的讨论是：从两种或更多的选项中选择某一特定制度安排。这些时刻之所以被冠之以"关键"，是因为一旦某一特定选项被选取出来，想要回到最初的有许多选项可供选取的状态将变得越来越困难。关键时刻通常是通过反事实分析来界定的。杨光斌概括了历史节点的三种情势：一是革命后的"立宪时刻"，有的国家在革命后是一个新制度设计的时刻，如美国、法国和俄国，因为以前不存在革命者想要的制度；有的是制度选择的时刻，比如中国革命后选择的苏联模式；有的则是制度继承，比如英国革命后确定的"议会主权"而真正实现的"王在法下"。二是社会危机或国家危机所推动的改革时刻，改革涉及国家的宪政制度，比如日本"明治维新"、晚清"百日维新"以及戈尔巴乔夫改革。三是政治或经济的危机所形成的变革时刻，这是在不动摇国本即宪政制度的前提下进行的某领域的结构性变革，如美国的经济大危机而导致的"罗斯福新政"和美国民权运动而形成的民权法案，前者把国家引入经济市场，后者把权利给予黑人，这些都是结构性变革。

如果说"历史进程"研究是典型的宏观结构的研究，那么关键点研究则是典型的微观研究，因为关键点时刻的关键行动者总是政治家个人或由少数人组成的政治家集团，他们的观念、他们的利益以及由此而导致的他们的策略行动都是可见的（理性选择）。在改革时刻的理性选择中，有的就选择新制度达成一致如明治维新时刻的日本政治家集团，有的就维持旧制度而达成一致如"洋务运动"时期的晚清政府。而危机时刻的非理性行动也不鲜见，如戈尔巴乔夫的无规划的改革。对于非理性行动，微观的认知心理学给出答案。从认知心理学上看，人的观念和利益是很难预期的，特定的行为者在关键时刻有着什么样的观念，是理性的观念还是非理性的观念，难以预期，因此才会出现非预期的结果和非连续性的制度变迁或制度突变。

"时间顺序"是历史制度主义不同于其他理论的亮点，是寻求因果关系的机制的关键。给出事件的宏观的或模糊的因果关系回答很容易，难的是寻找从因到果的机制。这种案例研究中的"时间顺序"尤其适用于解释比较制度变迁，例如，大多数晚发展国家都具备了早发达国家的制度要素，比如市场经济制度、公民权利制度、宪政体系，但结局为什么不同？这是因为国家建设和个人成长一样，具有时间上的阶段性和要素的先后性，不顾这些而一夜拥有了早发达国家的制度要素，如选举民主，并不能根本性地改变固有的社会结构，因而不能实现和发达国家一样的有效治理。

杨光斌还阐述了历史制度主义的折中或混合性特点，指出它是宏观视野—中观理论—微观机制的混合。比较历史分析的案例都是重大主题如国家兴衰，"时间进程"研究必然涉及宏观结构性问题和宏大历史；"关键点"研究关注的是行动者的价值—利益偏好以及制度安排对于行动者的约束，是典型的微观机制研究；事件—程序的自我强化和反应序列则具有中观特征。

杨光斌还指出了这一方法对研究中国问题的意义，认为中国正处于国家建设的历史进程中，宏观的、中观的、微观的制度安排都在建设或转型之中，转型社会的国家建设就是中国比较政治学的语境，这个语境决定着一系列的研究议程。中国的语境和议程与美国同行所面临的语境和议程完全不同：美国人不认为自己的制度需要结构性转型即国家建设已经完成，因而其比较政治研究的主要目的是向其他国家推广美国式的政治制度。

比较政治发展道路是中国学者不能回避的重大现实课题。中国官方也提出了"中国特色政治发展道路"这样的命题，要求加强研究。但是，由于比较政治研究的落后，中国特色的政治发展道路的历史事实尚未得到系统性的比较研究，更有待上升为理论体系。我们知道，社会科学的概念或观念基本上来自相关国家的政治发展经验，是经验的理论化产物，比如以英国和美国经验为基础而产生的社会中心主义，以法国、德国和日本经验为基础的国家中心主义，而中国和众多后发国家经验的理论体系何在？

如果说比较政治发展研究是一种典型的求异，那么国家建设的次序研究则属于求同。尽管道路各不相同，但是作为一个存在或组织的国家，成长过程必然有共同性，比如重大制度的先后顺序的实现。这种研究对于后发国家尤其中国这样的巨型国家至关重要，因为已经有巨型国家的教训告诉我们，一旦搭错车而混乱了国家建设的先后次序，这样的国家似乎只能有"好制度"而无真发展。国家建设的次序是一个兼具理论价值和实践意义的重大问题。

在这个问题的研究方法上，路径依赖下的几个关键词都大有用武之地：时间进程、时间顺序、自我强化、反应序列。这些关键词简直就是为国家建设研究而量身定做的分析性概念。

比较历史脉络上的批判对于比较政治学甚至整个政治社会理论的重建都具有路径上的意义：

第一，比较政治学的"历史—理论—实践"维度。比较历史分析将能把过去流行、目前依然大有市场的"共时性因果律"转变为"历时性因果律"。这样，三大方法论至上的比较政治学应该从简单的理论与实践的共时性关系中跳出来，建构历时性的理论与实践的研究变量。

第二，研究议程的改变。思维方式的改变带来了"身份意识"和"问题意识"的变化，决定了比较政治研究议程的变化。每个国家都有或同或异的历史阶段性，这就意味着虽然不同国家的学者都在从事比较政治研究，但其所处的环境决定了学者应该有自己的国家关怀，而不能被"问题殖民化"，把别人的问题当成自己的问题，以别人的方法解决自己的难题。

第三，理论批判与重建。研究议程的不同所导致的经验差异将有助于审视并重建政治社会理论。"问题殖民化"不仅因为缺少对比较历史的理解，而且因为缺少历史比较的视角进而成为"理论的囚徒"。如果说我们没有理论体系的建构能力，我们至少应该有辨别理论、选择理论、批判理论的能力，而比较历史分析则是对中国人最有用的路径，中国人最擅长的就是书写历史，善于以史为鉴，从而做到鉴别理论的真假、理论的优劣。

张学艺①从比较政治学发展的历程中分析了历史制度主义的优点及与比较政治学的关系。

他认为，比较政治研究可以分为几个层次：首先是进行类型学的比较，即通过简单的分类、类比与比较增加对政治现象的智识积累，这个层次的研究为描述性的研究；第二个层次是通过一系列概念构建比较研究的理论体系，这个层次的研究才上升为理论性研究；而最高的层次则是通过构建起来的理论体系对政治活动的规律进行解释与预测，指导政治实践。之所以将指导政治实践看作最高的层次，是因为作为一种经验研究，无论在理论层面如何精美，如果说这种理论不能对现实政治做出有效解释的话，这种理论就是失败的。因此，在比较政治学研究中，解释的功能要优先于描述的功能。

政治学的这种比较研究传统最早可追溯到亚里士多德的《政治学》，它通过对古希腊上百个城邦国家的比较，来探求古希腊城邦国家不稳定的原因，并以此回答究竟何种制度最为稳定的问题。亚里士多德所采用的比较研究主要通过对当时存在的不同制度按照统治者的人数和统治者是否守法这两个标准进行分类，借此论证和评判政治制度的优劣。这种研究是对政治制度所进行的类型学的研究。这一传统一直在西方沿袭下来，直至文艺复兴和启蒙时代，政治学家对不同的政体形式做了大量的类型学研究，从而为比较政治学的早期发展提供了历史积淀。文艺复兴和启蒙时代的比较研究大都属于宏观性的体制比较。当时的比较研究还

① 张学艺：《历史制度主义与比较政治学》，载《河南师范大学学报》（哲学社会科学版），2015 年第 1 期，第 1—5 页。

是比较初级的，大多是采用对比的方式来开展研究，主要是对不同类型的政治制度进行经验比较和分类研究，以及对于不同类型的政治制度相对价值的规范研究，并且并没有直接地明确地使用比较方法，也没有发展出系统且严格的比较研究理论。他们对后来比较政治学的发展的贡献主要体现在：（1）历史纵向比较开始成为一种重要的研究方法；（2）关于政体分类的基本框架已经搭建起来。

20 世纪 80 年代，随着主流政治学研究中制度的回归和制度概念的重新阐释，新制度主义研究范式兴起。历史制度主义因在研究方法与研究主题上与比较政治学高度契合，从而为推动比较政治学克服行为主义的局限提供了一个新的视角。

历史制度主义的比较历史分析不再是一种静态的和描述性的制度分析，而是将对政治现象的观察纳入历史情境与制度变迁过程之中，既关注历史的连续性，也关注历史的断裂点，从而克服了行为主义、理性选择理论将政治现象简单化、模型化的倾向。在研究主题与研究方法的契合上，历史制度主义一方面继承了比较政治学关于政治发展的主题，另一方面在制度的历史背景与时间序列中实现了历史分析、制度分析与比较分析的融合。

历史制度主义带动了比较政治学研究视角从宏观层面与微观层面向中观层面的转换。历史制度主义从历史的视角对行为主义提出了批评，认为行为主义通过个体行为解释群体，忽视了个体背后的制度环境，削弱了对政治背景和政治结果的关注，片面沉溺于对方法的强调，分析范围受到了严重的束缚。同时，行为主义在解释跨国比较的差异性问题时缺乏解释力度，如为什么相互竞争着的各个阶级、利益集团之间的政治行为、态度和资源分布在不同的国家会有不同的表现。斯文斯泰默认为，历史制度主义恰恰在这方面通过中层理论的构建确立了自己的优势。

要进行新的理论构建，首先必须建立起一套统一的概念体系。在概念的运用上，历史制度主义者抛弃了对政治现象简单的二元划分，如对国家进行的诸如传统与现代、专制与民主、先进与落后、法团主义与多元主义的划分，而是更多地探求政治产出的多样化概念。沿着这一概念体系，理论构建就由强调同一性的宏大理论转向了中层理论，以探求同一现象背后的多样性问题。历史制度主义的代表人物詹姆斯·马奇、约翰·奥尔森和彼得·豪尔等学者，就是重点分析在既有的大制度框架下，制度如何通过中间层次的政策来约束微观行为者的行为。

2. 宏观比较与政府优劣

这一部分有两方面的内容，一是李月军对福山的《政治秩序的起源》进行了评析，指出福山用宏大的比较历史分析，从国家与社会关系及制度变迁的视角，绘制出了一幅关于政治秩序的实际起源与多中心模式的复线历史图景，但缺乏对各种政治体制内部机制的分析。二是李路曲对近代以来世界政治转型方式的变化进行了比较，指出政治转型方式发生了从激进向温和的变化。

李月军[①]对福山的《政治秩序的起源》进行了评析，指出，由于福山的分析是比较历史向度的，所以他运用的不仅仅是时间剖面上的国家—社会关系理论，而且进一步比较了不同时空中的国家、社会的各自状态，国家与社会现代化出现的次序，以及它们对国家—社会关系的具体形态与政治秩序的影响。

他指出，福山用宏大的比较历史分析，从国家与社会关系及制度变迁的视角，绘制出了一幅关于政治秩序的实际起源与多中心模式的复线历史图景。在这种多中心的政治秩序起源与变迁图景中，不同政治组件构成的各种政治秩序都有自身的逻辑，任何一种政治秩序或政治模式相对于其他政治秩序而言，都是例外的。

福山用国家、法治与问责制政府来解读、比较长时段历史中各种政治秩序的起源与变迁，这为观察历史提供了框架，但是如此简单的框架显然不可能控制全部潜在的相关变量。这也许是以研究宏观结构为己任的比较历史分析方法的宿命。毕竟，为了事实这一目的，比较历史分析

---

① 李月军：《比较历史视野下政治秩序的起源、变迁与终结——评福山的〈政治秩序的起源〉》，载《国外理论动态》，2013年第7期，第114页。

者"对于实际可能起作用的原因——也就是说，哪一个因素在实际上影响或没有影响研究对象——不得不做一些策略性的猜测"。其结果是，总有一些历史案例的背景性特征没有得到检验，而这些背景特征又与考察的原因之间存在着相互作用的关系。但是，比较历史分析有可能或者没有将它们揭示出来，或者必须简单地假定它们不具有相关性。

福山仅仅指出了实现民主的复杂性与艰巨性，而很少论述如何实现民主，如何实现法治、强大国家与强大社会、问责制政府。也就是说，他在用比较历史分析解读历史时，目的也许不在于界定机制和因果过程以解释某些研究困惑或变量，而是借助比较各种政治秩序变迁过程及其展现出的巨大差异与某些相似性，来勾画政治变迁过程的某些宏观面向，这显然是比较历史分析的优长，也恰恰是其软肋所在。由于忽视或误解各政治秩序的内部机制并机械地与其他秩序比较，因而当福山分析跨时空的不同类型的政治秩序起源与变迁时，其论述就变成了描述并浮于表面，在用政治学概念拂去对历史过度描述的浮尘的同时，又自觉不自觉地为历史蒙上了一层概念的面纱。

李路曲[①]对近代以来的世界政治转型方式进行了比较分析。他认为，从世界整体状况来看，政治转型的方式随着时代的发展已经发生了重要的变化，政治转型日益呈现出温和与渐进的特征。

近现代意义上的政治转型最早发生在欧美，可以17世纪的英国资产阶级革命、18世纪的美国独立战争和法国大革命为代表，这些革命虽然各具特色，但其实质都是资产阶级反对封建统治的民主革命，是从封建政体向资产阶级民主政体转型的标志。从转型或取得政权的方式来看，它们都采取了激进和暴力的方式，尽管使社会发生实质性变迁的转型持续了很长一个时期，但政权更迭本身是很短暂的。

在这一阶段的革命或转型的基础上，欧美的民主化进程或政治转型呈现出逐步温和化的趋势。在英国，1688年"光荣革命"不再是革命

---

① 李路曲：《世界政治转型方式的变化与中国的政治发展》，载《甘肃社会科学》，2013年第3期，第44—48页。

而是用"政变"的不流血的方式实现了资产阶级政权的巩固,此后直到19世纪英国政治发展的主要变革或转型就是议会改革及选举权的扩大,而这完全是以和平的群众运动的方式完成的。在法国,尽管19世纪爆发了1830年革命、1848年革命以及1871年巴黎公社革命,但是不仅这些革命的规模和影响无法与大革命相比,而且自巴黎公社以后法国就进入了一个和平发展与改革的时期,政治发展的进程再也没有用革命的方式来推动。在美国,独立战争后民主化不断推进,但并没有出现大的政治动荡。虽然1861年发生了南北战争,但这并不是北方民主化进程的延续,而是向迟迟没有推进民主转型的南部的扩展,是南部的转型或革命。此后,美国完全进入了一个和平发展的时期,国内的政治发展和大量改革都是在和平主义的旗帜下进行的。德国和意大利的民族民主革命发生的较晚,但在19世纪后期完成统一后其国内大规模的暴力革命也就逐步缓和下来,政治发展以渐进的方式进行。

19世纪至20世纪,东欧、拉美、亚洲和非洲的民族独立和资产阶级革命依次展开,由于这些地区的现代化进程落后于西欧和北美二三百年,因此,主要国家的暴力革命直到20世纪上半叶才基本完成,而一些更晚进行现代化的国家的革命或暴力性的民族主义运动在1960—1970年代也基本结束了。20世纪最后20多年发生的"第三波"民主化,标志着后发现代化国家的民主化或政治转型的方式已经基本从暴力对抗转变为和平过渡,其渐进性也越来越明显。

在"第三波"时期内,较早发生转型的国家与较晚发生转型的国家或地区相比,也有一个冲突逐渐弱化和妥协逐渐增强的趋势。例如,东欧的罗马尼亚1991年发生的政治转型是由一定程度的人民起义实现的,东亚最早发生政治转型的菲律宾是以持续三年之久的大规模群众示威运动、农民反抗运动和士兵起义以及最后1986年的普选交织在一起而实现的。而1990年代中后期发生的韩国的政治转型尤其和2000年发生的台湾地区的政治转型则表现出更多的温和性和稳定性,它们主要是通过选举而实现的。这种不同既与各国或各地区之间的经济社会水平和政治模式的差距以及文化差别有关,例如东德的温和性与罗马尼亚转型激进性之间的差异就是如此，也与政治精英和人民都不愿再看到更多的冲突有关，例如蒋经国就是看到菲律宾国内的动乱以及马科斯的下台而决定在台湾地区解除戒严的，而反对派的领导者也愿意以选举竞争而不是暴力手段来取得政权。

就少数国家在转型过程中出现的一定程度的暴力和多数国家中出现的低度暴力事件而言，应该说与渐进性转型的趋势并不违背，不仅它们比本国以往的政治转型的暴力程度要低得多，而且与欧美相比，由于它们的政治发展相对落后，社会政治结构和管理机制还没有发展到可以完全消除暴力运动的程度。这里面有一个重要参数是值得重视的，就是在市场化国家中，支持一个国家发生政治转型的人均生产总值指标在不断地上升，而转型中的冲突程度则随之递减。这是一个基本的趋势，尽管政治转型方式还要受到其他因素例如社会结构和文化的影响。

从整个世界政治转型的情况来看，当代政治转型的温和性和渐进性仍在持续是无可置疑的。这主要是因为有三方面的重要因素会对政治转型起到越来越重要的作用：一是随着人类文明程度的提高，人们对生活和生命的关怀程度也越来越高，因而暴力和流血冲突越来越不为人们所接受。二是在后现代因素的影响下，政治转型不再像过去那样主要是由纵向的阶级分裂或等级分裂以及传统文化与现代文化的冲突所致，而是在现代化条件已经比较成熟甚至后现代因素已经大量出现的情况下，其社会结构已经横向扩展尤其是多元化，多元的利益和文化群体改变了传统的社会分裂的向度和烈度，对社会整体来说其分裂性要小得多，这就在客观上软化了社会分裂和冲突的基础。三是全球化带来的交流互动及信息交流的增加和通畅，使得后转型国家一方面处于国际社会示范性的压力和监督之下，在人文关怀、民主的机制和模式及社会自由方面都要受到民主国家的影响；另一方面随着治理方式的交流和积累，统治者在主观上越来越希望把握民主化的主动权，他们在主观上的努力尤其是对国外已经成熟的民主治理经验的借鉴会越来越多，这就大大提高了人们解决转型冲突的能力。

其实当我们在谈论"东亚模式"或"中国模式"的时候，尽管存在着不同的解读，有人把其看成是完全不同于其他国家政治发展的一种政治形态和发展模式，也有人认为它们是在世界整体发展趋势之中的一种具有自身发展特点的政治形态和发展模式，但从政治发展或政治转型的视角来看，这两种观点无疑都潜在地包含着这样一层意思：东亚一些国家和中国的政治发展或民主化进程是一种渐进方式，它不会发生多元民主政体取代威权政体的急剧转变，它是一种渐进、温和而稳定的转型或发展。进而，这不仅意味着这种转型是渐进的，也有意指转型本身不再是威权政治向多元民主政治的转型，而是一种国家治理的创新或国家"一元"的民主治理。CPS

The Review of Democratization, Political Development and Comparative Historical Analysis

Li Luqu　Li Xiaohui

Abstract: In this paper, track and review the field of democratic transition, political development and comparative historical analysis in Chinese academic circle from 2013 to 2015. Because of the failure of the democratic transition in the worldwide, as well as the rise of East Asia, especially China, the subject not only cause the attention of the international academia, but also cause the academic attention in China, published more academic results. Though there are not so much traditional researches in the field of political development, the research still have its weight and unique perspective from the view of comparative national governance research, especially in the national vicissitude. The explanatory power and vitality was enhanced for the introduction of the historical institutionalism in the field of comparative historical analysis, and it also make people find it has a strong explanatory power on the China model. In general, the three years' research has not changed the situation where our country's academia is still in the stage of reading foreign comparative politics achievements and knowledge accumulation. As a result, finally, introducing several academic essays of comparative politics for reader's understanding about the development of Chinese comparative politics.

Keywords: Democratization; Political Development; Comparative Historical Analysis; Review

第五届比较政治学论坛暨"比较政治学、民主化与政治秩序"学术研讨会综述

李　辛*

【内容摘要】本文回顾了 2015 年 10 月 8 日在上海师范大学召开的第五届比较政治学论坛。该论坛由上海师范大学哲学与法政学院主办，上海师范大学比较政治研究中心承办。其主题是：比较政治学、民主化与政治秩序。来自国内及国外 70 余名学者出席会议，围绕着比较政治学理论、研究方法、国家治理、国别研究等主题畅所欲言。与会专家认为学界应在理论构建、研究方法及深入的国别研究等方面逐步改善中国的比较政治学研究。

【关键词】比较政治学论坛；比较政治学；民主化；政治秩序

2015 年 10 月 18 日，第五届比较政治学论坛暨"比较政治学、民主化与政治秩序"学术研讨会在上海师范大学召开。此次会议由上海师范大学法政学院主办，上海师范大学比较政治研究中心承办。来自清华大学、中央编译局、中国社会科学院、南开大学、天津师范大学、中共河北省委党校、山东大学、南京大学、南京师范大学、武汉大学、华中师范大学、中南财经政法大学、复旦大学、上海交通大学、同济大学、华

---

* 李辛：上海师范大学哲学与法政学院讲师，政治学博士。

东师范大学、上海外国语大学、上海市委党校、华东政法大学、深圳大学、香港浸会大学、台湾淡江大学、韩国高丽大学以及上海师范大学等高校与科研机构的 70 多位专家学者齐聚一堂，从不同角度对比较政治学理论及方法、民主进程、政治秩序及国家治理等主题展开了热烈的讨论。

比较政治学领域的元老曹沛霖教授做了会议主旨发言。他指出中国学界虽然对比较政治学进行了很多研究，但大部分还处在介绍和阐述西方学术观点的层面。最近习近平主席提出加强对全球治理理论的研究是比较政治学发展的重大契机。此外，他回顾了民主化三次浪潮，提出民主理论与制度设计虽存在问题，但民主化仍是学界应关心的重要问题。曹沛霖教授的主旨发言引起了与会学者的高度重视和热烈讨论，参会学者围绕"比较政治学理论"、"民主化"、"政治转型"、"国家治理"等专题进行了分组交流与讨论。

一、民主化：概念、过程及影响

民主及其在全球范围内的扩散及衰退是近年来比较政治学界讨论的热点问题之一。这不仅由于民主理论是比较政治学中重要的理论，而且因为民主转型、民主衰退和转型后民主的巩固对国家制度影响深远。这使得民主在理论层面和现实政治中都占有重要地位。

民主的研究首先要对其概念进行深入考察。史春玉[①]从概念比较的角度讨论了协商民主概念泛化的现象并提出解决之道。他认为协商民主在成为理论界研究显学的同时，也遭遇了严重的概念泛化问题。采用比较法和最低限度界定法相结合的方法，是解决被泛化概念边界切割的有效途径。在对协商民主的内核和底线特征做出界定之后，以这些特征要

---

① 史春玉：《协商民主的边界》，见《比较政治学、民主化与政治秩序——第五届比较政治学论坛论文集》，第 384—399 页。

素为参照变量，对协商民主和其他类似或相关概念如"谈判"、"司法合议"、"参与民主"等概念进行差异性比较，可以在一定程度上明确协商民主到底是什么、又不是什么的问题。对协商民主的内核和边界做出界定，是为了避免协商民主概念被泛化与化约后所带来的不良后果。民主的社会形态具备起码的三个特征：异见政治的合法存在、独立的公共空间和公民参与。代议政治、司法程序、工会活动、社会组织分别代表民主政治生活的不同维度，目前我国在官方文件与学术理论研究领域，有将所有政治活动化约在协商民主的单一维度之下的趋势，这是否有将民主政治由一个多面体压缩为平面体的危险？若以单一的协商形式来取代、或歧视否定其他政治活动，其恶劣影响恐怕已经不仅仅是在模糊选举政治的地位，也是在模糊异见政治和独立公共空间在民主政治生活中的地位。其次，从学理层面来讨论这个问题。协商民主至今并不存在盖棺而定的范式，如前文所言，随着相关研究议题的指数增长，协商民主逐渐变得面目模糊。不过，在这纷繁复杂的争议背后，关于协商的一些古老的议题的思考并未发生转移，即谁——协商者身份（identity）、如何——协商的条件限定（condition）、哪里——协商空间（space）等始终是学界争论的焦点问题。最后，作者认为与其批判、拒绝西方协商民主理论与实践的普适性，不如多思考探讨两者在问题意识上的一致性，东方学者应该进一步深入挖掘东方尤其是儒家文化圈下协商概念、思想与实践的历史演变。因为，如果说西方关于这个问题的思考与研究已经是汗牛充栋，中文文献到目前为止还基本是一片沙漠，有待深入耕耘。

岳成浩[①]从自由主义的民主概念角度分析了对民主概念的认知在中国左转的原因。近年来，西方的身份以及与自由主义的亲和性，在中国往往遭受到诟病和批评。批评者认为自由主义民主以选举为中心，打着没有资产阶级就没有民主的旗号，在国家—社会二分的框架下过于强调社会权利，而忽视国家自主性。他认为这种批评建立在对一些知名自由

---

① 岳成浩：《民主：向左走？向右走？》，见《比较政治学、民主化与政治秩序——第五届比较政治学论坛论文集》，第 367—383 页。

主义民主理论家著作模糊理解的基础上，熊彼特、摩尔、达尔、萨托利等关于民主的观点显然超越了"选举就是民主"这种对自由主义民主思想的概括。说"选举就是民主（或民主就是选举）"与"没有资产阶级（或中产阶级）就没有民主"是自由主义的主张，无疑是不清晰的描述和刻意的曲解。他发现民主概念在中国舆论上的向左转，根源于民主概念本身，向左向右是一种意识形态的争论，人们所期望的是民主能够有效运作，而不失其本意。

岳非平①从民主化理论的嬗变、困境和修正三个方面提出西方主流民主化理论是一个逐步完善、发展的过程，对于民主化"应然"问题的认识日益深刻。但民主化理论的道德根基是捍卫并传播西式自由民主，因此民主化理论有一种内在的强烈的建构主义冲动，并在政策实践中将民主化的标准简单化，即将选举等于民主。"第三波"民主化因此陷入困境之中，一方面出现了民主衰退现象，另一方面民主转型国家的治理状况不尽如人意。基于上述现象，西方学者对主流民主化理论进行了修正，一是建立了混合政体理论，二是提出在民主化过程中应当建立有效政府。通过回顾西方民主化理论的困境与修正，他认为中国的民主化可以得到以下启示：第一，民主化是异常复杂的政治变迁过程，衡量民主的标准不是单一的。实现民主化必须要克制建构主义冲动，不能将西方的自由民主模式当作普世价值。走具有中国特色的社会主义民主政治之路是明智之选，当前的任务对于国外民主化的成功经验应以批判的眼光加以借鉴，同时吸取一些国家因急速转型导致民主衰退的教训。第二，克制建构主义的冲动并不意味着排斥顶层设计。一方面，高度复杂的民主化需要高瞻远瞩的领导人，他们对本国民主化的前提条件和影响因素应当有清晰的预判，并推行一系列的改革措施。深思熟虑与精心设计有利于因势利导、及时纠错，使民主化在自我演化中逐步推进。另一方面，对后发国家而言，民众的政治觉醒与渐进的民主化之间存在着巨大

---

① 岳非平：《当代西方民主化理论的嬗变、困境及修正》，见《比较政治学、民主化与政治秩序——第五届比较政治学论坛论文集》，第252—269页。

的张力，全球化和信息化时代尤其如此，只有对民主化进行顶层设计，给出明确的转型时间表，让民主化成为可期可盼之事，才能有效化解张力。第三，民主政府应当既是尊重民意、有良知的有限政府，也应当是雄心勃勃、善治的有效政府。第四，中国学者在民主化研究中必须发出自己的声音，一方面更多的中国学者应加入民主化研究之中；另一方面中国学者应针对本国现实，积极与各国学者对话，创造适用于本国情境的富有解释力的民主化理论范式，从而缓解民主化理论工具箱中工具不足的现实困境。

常士閤①从民主制度对国家建构影响的视角出发，对当代多民族发展中国家民主制度选择对政治整合的影响进行了分析。自 1980 年代以来，不少发展中国家出现了政治转型，伴随着这种转型，政治整合制度路径也发生了巨大变化。目前学界对于民主转型对政治整合的影响有肯定论和否定论两种截然不同的观点。积极论是指民主制度对政治整合具有积极作用，民主制度成为了支持政治整合的路径基础，并且确实促进了国家的政治整合。其原因在于：第一，民主制度规范了公民和国家之间的关系，促进了民族国家建构。宪法规定了公民地位，确立了公民的权利与义务。同时宪法明确规定政体和国体，规范了权力，引导不同民族群体的认同。其次，民主制度确立了共和机制。民主是一种为权力而竞争的制度化体制，同时也是一种对话合作机制。民主制为多民族国家的个人和团体的不同诉求提供表达途径，通过吸纳和总和不同利益要求形成共识，经过民主产生的"共识"成为政府执政的依据。最后，民主制度建立了权力共享机制，在一个由不同集团相互依赖、相互合作的时代，国家基本都采取了正式和非正式的权力分享的制度。消极论是指民主制的脆弱性不会促进多民族发展中国家整合。这主要是因为：一则，民主实践基础薄弱。发展中国家民主政治的传统薄弱，在缺乏民主基础的国家，选择民主制度并不必然促进政治整合，竞争性民主引起冲突和

---

① 常士閤：《民主政治选择的悖论——多民族发展中国家政治整合视角》，见《比较政治学、民主化与政治秩序——第五届比较政治学论坛论文集》，第 1—18 页。

秩序混乱。二则，宪法权威脆弱，在发展中国家，威权主义存在深厚基础，宪法规则仍是形式的，根深蒂固的族群和宗教群体力量解构了宪法权威。三则，民主竞争机制脆弱。在多民族发展中国家，宪法和法律从形式上确立了公民身份高于族群身份，国家认同高于族群认同。但公民身份的建构不是社会本身发展的结果，而是国家管理的需要。族群的归属感影响公民选举权。选民处在阶级分裂、宗教分裂、族群分裂和地区分裂之中。选民的分裂使获胜或在位的族群或宗教领导人偏袒自己的支持者，迫害选举中失败的一方，加剧族群关系的紧张。同时，多党政治基础上产生的政府由其所在的政党控制，政府能力弱化使不同族群之间的裂痕加深，演变为分裂力量，带来政治整合的失败。对于民主制度的选择与政治整合这两种对立的看法，常士阐认为，在多民族发展中国家，实施一定的民主有积极价值，关键问题在于采取怎样的机制来促进和发展这种民主。处在转型中的多民族发展中国家的民主建设需要一个长期的治理过程才能建立。制度上大做手术只能带来多民族发展中国家政治整合的失败。

二、比较政治学：视角、理论与方法

一般认为，比较政治学一共经历了四次重大变革，分别是比较政府或宪法阶段（1880—1920）、行为主义阶段（1921—1966）、后行为主义阶段（1967—1988）和第二次科学革命阶段（1989 年至今）。学科史的变革集中体现在研究范式的转换与理论的重新建构。在论坛中，各位学者也就比较政治学研究视角、理论与方法问题进行了讨论与交流。

李新廷[①]认为伴随着行为主义政治学向新制度主义政治学的发展，比较政治学的研究视角也经历了社会中心主义向国家中心主义的转变。

[①] 李新廷：《社会中心主义、国家中心主义、政党中心主义——比较政治学研究视角的演进》，见《比较政治学、民主化与政治秩序——第五届比较政治学论坛论文集》，第 499—514 页。

在转变过程中，比较政治学不断修正自己的解释力，社会中心主义在行为主义方法论下将政治过程视为"黑箱"从而关注社会条件的重要性和模式化，忽视了国家的重要作用；回归国家学派将国家重新带回比较政治学的研究中心，历史制度主义以及国家—社会关系理论的修正使比较政治学在关注国家结构的同时，还关注国家与社会互动以及中层制度变量的解释力。然而，社会中心主义和国家中心主义是西方理论和经验的产物，政党中心主义兴起弥补了对后发展国家政治转型的解释。比较政治学的发展在视角的转换中不断演进。中国比较政治学的发展需要从中汲取有益的经验和教训。

政治义务是支持、参与国家公共合作计划与服从国家法律的义务，是自由主义政治理论传统的中心问题。刘俊祥[①]对克洛斯科的公平政治义务理论进行了评析。在过去的基于以利益考量为基础的功利主义理论和以同意为基础的同意理论，以及以公平原则为基础的公平理论在证成政治义务时都存在明显的局限。克洛斯科通过提出"推定有益"、"相对公平的程序"和"优先规则"的概念对公平原则进行了再设计，融贯了"利益"与"同意"，形成了一种民主的公平政治义务理论，强化了以公平原则为基础的公平理论在证成政治义务上的效力。这种民主公平的政治义务理论，为中国的政治公平化也提供了一种有价值的解释论证。即在当下中国社会转型、变革、调整时期，众多矛盾凸显或者说社会发展的利益与负担没有以公平的方式予以分配已经在侵蚀社会个体对国家、执政党、政府的权威、合法性、公信等的认知、认同，在政治义务语境下说就是已经消解了个体对自身负有政治义务的信念。所以，克洛斯科民主的公平政治义务理论本身所涵括的属性要求对于中国执政者与施政者重新检视国家或政府与社会个体之间关系以及再构建治国战略、策略和具体行动方式应该是有所启迪的。而从克洛斯科民主的公平政治义务理论的额外意义来看，其对理性的宽容与妥协民主精神的推崇与倡导或

---

　　① 刘俊祥、梅立润：《克罗斯科的公平政治义务理论析评》，见《比较政治学、民主化与政治秩序——第五届比较政治学论坛论文集》，第 28—41 页。

者说就是对一种遵从总体性规则的看重,既是在警醒有将个人自由意志逻辑极化倾向的中国现实社会的在场者有必要收敛,也是在知会中国现实社会的在场者:一种更为优良的生活其实也需要理性的妥协与宽容。

黄宗昊[①]综合分析了半总统制国家治理。他认为半总统制政府体制自从1980年代被定义出来后,截至目前,已成为全球最多国家采用的政府体制。正因为国家的数目多,所以在治理表现上的差距甚大,藉由"世界治理指数"的衡量后发现,半总统制国家的治理表现和分类后所在的群组密切相关,由此可看出发展程度在其中扮演的重要角色。发展程度越高的地区,治理表现普遍越佳;西欧成熟民主国家普遍优于东欧地区和苏联地区,前述国家又普遍优于后殖民的非洲国家。治理表现的优劣和政局稳定与否密切相关,应该将政治运作的稳健顺畅视为是治理表现出色的必要条件。长期以来,对半总统制国家政局是否稳定的权威观点是SCE论述,主要着眼于半总统制的两种次类型所带来的显著差异,"总理—总统制"会较"总统—议会制"在政体存续和民主程度上表现较佳。在理性选择制度主义的指引下,如将半总统制搭配不同的选举制度和政党体系,制度配套分析的结果挑战了SCE论述的看法,不认为总统权力大会造成政局不稳,这两种次类型在政治运作的稳健顺畅上可能不存在显著差异。如果要增加半总统制国家的政局稳定与政治运作顺畅,调整总统与国会的选举周期应该是一可行的方法。

严行健[②]认为一院制是人大的核心制度特征,两院制改革的设想也因不符国情而被官方搁置。因此,如何理解一院制对国情的适应性成为人大研究中的一个基础理论问题。比较政治的视角展示出,一院制与两院制无优劣之分,仅有功能之别。各国皆从国情需求出发,选择或调整其代议机构结构形式。一院制对中国国情的适应主要体现在其节约公共开支、保证立法及决策效率以及防止地域及族群间出现对立等方面。同

---

① 黄宗昊:《"半总统制"政府体制治理表现的比较研究》,见《比较政治学、民主化与政治秩序——第五届比较政治学论坛论文集》,第196—226页。

② 严行健:《理解人民代表大会一院制模式:比较政治的视角》,见《比较政治学、民主化与政治秩序——第五届比较政治学论坛论文集》,第343—356页。

时，一院制的一些制度风险可以通过健全委员会制度等方式加以规避，从而避免两院制改革对制度的冲击。人大制度历经 60 余年发展，已被证明是一个符合中国国情且行之有效的制度。在发展和完善该制度的过程中，是否效仿国外议会两院制模式是一个常被讨论的议题。虽然官方从国情出发，明确否定了这一改革，但如何理解人大一院制对中国国情的适应性，仍然是人大研究中一个基础的理论问题。通过比较世界各国案例，他从四个方面回答了这一问题：第一，一院制并非世界各国代议机构制度模式中的少数派或个案，而且不是一种正在被两院制所逐步取代的模式。第二，两种模式本身并无优劣之分，只有功能上的差异。例如，一院制节约行政成本，增加行政效率，却面临法案不能获得充分审议的风险。各国从各自的国情需求出发，选择或调整其代议机构的议院数量。第三，一院制对于中国国情的适应性主要体现在其节约公共开支、保证立法及决策效率、防止立法僵局以及防止地域及族群间对立等方面。第四，人大一院制模式虽然天然地具有一些制度风险，但其可以通过建立健全委员会制度，增加立法透明度等方式，以较小的制度变动和较低的成本加以规避。

杨明佳[①]评析了政治发展理论及其在中国的影响。福山与亨廷顿为代表的西方政治学家，结合人类政治史的经验，建构起了广受关注的政治发展理论。无论是亨廷顿的政治发展的三阶段论，还是福山有关政治秩序的三要素说，都在一定程度上能为当代中国法治优先的国家治理变革提供理论支持。政治发展是一个交织着关于价值选择与制度转轨的复杂社会变迁过程，尤其是对中国这样的具有独特文明类型的国家，任何单一的理论范式都不能提供中国政治发展所需要的全部知识。如福山所言："大多数所谓发展理论，其失败的原因，在于没有考虑发展史中独立的多维性。"因此，亨廷顿与福山的政治发展理论，也只能给予我们必要的理论借鉴，而无需顶礼膜拜，亦步亦趋。经过 30 多年的改革开

---

① 杨明佳：《法治优先：中国致力转型的战略选择》，见《比较政治学、民主化与政治秩序——第五届比较政治学论坛论文集》，第 425—443 页。

放，中国的经济已经基本步入全球化的后马尔萨斯时代。经济改革焕发了中国社会的活力，但同时也给国家治理提出了新的挑战，国家治理现代化已成为中国的当务之急。与经济增长不同，政治的变革是一个更为复杂的过程，需要在理想与现实之间找到一条可行的变革之路。如果急于求成，可能欲速不达，而如果犹豫迟疑，也可能错失良机。这个时候，既需要政治领袖具有高瞻远瞩未雨绸缪的政治胆识，更需要执政者对驾驭变革的政治信心；既需要知识分子的智识，更需要他们视天下为己任的政治良心；既需要社会大众的群策群力、凝聚共识，更需要他们的政治耐心。因为政治变迁的主体始终是人，如果在变革为特征的现代社会中，政治主体的精神心智不能在历史中吸取足够的经验与教训，任何有价值的政治发展的目标，都会成为难以企及的梦想。

处于从传统向现代社会转型的后发展多民族国家的族际整合问题，是现代政治学面临的一个重要课题。赵海英①认为独立后的东南亚国家在威权政治的国家建构方式中，实施相对合理有效的族际整合方略，在整合民族关系、维护国家统一和推进经济现代化方面为后发展国家提供了宝贵经验，同时为自身向现代民主政治转型创造了条件。东南亚国家在独立之初西方民主政治试验遭遇挫折以后，转而结合本国的传统社会资源，选择了强调权力因素发挥作用的、以维护政治秩序和政治稳定为前提、国家政治权力干预社会发展的威权主义的国家建构方式。威权主义国家建构的时间是从 1950 年代末到 1980 年代末。在东南亚 20 世纪七八十年代威权政治的国家建构中，各国通过运用国家政治权力来保持经济发展、社会稳定和民族和谐。实践证明，东南亚国家威权政治建构中的族际整合是一条适合现代化早期发展阶段的族际整合之路，从而使各国在独立后基本维护了国家统一和族群和谐。

常轶军②关注后发现代化进程中的政治认同建设。他认为与早发现

---

① 赵海英：《比较视野下东南亚国家威权政治建构中的族际整合研究》，见《比较政治学、民主化与政治秩序——第五届比较政治学论坛论文集》，第 123—139 页。
② 常轶军：《鸟巢模式：后发现代化进程中的政治认同建设》，见《比较政治学、民主化与政治秩序——第五届比较政治学论坛论文集》，第 444—457 页。

代化相比，后发现代化具有特殊性并决定了其政治认同建设的内在劣势。具体表现为：后发性与问题导引的政治认同建设思路；外生性与求同存异的政治认同选择困惑；叠加性与杂乱无序的政治认同建设路径。因此，后发现代化进程中，政治认同资源具有单一性与堆积性，政治认同对象具有逆向性与捆绑性，政治认同建设模式具有鸟巢式特点。

三、国家间比较：转型、治理与经验

比较政治学是研究政府、政治团体、政治程序和公民身份是如何随国别和时代的不同而变化的学科。国别研究、国家间比较是比较政治学研究的重要方法。对于处在转型期的中国而言，如何鉴往知来，通过比较借鉴他国的经验，意义深远。李路曲[①]认为新加坡与中国都是后发展国家，两者在文化传统、体制形式、发展模式等方面具有很大的相似性，而且都是当代较为成功的发展案例。与新加坡进行直接比较，有利于阐明中国政治发展模式的向度以及治理方式变革的速度和深度，当然也有利于阐明发展中的问题。从政治发展进程来看，两国都是先进行政治理性化建设，然后是理性化与民主化并进。新加坡的政治发展在坚持其理性化和政治稳定的基础上从强国家向体制内的多元民主发展，中国几乎与新加坡在同一时期开始了民主化进程，不过中国更加注重政治稳定，并在这一过程中始终以政治理性化建设为主，当然中国的政治理性化建设正在为民主化即中国特色的协商式民主的发展创造条件。新加坡与中国的渐进式转型和改革的共同之处是它们都保证了国家的稳定性和现代性，所以在相当程度上保证了国家的有效治理。在社会基本共识和国家领导层的主导下，两国对经济、社会、文化和政治体制进行了持续的调整和改革，使其与经济和社会的发展和转型相适应，形成了一种特

---

　　① 李路曲：《新加坡与中国政制发展路径的比较分析》，见《比较政治学、民主化与政治秩序——第五届比较政治学论坛论文集》，第 157—178 页。

有的体制内的渐进式政治转型模式。两国的差异性表现在虽同为渐进式改革，但中国的市场化和民主化进程在同一历史时期要慢于新加坡。其原因在于一是新中国成立后近30年实行了计划经济体制，二是因为中国对传统的路径依赖较为强烈。

谭融①论述了墨西哥政党政治与国家转型之间的关系。墨西哥自1810年以来，经历了由考迪罗军人统治向政党政治和文官体制、由一党主导型体制向多党竞争型体制两次政治转型，政党政治的变迁与其政治转型紧密相联。墨西哥的两次政治转型都是在执政党的引领下自上而下推动的；选举制度改革成为其当代政治转型的重要推动力。墨西哥的政治改革和发展经历了渐进、多阶段的过程，此种方式降低了改革成本，避免了改革过程中的过度震荡，成为有益经验。墨西哥政治转型的历程告诉我们，多党竞争和政党轮替的实现，仅仅是民主政治发展的一个方面，要消除政府腐败、发展经济、保持社会安定，还需要改革的深入发展和有效的政策措施。即使实施了多党竞争和政党轮替，如若上台的政党缺少公益心、缺乏执政能力，依然会丧失民心，使民主付出代价。通过选举，产生真正出以公心、有能力和为公众利益服务的执政党，才是关键和实质所在。纵观墨西哥政治转型的历程，可以看到，墨西哥政党政治的变迁与其政治转型紧密联系在一起，两次转型都是在执政党引领下自上而下进行的；选举制度改革成为其当代政治转型的重要推动力。墨西哥的政治改革经历了渐进、多阶段的进程，此种方式有助于降低改革成本，避免改革中的过度震荡，成为有益经验。

赵银亮②从国家市场关系角度分析了缅甸的体制转型。他认为随着地区一体化的深入发展，不同国家的市场化改革所带来的各种因素对体制转型产生影响，并且两者间不同程度地呈现互动态势。围绕政治共识、精英和大众关系的重构、体制转型等议题，学界存在不少争论。而

---

① 谭蓉、田小红：《论墨西哥的两次政治转型》，见《比较政治学、民主化与政治秩序——第五届比较政治学论坛论文集》，第19—27页。

② 赵银亮：《市场一体化、贸易政策与政治体制转型》，见《比较政治学、民主化与政治秩序——第五届比较政治学论坛论文集》，第458—477页。

通过对市场一体化进程中的缅甸进行个案研究，分析市场化改革所带来的各种因素如何影响国家的体制转型，旨在探索两者间的互动机制，并尝试建立市场一体化、贸易政策和体制转型的分析框架。维系政治经济联盟或者说执政的精英联盟关系的主要因素，在于存在广泛的政治共识，这些政治共识包括不同的政策目标和问题领域。无论是从理论方面，还是从实践过程中，学界对于政治共识的功能和机制研究都存在争议。在特定的政治体制中，如何考察政治行为体的政治共识产生的动力和根源，如何测评大众对于政治制度和宪法等法律文献的满意度，从实践层面来看都是艰难而复杂的过程。不同国家的政治转型过程中都存在着多重的、各异的因果路径和机制。通过考察市场一体化、贸易政策变化和国内体制转型之间的关联性，是否可以得出结论：随着市场一体化的推进，一国外部市场准入的变化将对政治体制转型产生深远影响。此外，联结市场一体化、贸易政策与体制转型的作用机制，则是未来研究的方向。总之，市场一体化的深入发展，将带来外部市场准入的变化，这些变化通过对一国的政治经济联盟的影响，进而改变执政联盟对于财富分配、政治结构、个人权利等制度性变革的预期，进而推动政治发展。

崔志鹰①分析韩国转型期的社会变革。20 世纪 90 年代，韩国两名前总统卢泰愚和全斗焕东窗事发，被捕入狱，当时不仅震动了整个韩国政坛，而且引起了全世界的关注。此事不仅暴露了韩国政治生活中瘀积多年的政经勾结的痼疾，也表明了当时韩国总统金泳三领导的反腐倡廉政治革新运动进入了一个新阶段，为韩国最终摒弃根深蒂固的金钱政治，彻底清算社会旧恶，从而迈入现代民主政治的新时代创造了有利的条件。本文将就韩国金钱政治产生的根源、韩国政治革新运动的背景以及韩国经验对亚洲后发国家提供的启示等诸方面作分析。韩国从 1961 年朴正熙上台开始的 20 余年间，在政治方面，推行权威主义，强化政府

---

① 崔志鹰：《韩国社会转型时期的政策变革》，见《比较政治学、民主化与政治秩序——第五届比较政治学论坛论文集》，第 242—251 页。

职能，贯彻了国家意志；在经济方面，贯彻"经济发展第一"方针，执行政府主导型的市场经济政策，国民经济在相当长时期内一直保持高速增长，为韩国在90年代中期步入工业发达国家的行列奠定了坚实的基础。但同时，韩国社会付出了高昂的代价，其中尤为严重的是金钱政治等腐败现象与日俱增，甚至一贯推崇权威主义、倡导廉洁奉公的朴正熙也无可奈何地承认，在韩国"自上而下的整个组织的政治腐败和枉法已渐渐地侵蚀了我们全部生活，甚至连那些正直的和诚实的人们一旦获得了某种公共权利，也会很快堕入腐败的行列并追逐起他们的私利"①。显而易见，权威主义的固有弊端——金钱政治已成为韩国社会进一步发展的障碍。进入90年代，韩国在完成经济从初级到高级的发展、政治从军人专制到文人执政的过渡后，才开始彻底清算金钱政治，力图革新，开始了向现代民主政治的转型。韩国的经验对亚洲后发国家具有一定的借鉴意义，概括起来，可以归纳为：第一，亚洲后发国家在选择自己的政治模式和发展战略时，必须充分考虑本国的政治传统和社会现实，政治上的理想主义无助于实现国家振兴和民族复兴的现实目标；第二，政府过多地直接干预经济，必然使腐败现象难以消除；第三，政治体制改革不能过分地落后于经济体制的改革；第四，加强对全民反腐倡廉的教育和法制建设尤为重要。

构建政府纵向职责体系是深化新一轮行政体制改革的关键环节和重要抓手。吕同舟②对美国、法国、日本政府职能进行了比较分析。美国借助联邦宪法、州宪法以及相关法律的规定对各级政府职责做出了清晰细致的划分，并以财政控制为主线来实现职责体系的有效调整；法国地方行政系统中中央派驻机构和地方自治机构并存的双轨制结构为政府纵向职责体系的运行提供了依托；日本政府纵向职责体系的调整与地方自治改革密切关联，体现为兼具制度性划分和机制性协调，并包含中央职责、地方职责与法定委托职责的结构。通过国际比较发现，权力配置制

---

① 〔韩〕朴正熙：《我们国家的道路》（中文版），华夏出版社1988年版，第154页。
② 吕同舟：《国际比较视野下政府纵向职责体系研究》，见《比较政治学、民主化与政治秩序——第五届比较政治学论坛论文集》，第140—156页。

度化、职责配置异构化与调控手段柔性化是构建政府纵向职责体系的重要经验。在我国下一步改革过程中，应当尝试跳出简单的收权或放权思维、探索合理确权，同时在职责同构的整体格局中适当地嵌套某些职责的异构化配置，并在条件允许的情况下更多地采用柔性化或隐形化的调控手段。

陆海燕①从劳资关系的角度对韩国、新加坡和马来西亚进行了比较分析。后发国家大多采用或采用过威权政体，从而使其劳资关系与先发国家相比具有不同的特点。从这些国家和地区劳资关系分析中我们可以看到当前中国的劳资关系在现阶段虽有一定的合理性，但在社会主义市场经济不断深化的今天，工会的独立性和代表性也面临挑战，不能有效应对市场经济条件下产生的劳资矛盾。因此，工会应当加速改革，回归其社会职能，成为工人利益的代表者。当前中国的政体类型按西方学界划分也属于威权政体，政体上的类似，经济发展战略上的相同以及同处于全球化的背景下，使得中国的劳资关系与上述国家有着类似的轨迹。通过对上述后发国家和地区劳资关系及其行动者的研究，我们可以得出如下启示：第一，当前中国的劳资关系具有一定的合理性；第二，工会社会职能回归，建立新型劳资合作伙伴关系；第三，工会职能转型，加强会员认同。

洪静②关注韩国议会的立法冲突问题。韩国议会的立法冲突是韩国议会政治中较为引人注目的政治现象。韩国议会政治中的立法冲突现象是指议会立法审议过程中，在全院大会或者专门委员会内，所发生的两人或两群以上议会议员之间以身体接触或非接触方式进行的、通常伴以不友好言语攻击的身体攻击和对抗行为。广义上的立法冲突还包括语言攻击、挑衅、争抢麦克风、议事锤、聚众占领讲坛、抢占主席台、占领会场等非直接身体接触类型的冲突现象。在表现形式上，有因具体议题

① 陆海燕：《威权体制国家及其转型后劳资关系演进和行动者研究》，见《比较政治学、民主化与政治秩序——第五届比较政治学论坛论文集》，第 270—282 页。
② 洪静：《韩国议会立法冲突现象的政治功能及其对完善中国人大运行规则的启示》，见《比较政治学、民主化与政治秩序——第五届比较政治学论坛论文集》，第 227—241 页。

分歧而发生的"硬"冲突，也有虽无明确议题、但出于不合作目的，人为阻断正常议程的"软"冲突。前者通常发生在全院大会和委员会的立法审议中；后者则多发生在新一届议会"院构成"的协商过程中。立法冲突对于韩国议会政治的功能发展和完善，具有一定的积极意义。韩国的经验表明，议会立法冲突的发生、发展、改进，与国家民主政治的发展和成熟有着内在的联系；通过包括社会资本建设在内的各种制度和文化建设，能够有效地控制和减少立法冲突现象。本文将对韩国议会政治中立法冲突问题探讨所获得的知识，应用于中国社会主义民主政治进一步发展完善条件下人大运行规则的建设问题，试图前瞻性地提出和回答一些事关中国人大制度发展的重要议题。第一，确保立法的审议民主（deliberative）性质，避免过分关注表决结果，积极鼓励利益相关方积极参与到决策制定的过程中来；第二，培育人大政治中的宽容妥协意识，发挥政治妥协作用；第三，建立信任文化，积累社会资本。第四、通过进化实现合作。

袁超[1]分析了政治衰败下泰国、埃及和乌克兰频频上演的权力互斗过程。他首先界定了政治衰败，认为政治衰败是指因政府对经济社会失控而导致的负面经验现象集合，它往往以不同程度的政局动荡、经济萎靡和社会骚乱为典型表现；从本质上看，政治衰败是"权力失序"的结果，它意味着政治权力、经济权力和社会权力之间能够"无障碍地"、"随意地"进行相互转化；而"权力失序"则是结构性"权力失衡"和过程性"权力互斗"共同作用的结果。从过程维度观察，重度政治衰败往往都存在严重的权力互斗。根据主体的不同，权力互斗可从理论上划分为政治权力互斗、经济权力互斗和社会权力互斗。然而，现实中的政治权力、经济权力和社会权力往往都处于相互交织的状态，它们不可能完全割裂，任何一种根据主体划分的权力互斗类型都可能与另一种类型有着千丝万缕的联系。譬如泰国的曼谷政商集团与新资本集团之间的争

---

① 袁超：《权力互斗、权力转化与政治衰败——以泰国、埃及和乌克兰为例》，见《比较政治学、民主化与政治秩序——第五届比较政治学论坛论文集》，第400—424页。

斗从表面看是资本权力互斗，但其背后潜藏的却是政治上的极端保守派与激进派之间的政治权力互斗。因此，在政治过程分析中，这种纯粹的理论划分是缺乏可操作性的，更重要的是，它还消解了权力互斗分析维度的现实意义。现实政治显示，导致重度政治衰败的"权力失序"往往以政治权力为中心，因此，构成它的结构要素与过程要素理应分别是政治权力失衡和围绕政治权力发生的权力互斗。所谓"围绕政治权力发生的权力互斗"主要包括三方面含义：（1）政治权力内部争斗，集中表现为以军人集团、政党和政府官僚等为主的政治支配力量为实现本组织或集团利益的最大化而进行争斗；（2）经济社会权力的政治化争斗，即经济权力在实现了向政治权力的转化之后发生的争斗，主要表现为社会中具有较强影响力的金融工业资本等经济利益集团，通过与政治力量确立紧密联系或直接组建政党等方式谋得政治地位、获取政治权力，从而在政治舞台上为集团利益最大化而参与政治角斗；（3）经济社会权力的社会化争斗，即经济社会权力在试图向政治权力强势转化时因利益相悖发生的争斗，主要表现为小型经济团体、社会组织和民众通过街头游行等集体行动的方式谋求政治承诺（比如要求总统下台、重新选举等），并常常会因为行为极化而导致不同群体之间的流血事件，引起社会骚乱，甚至导致社会动荡。简言之，三种权力互斗类型都紧紧围绕政治权力展开。此外，与权力互斗伴随发生的政治过程是权力转化，甚至可以说，权力互斗的目的就是为了实现权力转化，从而牟取利益。政治权力互斗中潜藏着政治权力向经济社会权力的转化，而经济社会权力的政治化争斗和社会化争斗中则隐含着经济社会权力向政治权力的转化。譬如王室、军人集团、政党与政府官僚之间的争斗是为了占据政治上的支配地位，进而能够最大化地垄断经济利益；而金融工业资本等经济利益集团之所以竞相争夺政治权力，是为了影响政治议程来获得更大的政策支持。他讨论了"围绕政治权力发生的权力互斗"，分述重度政治衰败下泰国、埃及和乌克兰频频上演的权力互斗过程。最后分析了权力转化问题，政治权力与经济社会权力之间的无序转化过程，并尝试对泰国、埃及和乌克兰进行类型划分。

四、国家治理：定位、模式与方法

十八届三中全会提出推进国家治理体系和治理能力现代化，因而探究建立健全一套完整、合法、有效的国家治理体系成为比较政治研究的重要问题和热点问题。在这一专题中，与会者分别从治理理论与中国如何实现善治两个角度进行了讨论与分析。

高奇琦[①]认为国家治理由国家构建、国家发展和国家转型三部分内容构成。目前国内的国家治理研究主要采用规范的分析方法，而这一概念的深入研究则需要采用实证方法。在四种实证方法中，比较方法最适合进行国家治理研究。类型学、质性比较分析和比较历史分析可以为国家治理的实证研究提供新的方法论基础。国家治理对于比较政治也具有重要的构成意义。结构主义、理性主义和文化主义这三大比较政治学流派中都有丰富的国家治理研究。然而，20世纪80年代后期以来西方比较政治学的"民主化转向"导致人们产生了一种误解，即认为只有民主化研究才是真正的比较政治学。这种观点用"民主化"替代了真正处于中心位置的"国家治理"，并且让比较政治的研究范围变得狭窄和局促。因此，比较政治研究需要恢复国家治理在其内容中的核心地位。国家治理可以为中国比较政治学的发展提供关键性的议题领域。同时，中国的比较政治学则可以在中国国家治理的经验以及世界各国国家治理实践的比较基础上形成自己的经典作品。此外，比较政治学可以为国家治理研究提供新的方法论支持。国家治理研究要突破规范性的基础研究，就需要与各国实践结合形成实证的比较成果。类型学、质性比较分析和比较历史分析等比较方法则可以有效地推动国家治理研究的实证化和科学化。

---

① 高奇琦：《比较政治视野下的国家治理研究》，见《比较政治学、民主化与政治秩序——第五届比较政治学论坛论文集》，第100—122页。

赵丽江①运用诠释学的方法，对历史文本中有关中外基层社会人们日常生活的方式及社会的治理方式的断编残简进行阐释，比较东西方国家由于地缘条件、历史发展轨迹、法治传统不同，导致国家与社会的关系各异，基层治理的传统不同：自由稀缺是古代社会共同的特点；在中世纪西方农村有遵循法律规范管理的自治共同体，村民通过陪审团制度，参与到地方性的法律事务之中去；中国是专制主义制度下的层级管理及保甲制。发达国家在工业化城市化过程中逐步构建了社区共同体。依着传统的惯性，中国依然是政府主导的社区建设；在市场经济多元实体发展的条件下，人们努力通过社区进行着自己的选择，发展着生活政治。

中国如何实现善治是国家治理集中讨论的问题。袁峰②分析了中国民主政治建设和政治体制改革的成功经验。认为坚持党的领导、人民当家作主、依法治国有机统一是改革开放以来中国在民主政治建设与政治体制改革实践中形成的成功经验，是中国共产党向国内外鲜明宣示的政治理念，也是当前推进我国政治发展的政策思路。从历史维度回溯其形成过程，明确其提出的特定背景；从价值维度剖析其蕴含的价值取向，充分认识三者价值所在及其相互关系；从政策维度研究如何推进三者有机统一关系的整体思路。

欧阳景根③从理论角度对法治建设进行了定位。对中国法治建设进行准确定位，既是成功建设法治国家、法治政府和法治社会的前提，也是科学设计法治指标体系的基础。我国法治建设的理论定位是，以中国为代表的广大发展中国家的法治建设具有典型的二重性：它们既要具备法治的一般性属性或界定性特征，又必然具有法治的差异化属性，即作为制度变革的法治。我国法治建设的实践定位是：中国法治仍然处于法

---

① 赵丽江：《基层治理的比较研究》，见《比较政治学、民主化与政治秩序——第五届比较政治学论坛论文集》，第82—99页。

② 袁峰：《论党的领导、人民当家作主、依法治国的"有机统一"关系》，见《比较政治学、民主化与政治秩序——第五届比较政治学论坛论文集》，第69—81页。

③ 欧阳景根：《中国法治建设的定位与法治指标体系的设计》，见《比较政治学、民主化与政治秩序——第五届比较政治学论坛论文集》，第42—68页。

治的初级发展阶段，着重程序法治建设是这一法治初级阶段的阶段性任务。国内外现有的法治指标体系研究，因为缺乏对法治建设二重性和法治初级发展阶段的深刻认识，在理论上和文本上均存在严重缺陷。学术界和各级政府要紧紧围绕法治的二重性和法治初级发展阶段来设计科学的法治指标体系，以利于社会主义法治国家的建成。中国法治的设计原则：第一，要紧紧围绕法治的一般性属性来设计指标，即严密设计法治的共性指标；第二，要紧紧围绕我国法治建设的差异化属性来设计指标，即设计法治的个性化指标；第三，要紧紧围绕法治的初级发展阶段这一现实定位来设计指标；第四，要符合指标体系设计的一般原理和技术要求。

王泉伟[①]从国家规模与治理的相关性角度进行了分析。他认为中国无论用什么指标来衡量都是一个超大规模的国家，这一既定的现实对于国家治理体系以及国家治理能力现代化建设会产生怎样的影响？按照既有研究的结论，超大规模有利也有弊，如果处理不当，会影响民主建设进程、导致国家治理不善甚至经济发展停滞等不良后果。他首先讨论了规模与民主的问题，这是非常古老的哲学问题。其次论述了规模与国家治理能力的关系，规模较小的国家在国家构建方面要更为有利。最后分析规模与经济绩效的关系，解释为何一些小国在经济上表现更加灵活。他认为中国之所以被称为"奇迹"，在于如此"大"的政治实体发生了如此长时间的经济增长，在整个人类历史上都非常罕见。"大"是中国奇迹的重要部分。同样，我们今天面临的很多问题也与我国的超大规模密不可分。规模增加了治理困境，规模带来了经济发展问题，规模也限制着我国的民主进程。规模带来的相关影响可能会时刻伴随着我们，成为我们日常政治生活中所不得不面对的现实。但是规模庞大并非完全都是劣势，而且规模庞大带来的负面影响也不是完全无法解决。要发挥规模的优势，遏制规模带来的负面效应，需要我们对此有清醒的认识和深

---

① 王泉伟：《规模与政治：一个简单的回顾》，见《比较政治学、民主化与政治秩序——第五届比较政治学论坛论文集》，第357—366页。

入的探究。

汪卫华①分析了动员式治理在中国的发展与演变。国家治理体系是治国理政体制机制的总和。在治理体制上强调国家与社会的两分、协治,在治理机制问题上讲市场逻辑对政府管理的渗透,这构成西方治理话语的底色,但这不足以解释国家治理风格的差异。在国家治理过程中对不同治理机制的混合搭配运用塑造了各国不同的治理风格。动员式治理在当代中国是一种重要的国家治理机制理想类型,科层制管理、市场化处理、动员式治理三种治理机制的组合搭配运用,塑造了当代中国国家治理风格的基本面貌。中国共产党基层组织作为群众动员的组织基础,在不同历史时期因其自身结构特性的变化,逐渐型塑、改变着这套动员式治理机制的"半制度化"特性、运转效果以及发展方向。尤其经过"文化大革命"的激荡冲击,自 1980 年代开始,官方话语系统及实际政策执行环节中,主政者均有意识地用语义更加模糊的"动员各方社会力量"逐渐取代了"发动群众"的传统提法。用语变化的背后,是整个发展战略与执政思路从原来倚重于"从群众中来,到群众中去",逐渐转变为强调国家治理的专业化、正规化、制度化。"群众路线"作为中国共产党执政合法性的重要意识形态基础,仍被小心翼翼地保存下来,同时又在"压倒一切是稳定"的社会转型背景下作了更加谨慎的重新解读。这种思想观念上的转变与基层党组织和群众组织的日渐科层化和"网格化管理"、"台账式管理"趋向是同步变化的。面对日益强势的科层制管理与市场化处理这两种治理机制的冲击,我们看到现实中同时具有政治合法化与治理机制双重功能的党的群众动员传统在市场竞争和社会转型中逐渐走向衰退。但问题是,那些适宜用动员式治理机制应对的现实问题依然存在,仅仅用科层制管理或市场化处理的手段,并不足以及时化解矛盾、摆平理顺。轻易放弃动员式治理的内在价值,不仅是不明智的,也必然会使"群

---

① 汪卫华:《动员式治理与当代中国国家治理风格》,见《比较政治学、民主化与政治秩序——第五届比较政治学论坛论文集》,第 302—318 页。

众路线"失去其得以贯彻的核心执行渠道。如果参照世界其他发展中地区，乃至发达国家自身的治国理政实践经验与形形色色的治理危机，我们需要承认正是中共群众动员传统及动员式治理机制，为当代中国的政治经济社会发展多提供了一条道路，灵活地补充了正式制度的不足。中国特色国家治理经验的普适价值正在于此。

陈辉[1]结合数据收集、统计分析和理论探究，比较了中美两国经济、社会治理的现状和特点。他着眼于结构功能主义的分析框架，通过案例比较中美两国经济、社会治理的现状与特点，思考治理绩效背后的因果机制，探究发挥后发优势，优化治理体系，从而有效推进国家治理能力的现代化与善治的实现。城市治理的难度在于其复杂性问题，治理的困境在于寻求一种简单而"包治百病"式的治理路径，简单的办法往往并不奏效，因此需要摒弃单一式的管治理路，走向复合型治理之道。从城市生态系统有效运行的视角来看，优化治理体系与治理能力的关键在于吸收上述两种治理体制的优点，形塑中道的治理机制：权威的治理结构促进政策的贯彻实施，包容性的治理方式，规避社会治理与政府管制的内在缺陷，超越国家抑或社会的单一治理逻辑。管理主体与社区居民之间构建诸如居民议事会、听证会以及公众论坛等网络化、良性互动的机制平台，提升社会资本，国家与社会之间形成有效的合作。[2] 政府高度重视依法行政，建构法治政府与服务型政府，通过公共产品的供给，培育社区组织的发展与社会资本的提升，促进社会的自我管理、自我监督、自我发展，形成稳健的社会中间阶层，使节制中庸、理性与平和成为社会的美德。这种中道的治理使得社会管理有序，且富有创造性与活力，在统一性与多样性中实现国家与社会之间的良性互动。

---

① 陈辉：《中美城市基层社会治理的比较研究》，见《比较政治学、民主化与政治秩序——第五届比较政治学论坛论文集》，第179—195页。
② 亚里士多德认为美好的城邦在于："无过不及，庸立致祥，生息斯邦，乐此中行"，体现了中道的治理逻辑。〔希〕亚里士多德：《政治学》，吴寿彭译，商务印书馆1965年版，第210页。

五、群体性事件：转向、特点与应对

　　中国已经进入制度建设的转型期，亦是社会矛盾的突发期，这些矛盾集中体现在公共事件或者说群体性事件的发生。群体性事件是由某些社会矛盾引发，特定群体或者不特定多数人聚合临时形成的偶合群体通过规模性聚集对社会造成影响的群体活动。王向民[①]认为制度建设要通过谈判博弈、讨价还价的制度改良，它表现为一系列的公共事件。公共事件的中西方研究进路，呈现出从社会学到政治学的转向特征，国家成为政治分析的核心概念。中国公共事件的政治学取向，表面上体现为西方学术在中国的回响，极为类似 1980 年代美国出现的"回归国家"或"国家自主性"的分析特征。首先，公共事件研究的价值取向是国家治理而不是国家统治。其次，研究对象聚焦于具体的政治机会结构与决策制度，碎片化政府、政府管理模式与决策机制等经验制度成为核心分析对象，这是中观与微观层面的研究视野；再次，采用科学化的制度与田野的研究方法，将国家视为公共事件分析的独立变量，其他诸如经济资源流动、社会群体重构、互联网赋权等分析变量也是公共事件治理研究的重要维度。但是，中国公共事件研究的动力却不是美国政治学的科学主义，而是改革开放以来的经济社会转型。公共事件研究的政治学取向虽与西方的"回归国家"研究异曲同工、殊途同归，但却更多是出于一种国家建设的自发性历史趋同。作为生活中的具体行为，公共事件发生的直接原因是政策执行差距，而政策执行差距的原因在于政府结构与权力运作故障，之所以会有政府与权力的故障是由于权力设计与制度安排的畸形，而权力与制度畸形在于特殊的国家统治权。公共事件研究由此构成环环相扣、具体而微的国

---

　　① 　王向民：《公共事件中的国家》，见《比较政治学、民主化与政治秩序——第五届比较政治学论坛论文集》，第 478—498 页。

家政治分析。不管怎样，中西方公共事件研究的政治学转向与回归国家，昭示着政治分析中的一个螺旋型轮回，抑或宣告着现代民族国家建设仍是一个未竟的事业。就此而言，现代国家理论、现代国家体系与现代国家治理能力仍是有待开拓的研究领域。

李正男[①]以"乌坎事件"作为关键个案分析了中国群体性事件的特点与变化。她认为，第一，以前中国的群体性事件的焦点主要放在丧失土地的农民、丧失住宅的城市强拆居民、失业劳动者等经济要求上，"乌坎事件"中在经济权力之外将政治权力也作为重要的附加要求提出，这是非常明显的变化。第二，通过网络媒体动员大众和外部势力参与示威，示威的大众参与度及影响力突破地区范围扩大到了全国水平。所以 2010 年以后发生的中国群体性事件虽没有要求对特定的社会现象或者结构进行改革这样的目标，没有全国组织化为基础的成熟形态的社会运动的特征，但是至少在提出的主张或者大众动员和影响力扩大等层面上可以看到社会运动的初级形态。这与大多数中国学者或西方学者所认为的中国的群体事件只不过是个别事件或者在地区单位上孤立分散的、以追求具体的经济利益为目标的大众抵抗行为的观点是不同的，这意味着中国的群体性事件正向着社会运动的形态发展。出现这种变化的决定性因素是伴随中国市民社会的发展，民众的市民权力意识提高，以及信息化新媒体的发展，大众示威的形态发生了急剧变化。以此推断，中国群体性事件一旦具备政治的、社会的机遇，它任何时候都可能与政治主张相结合与政治改革要求相联系，瞬间发展成全国性大众参与的政治事件。所以虽然现在在中央政府的强力治理和政策应对下，每年爆发的几十万起群体性事件停止在可控范围内，但是随着大众的参政诉求不断提高，中央政府暴露出制度上和政策上的局限性时，群体性事件很可能发展成要求中国社会政治改革的社会改革运动。这意味着如果中国共产党不能通过有效措施适当地控制以市民意识为基础的政治参与诉求的话，现在每年爆发的几十万起群体性事件可能成为推动中国政治急剧变化的动力。

---

① 李正男：《中国群体性事件的新变化与特征》，见《比较政治学、民主化与政治秩序——第五届比较政治学论坛论文集》，第196—226页。

陆亚娜①认为风险社会下应对重大突发事件，完全靠政府一方的力量，以惯常的全能型政府公共危机管理模式实现社会治理，已无法适应现代多变的社会现实。第三部门作为社会治理的主体之一，在应对重大突发事件中的作用不可小觑。但现实中第三部门作用的发挥与其具有的资源禀赋所提供的资源空间远不匹配，内在原因在于当前我国第三部门存在"阿基里斯之踵"，表现为自立性障碍、应力性障碍、自律性障碍和志愿服务的持续性障碍。破解之道在于增强主体意识、建立第三部门应对能力成长机制，建立第三部门参与应对的自律、互律和他律的约束机制体系。

最后，谭君久教授对本次论坛进行总结。他强调了比较政治学在中国政治学科建设中的重要作用，并指出了比较政治学在中国学界的定位是比较模糊的现实。比较政治学是以方法为取向的学科，必然要以他国作为研究对象，或者以外国为参照研究本国。在学科建设方面，中国应该借鉴美国比较政治学科建设的经验与启示。

本次论坛提出的一系列学术观点，既有很强的理论前瞻性，也具有很强的现实指导性，激发了与会者的热烈讨论。会议过程中，参会专家学者在思想火花的碰撞中拓展了学术视野，对重要的研究课题达成了一系列共识，也对比较政治学领域前沿理论和课题进行了深入讨论，形成了一些系统化的理论成果。这些讨论与共识不仅丰富了中国比较政治学研究的内容，而且在世界政治发展的潮流中定位了中国国家发展的位置，为中国国家治理进程提供了扎实的理论支撑。CPS

The Review of the Fifth Comparative Politics Forum and "Comparative Politics, Democratization and Political Orders"

Li Xin

Abstract：This paper reviews the Fifth Comparative Politics Forum which was

---

① 陆亚娜：《第三部门暗语应对突发事件的"阿基里斯之踵"及其消解路径》，见《比较政治学、民主化与政治秩序——第五届比较政治学论坛论文集》，第 319—330 页。

held in Shanghai Normal University on October 8, 2015. The forum is sponsored by the Law & Politics College of Shanghai Normal University, and organized by the Center for Comparative Politics Studies of Shanghai Normal University. The theme of the forum is "Comparative Politics, Democratization and Political Orders". More than 70 scholars attended the forum both at home and abroad. They discussed fully around the theories and research methods of comparative politics, state governance and country studies. The experts argued that the academia should gradually improve China's comparative politics studies in the aspects of theory construction, research methods and further country studies.

Keywords: Comparative Politics Forum; Comparative Politics Studies; Democratization; Political Order

《比较政治学研究》投稿须知

本刊热诚欢迎海内外作者投寄稿件或推荐优秀作品。为保证学术研究成果的原创性和严谨性，倡导良好的学术风气，推进学术规范建设，请作者赐稿时务必遵照本刊如下规定：

第一，所投稿件须系作者独立研究完成之作品，对他人知识产权有充分尊重，无任何违法、违纪和违反学术道德等内容。按学术研究规范和《比较政治学研究》编辑部的有关规定，认真核对引文、注释和文中使用的其他资料，确保引文、注释和相关资料准确无误。如使用转引资料，应实事求是注明转引出处。本刊采用页下注（脚注）方式，引文出处请遵照《〈比较政治学研究〉投稿格式》关于引文注释的规定。

第二，凡向本刊投稿，须同时承诺该文未一稿两投或多投，包括未局部改动后投寄其他报刊，并保证不会将该文主要观点或基本内容先于《比较政治学研究》在其他公开或内部出版物（包括期刊、报纸、专著、论文集、学生网站等）上发表。如未注明非专有许可，视为专有许可。

第三，所投稿件应遵守国家相关标准和出版物法规，如关于标点符号和数字使用的规范等。

第四，本刊整体版权属《比较政治学研究》编辑部所有，未经许可，不得以任何方式复制、选编。经许可需在其他出版物上发表或转载的，须特别注明"本文首发于《比较政治学研究》"字样。

第五，本刊实施编辑三级审稿与社外专家匿名审稿相结合的审稿制度。

第六，来稿论文要求格式规范、项目齐全，包括：文题（含英译）、作者姓名、工作单位、关键词、正文、专业学位、联系方式（含邮编）、电子信箱；研究论文需要提供200—300字的中、英文摘要和3—5个中、英文关键词。

第七，文稿请参照刊物版式。内容为简体横排，论文为5号宋体通栏，41字＊40行；文章标题：要求简明、具体、确切，字号为四号黑体，居中，字数不应超过20字为宜，必要时可加副标题。正文：正文应先空两格，字号为五号宋体，行间距为单倍行距；文中小标题前后要空一格，字号为小四黑体。中文摘要：直接摘录文章中核心语句写成，具有独立性和自含性，字数应以150—200字为宜。"内容摘要"字样为黑体小五，冒号之后的部分为宋体小五。英文摘要（Abstract）：与中文摘要基本对应。中文关键词：选取3—8个反映文章最主要内容的术语，"关键词"字样为黑体小五，冒号之后的部分为宋体小五，多个关键词之间用分号隔开。英文关键词（Key Words）与中文关键词完全对应。中、英文摘要与关键词一并放于文后。注释：采用页下注的形式，注号为"①，②，③……"上标的形式，每页单独计算而不采取依次排序的方式，字号为小五宋体。

第八，译稿请附：（1）作者简介；（2）译者简介。

第九，为了进一步促进学术交流，便于和国际出版物接轨，积极推进编辑工作的规范化，本刊决定从2014年第6辑开始采用新的投稿格式，请来稿参考新的规定。

第十，本社有权对来稿做文字修改。

第十一，稿件一经采用，即付稿酬并寄样刊2册。

如违背上述规定，给《比较政治学研究》造成任何不良影响，作者自行承担全部责任，并接受编辑部所采取的相应措施予以警示，如：停发或追回稿费、书面批评、载名通报、禁止其作品在《比较政治学研究》上发表。

投稿联系邮箱：sinocps@163.com

《比较政治学研究》投稿格式

为了进一步促进学术交流，便于和国际出版物接轨，积极推进编辑工作的规范化，本刊决定从 2014 年第 6 辑开始采用新的投稿格式。在采用通用的人文社会科学学术期刊注释规则的基础上，本刊特制定新的规定。

一、注释体例及标注位置

文献引证方式采用注释体例。

注释放置于当页下（脚注）。注释序号用①，②，③……标识，每页单独排序。正文中的注释序号统一置于包含引文的句子（有时候也可能是词或词组）或段落标点符号之后。

二、注释的标注格式

（一）非连续出版物

1. 著作

标注顺序：责任者与责任方式/文献题名/出版地点/出版社和出版年份/页码。

责任方式为著时，"著"可省略，其他责任方式不可省略。

引用翻译著作时，将译者作为第二责任者置于文献题名之后。

引用《马克思恩格斯全集》、《列宁全集》等经典著作应使用最新版本。

示例：

张小劲、景跃进：《比较政治学导论》，北京：中国人民大学出版社 2001 年版，第 84 页。

《马克思恩格斯全集》第 31 卷，北京：人民出版社 1998 年版，第 80 页。

2. 著作、文集的序言、引论、前言、后记

（1）序言、前言作者与著作、文集责任者相同。

示例：

李鹏程：《当代文化哲学沉思》，北京：人民出版社 1994 年版，"序言"，第 1 页。

（2）序言有单独标题，可作为析出文献来标注。

示例：

黄仁宇：《为什么称为"中国大历史"？——中文版自序》，见《中国大历史》，北京：生活·读书·新知三联书店 1997 年版，第 2 页。

（二）连续出版物

1. 期刊

标注顺序：责任者/文献题名/期刊名/年期（或卷期，出版年月）。

刊名与其他期刊相同，也可括注出版地点，附于刊名后，以示区别；同一种期刊有两个以上的版别时，引用时须注明版别。

示例：

王沪宁：《新政治功能：体制供给和秩序供给》，载《学术季刊》，1994 年第 2 期。

2. 报纸

标注顺序：责任者/篇名/报纸名称/出版年月日/版次。

示例：

《西南中委反对在宁召开五全会》，载《民国日报》（广州），1933 年 8 月 11 日，第 1 张第 4 版。

（三）未刊文献：学位论文、会议论文等

标注顺序：责任者/文献标题/地点或学校/论文性质/文献形成时间/

页码。

示例：

李乐为：《公民社会与现代国家的建构研究》，华中师范大学硕士学位论文，2007年，第80页。

（四）电子文献：电子文献包括以数码方式记录的所有文献

标注项目与顺序：责任者/电子文献题名/获取和访问路径/访问时间。

示例：

黄宗智：《中国被忽视的非正规经济：现实与理论》，http：//www. politics. fudan. edu. cn/view. php？id = 2490（访问时间：2013 年 5 月 5 日）。

（五）外文文献

1. 引证外文文献，原则上使用该语种通行的引证标注方式。

2. 本规范仅列举英文文献的标注方式如下：

（1）专著

标注顺序：责任者与责任方式/文献题名/出版地点/出版者/出版时间/页码。文献题名用斜体，出版地点后用英文冒号，其余各标注项目之间，用英文逗点隔开，下同。

示例：

Karen Henderson, Slovakia, *The Escape from Invisibility*, London and New York：Routledge, 2002, p. 81.

（2）译著

标注顺序：责任者/文献题名/译者/出版地点/出版者/出版时间/页码。

示例：

M. Polo, *The Travels of Marco Polo*, trans. by William Marsden, Hertfordshire：Cumberland House, 1997, pp. 55 – 88.

（3）期刊析出文献

标注顺序：责任者/析出文献题名/期刊名/卷册及出版时间/页码。

析出文献题名用英文引号标识，期刊名用斜体，下同。

示例：

Heath B. Chamberlain，"On the Search for Civil Society in China"，*Modern China*，Vol. 19，No. 2，April 1993，pp. 199 – 215.

三、其他

（一）再次引证时的项目简化

同一文献再次引证时只需标注责任者、题名、页码，出版信息可以省略。

示例：

赵景深：《文坛忆旧》，第 24 页。

（二）间接引文的标注

间接引文通常以"参见"或"详见"等引领词引导，反映出与正文行文的呼应，标注时应注出具体参考引证的起止页码或章节。标注项目、顺序与格式同直接引文。

示例：

参见〔美〕塞缪尔·亨廷顿：《第三波——20 世纪后期民主化浪潮》，刘军宁译，上海：上海三联书店 1998 年版，第 3 章。

图书在版编目(CIP)数据

比较政治学研究. 第 10 辑 / 李路曲主编. —北京：中央编译出版社，2016.9
ISBN 978 -7 -5117 -3136 -4

Ⅰ. ①比…

Ⅱ. ①李…

Ⅲ. ①比较政治学 -研究

Ⅳ. ①D0

中国版本图书馆 CIP 数据核字(2016)第 238888 号

比较政治学研究. 第 10 辑

出　版　人：葛海彦

出版统筹：贾宇琰

责任编辑：侯天保

责任印制：尹　珺

出版发行：中央编译出版社

地　　址：北京西城区车公庄大街乙 5 号鸿儒大厦 B 座(100044)

电　　话：(010)52612345(总编室)　　(010)52612339(编辑室)
　　　　　(010)52612316(发行部)　　(010)52612317(网络销售)
　　　　　(010)52612346(馆配部)　　(010)55626985(读者服务部)

传　　真：(010)66515838

经　　销：全国新华书店

印　　刷：北京时捷印刷有限公司

开　　本：787 毫米×1092 毫米　1/16

字　　数：240 千字

印　　张：16.75

版　　次：2016 年 9 月第 1 版第 1 次印刷

定　　价：68.00 元

网　　址：www.cctphome.com　　　　邮　　箱：cctp@ cctphome.com

新浪微博：@ 中央编译出版社　　　　微　　信：中央编译出版社(ID: cctphome)

淘宝店铺：中央编译出版社直销店(http://shop108367160. taobao.com)　　(010)55626985

凡有印装质量问题,本社负责调换,电话：(010)55626985